Wie aus Geld Vermögen wird

Inhalt

übersichten, tests und interviews

Die ersten Schritte zum Vermögen

Die alten Zeiten sind vorbei: Aus der Börse für wenige Reiche ist eine Börse für alle geworden. Jeder möchte einsteigen. Und dann gibt es auch noch Festverzinsliche, Bundesschätze, Floater, Null-Prozenter ... Was wählen? In diesem Abschnitt finden Sie Ratschläge und praktische Beispiele, wie Sie Ihre persönlichen Ziele und Möglichkeiten bestimmen können. Entwickeln Sie Ihre eigene Vermögensstrategie und werden Sie zu einem kompetenten Anleger.

WIE FINDEN SIE IHREN WEG?

Wer den Aufbau des eigenen Vermögens plant, denkt nach den Kindheitserfahrungen mit Taschengeld und Schulsparen heute oft zuerst an den Kauf von Wertpapieren: festverzinsliche, Aktien, Investmentanteile oder Optionsscheine und Zertifikate. Diese Entwicklung ist noch relativ neu – das bisher in Wertpapieren angelegte Vermögen beträgt nur rund 10 Prozent des Gesamtvermögens der privaten Haushalte Deutschlands. Für unsere Eltern und Großeltern hingegen war es üblich, den Notgroschen in Form eines Sparbuchs anzulegen, und wenn überhaupt eine andere Anlageform erwogen wurde, dann waren das sichere Anleihen. Die heutige Gesellschaft ist da risikofreudiger: Der Trend geht trotz aller weltweiten politischen wie wirtschaftlichen Veränderungen deutlich in Richtung Aktienmärkte.

Was bringt die Zukunft? Vermögensaufbau schafft auch Sicherheit.

Die Frage, warum einer ein Vermögen aufbauen will, erlaubt durchaus mehrere Antworten. Natürlich möchte jeder gern so richtig reich sein. Aber Reichtum allein hat nicht immer den gewünschten Effekt, das kann man regelmäßig anhand der Schicksale ehemaliger Lottomillionäre in den Illustrierten nachverfolgen. Man muss mit dem schönen Geld auch umgehen können, es Gewinn bringend anlegen.

Und damit sind wir bei den verschiedenen Antworten auf die Frage: Was motiviert uns, Vermögen aufzubauen? Zuallererst wollen wir Sicherheit. Aber auch unsere Lebenserwartungen ändern sich, die Inflation im eigenen Lande lässt das Sparbuch zum Witz verkommen, die Welt wird krisenanfälliger, die Unsicherheit in der Wirtschaft, am eigenen Arbeitsplatz und bei den Renten wächst.

Jeder möchte seinen Lebensstandard im Alter halten können, Fragen wie »Habe ich in einem Jahr noch meinen Arbeitsplatz und ein gesichertes Einkommen?« oder »Hat der hart ersparte Euro auf der Bank in ein paar Jahren noch den gleichen Wert wie heute?« bewegen immer mehr Menschen. Die Kosten für die Kinder und ganz generell die Lebenshaltung werden immer teurer. Die vom Staat angebotene Ausbildung entspricht den hohen Anforderungen der heutigen Arbeitswelt auch nicht immer, so manche Eltern erwägen daher alternative Wege zum Beispiel teure Privatschulen. Berufsausbildung oder Uni kosten auch noch Geld, und kaum sind die eigenen Kinder aus dem Haus, kommen schon die Enkel. Und die werden von den Omas und Opas nach wie vor mehr verwöhnt als die eigenen Kinder – und kosten damit auch ganz hübsch Geld. Überhaupt steigen dann mit den »guten Jahren« auch unsere Ansprüche: ein teureres Auto, statt der Miet- eine Eigentumswohnung und später ein eigenes Haus oder der Traum von der Weltreise, wenn endlich der Arbeitsstress für immer vorbei ist ... Mit solchen hoch gesteckten Zielen stehen Sie übrigens nicht allein da, denn für fast ein Viertel der befragten Anleger ist dies die Antriebsfeder zum Sparen.

Unangenehm ist jedoch bei der ganzen Sache: Auch wenn wir gut verdienen, sorgt das Finanzamt dafür, dass wir nicht wirklich reich werden. Und da schleicht sich schon ein zwiespältiges Gefühl ein: Wenn wir für unser Geld so hart arbeiten müssen, geben wir höchst ungern was davon ab. Da ist es doch wahrlich besser, das Geld arbeitet für uns, wir können unsere Zeit einteilen, wie wir Lust haben, und das Steuernzahlen fällt bei so einem angenehmen Leben auch leichter ...

Ein derzeit sehr gefragter Weg zu diesem paradiesischen Zustand geht über eine solide Aktienanlage. Wissen Sie, wie viele Deutsche Aktionäre sind? Heute besitzt fast jeder Dritte Aktien oder Anteile an Aktienfonds. Vor vier Jahren war es nur jeder sechste Deutsche. Nach einer Untersuchung des Allensbach-Instituts für Demoskopie zum Jahreswechsel 2001/2002 würde es – trotz des schlechten Börsenjahrs 2001 – 38 von 100 Deutschen »reizen, mehr Geld in Aktien anzulegen«, 50 meinen bei dieser Befragung, »mehr Geld in Aktien kommt nicht in Frage«, 12 sind unentschieden. Sie sehen, Aktien sind zwar beliebter denn je, trotzdem sieht nicht jeder darin den optimalen Weg. Daher finden Sie in diesem Buch auch zahlreiche Tipps zu festverzinslichen Geldanlagen wie zum Beispiel Bundesschätzen.

Bei einer Anlage – besonders in Aktien – liegen Hoffnungen und Enttäuschungen, Gewinne und Verluste nahe beieinander. Und die Möglichkeiten, Vermögen anzulegen und aufzubauen, sind so vielfach, dass man leicht den Überblick verliert.

Auch Sie haben sich also das Ziel gesetzt, aus Ihrem Geld mehr zu machen, eben ein (größeres oder auch kleineres) Vermögen heranwachsen zu lassen. Sie haben sich entschieden, nicht mehr tatenlos zuzusehen, sondern Ihr Geld arbeiten zu lassen. Sie wollen sich selber darum kümmern oder zumindest besser verstehen, was Ihr Partner, Ihre Partnerin oder die Bank mit Ihrem Geld macht. Dies ist der erste Schritt in eine spannende und lehrreiche Zeit mit Höhenflügen, aber sicherlich auch Abstürzen und Frustrationen!

tipp

Das oberste Gebot beim Investieren: Nichts überstürzen! Den Lockrufen des angeblich schnellen Geldes nicht erliegen!
Gehen Sie nicht mit allzu hohen Erwartungen an die ganze Sache heran. Auch wenn Sie die Hilfe eines Beraters in Anspruch nehmen, wird sich Ihr Vermögen nicht in kürzester Zeit verdoppeln. Machen Sie bedachtsam Ihre ersten Schritte, Sie werden wie jeder andere auch Ihr Lehrgeld zahlen müssen. Sobald Sie jedoch einige Erfahrungen gesammelt haben, werden Sie feststellen, dass das Ganze großen Spaß macht. Es gibt durchaus Leute, die über das Internet-Banking selbstständig ihr Portfolio verwalten und davon ihr Einkommen bestreiten – wohlgemerkt keine Banker, sondern Privatleute!

Erster Schritt: Eine Bestandsaufnahme

Stellen Sie sich vor, Sie hätten vor 20 Jahren die Wahl gehabt, Ihre damals ersparten 50 000 Euro in ein Sparbuch einzulegen oder aber als Anleihe oder – noch gewagter – in Aktien zu investieren. Hätten Sie den ersten, damals üblichen Weg gewählt und ein Sparbuch eröffnet, so besäßen Sie heute rund 82 000 Euro: Inflation, also Geldentwertung, eingerechnet, kein sonderlicher Gewinn. Hätten Sie jedoch in festverzinsliche Papiere wie Anleihen investiert, so sähe das heute schon ganz anders aus: Sie besäßen nämlich rund 225 000 Euro, was einer Rendite von 350 Prozent über 20 Jahre entspricht.

Wären Sie hingegen so mutig gewesen und hätten für Ihr Geld Aktien gekauft, so könnten Sie heute reich sein und rund 700 000 Euro besitzen. Das klingt alles verlockend, aber so einfach ist es natürlich auch wieder nicht. Das werden Sie im Verlauf der Lektüre verstehen lernen. Hätten Sie nämlich in sehr spekulative Aktien investiert, das heißt in junge, noch unbekannte Firmen mit überzeugenden Produkten, aber ohne andauernde Markterfolge, so wäre die Gefahr, dass Ihre Aktie eines schönen Tages wertlos sein könnte, wesentlich größer, als die Chance, Millionär zu werden!

Bevor Sie also Ihr hart verdientes Geld investieren, gibt es ein paar Punkte, die Sie in aller Ruhe bedenken sollten. Ansonsten wird aus der großen Hoffnung bald die große Frustration.

Bei Ihrem ersten Schritt zum eigenen Vermögen sollten Sie sich ungeschminkt Klarheit in eigener Sache verschaffen: über Ihre Vermögens- und Einkommenssituation, darüber, in welcher Lebensphase Sie sich befinden, und sich schließlich die Frage stellen, über welchen Zeitraum Sie Ihr Geld anlegen möchten.

Aus 1 000 Euro werden in ... Jahren folgende Beträge bei diesen Zinssätzen

Jahre	Zinssatz								
	2%	3%	4%	5%	6%	7%	8%	9%	10%
1	1 020	1 030	1 040	1 050	1 060	1 070	1 080	1 090	1 200
2	1 040	1 061	1 082	1 103	1 124	1 145	1 166	1 188	1 210
3	1 061	1 093	1 125	1 158	1 191	1 225	1 260	1 295	1 331
4	1 082	1 126	1 170	1 216	1 262	1 311	1 360	1 412	1 464
5	1 104	1 159	1 217	1 276	1 338	1 403	1 469	1 539	1 611
10	1 219	1 344	1 480	1 629	1 791	1 967	2 159	2 367	2 594
15	1 346	1 558	1 801	2 079	2 397	2 759	3 172	3 642	4 177
20	1 486	1 806	2 191	2 653	3 207	3 870	4 661	5 604	6 728
25	1 640	2 094	2 666	3 386	4 292	5 427	6 848	8 623	10 835
30	1 811	2 427	3 243	4 322	5 743	7 612	10 063	13 268	17 449

Anhand der Tabelle erkennen Sie die Auswirkungen der unterschiedlichen Zinssätze, vorausgesetzt, Sie lassen Zinsen und Zinseszinsen kumulieren. Die farbigen Zahlen verdeutlichen, wie lange es dauert, bis sich der Betrag verdoppelt, verdreifacht ... verzehnfacht! Allerdings ist der Steuerabzug noch nicht mit eingerechnet.

Sie sollten sich Ihre ganz persönlichen Wünsche und Ziele bewusst machen, und ebenso Ihre Befürchtungen und Ängste im Zusammenhang mit der geplanten Investition mit einbeziehen. Dies alles ist die Grundlage für richtige finanzielle Entscheidungen.
Wichtig hierbei ist nun, dass bei einer solchen ganzheitlichen Betrachtung alle Aspekte des Privatvermögens und der privaten Finanzen zusammengeführt werden. Nicht nur das Depot oder Geld bei einer Bank oder unter dem Kopfkissen – auch Immobilien, Einkommen, zu erwartende Erbschaften, steuerliche Belastungen, abzuzahlende Kredite, sonstige einmalige oder wiederkehrende Zahlungen ... müssen in eine seriöse Finanzplanung einbezogen werden.
Die auf Seite 18 folgende Checkliste wird Ihnen dabei helfen. Anhand der dadurch gewonnenen Erkenntnisse sollten Sie auch abwägen, ob Sie sich wirklich eine gute Versorgung in Zukunft durch hartes Sparen im jetzigen Leben erkaufen wollen. Der Aufbau des Vermögens darf nicht bedeuten, dass Sie ab sofort jeden Cent in Fonds stecken und sich selbst absolut nichts mehr gönnen!
Leider nehmen sich Privatanleger oft nicht die Zeit, diese wichtige Übersicht in aller Ruhe und Sorgfalt zu erarbeiten. Sie reagieren einfach nur auf das, was in ihrer Umwelt passiert: Da hat sich gerade ein guter Bekannter den neuen Porsche gekauft. Woher hat er das Geld? Ein guter Deal an der Börse! Und wenn dann in der Eile die gleichen Aktien gekauft werden oder in den gleichen Markt investiert wird, kommt es oft zur schnellen Ernüchterung und zu herben Geldverlusten.
Was Sie alles bedenken und prüfen sollten, das lesen Sie auf den nächsten Seiten. Über die schnellen und hohen Gewinne – und das bei kleinem Risiko – werden Sie jedoch nichts lesen. Eine Investition in den Aufbau eines Vermögens ist keine Lotterie.

tipp

Besteuerung von Renten
Vielleicht planen Sie wegen Ihrer derzeitigen hohen Steuerlast, einen Teil Ihrer Zinszahlungen möglichst weit in die Zukunft zu verlegen, da ja dann die Steuerklasse im Allgemeinen günstiger ist. Doch Achtung: Die Bundesregierung plant aufgrund eines Urteils des Bundesverfassungsgerichts, die bislang geltende Besteuerung der Rentner und Pensionäre zu verändern.
Das BVG urteilte, dass die Steuervorteile der Rentner verfassungswidrig sind. So wie es aussieht, können Sie innerhalb der nächsten zehn Jahre noch beruhigt das Rentenalter erreichen, danach werden Ihre Zusatzeinkommen stärker besteuert als im Augenblick. Und zwar wird das per »nachgelagerter Versteuerung« realisiert werden. Die Verlegung der Erträge ins Rentenalter wird sich in Zukunft also nicht mehr so sehr lohnen wie bislang. Sie sollten daher Ihre Planung nicht allein auf dieses Kriterium ausrichten.

Fragen wir im Interview auf Seite 12 einen typischen Privatanleger, um mehr über das allgemeine Verhalten bei Vermögensanlagen kennen zu lernen. Sie werden schnell erkennen: Hans Wechsler ist mehr oder weniger unbedacht und uninformiert ins Börsengeschäft gestürzt und musste schmerzliches Lehrgeld zahlen. Seine finanzielle Situation, also wie viel Geld er tatsächlich investieren kann, und die Frage, wie lange er im Notfall darauf verzichten könnte, waren ihm keine Überlegung wert. Sein Traum war das schnelle Geld, über die Risiken seiner Investments war er sich kaum im Klaren.

interview

Hans Wechsler ist Single, 40 Jahre alt und verdient als Selbstständiger rund 70 000 € im Jahr

Herr Wechsler, warum investieren Sie einen beträchtlichen Teil Ihres flüssigen Geldes in Aktien?
Nun, ich hatte davon gehört, dass Menschen wie du und ich viel Geld an der Börse verdient haben. Warum nicht auch ich?

Welche Erwartungen hatten oder haben Sie?
Ich weiß, dass ich ein Risiko eingehe. Aber ich hoffe natürlich auf Gewinne, auch in schwierigen Zeiten.

... und in welchem Zeitrahmen?
Da habe ich leider keine konkreten Vorstellungen. Manchmal gingen die Aktien ja so schnell hoch, dass ich dann schnell wieder verkaufen konnte. Manchmal muss ich länger warten.

Setzen Sie sich dabei Gewinngrenzen?
Um es ehrlich zu sagen: Nein, denn ich will halt so viel wie möglich.

Und wie sehen Ihre Ergebnisse aus?
Einerseits hatte ich ganz interessante Gewinne, aber dann auch wieder schmerzhafte Verluste, wenn ich zu gierig war, zu viel wollte und zu lange gewartet habe. Dann fiel die Aktie plötzlich in den Keller, anstatt weiter zu steigen.

In welche Aktien und Märkte haben Sie denn investiert?
Es mussten natürlich Aktien von Unternehmen sein, die am neuen Markt gehandelt werden und deren Aktien gerade überdurchschnittlich gefallen waren.

Wie sind Sie denn auf diese Unternehmen gekommen?
Ich lese täglich die FAZ und informiere mich im Internet über das, was so in der Wirtschaft läuft, auch welche Aktien auf Kaufen oder Verkaufen empfohlen werden. Ich muss aber heute nach vielen Verlusten sagen, dass manche Unternehmensberichte eindeutig geschönt sind, zu optimistisch, und dass die Analysten manchmal auch nicht mehr wussten, wie sich die Aktien oder die Unternehmen entwickeln würden.

Haben Sie Erfahrungen mit derivativen Produkten?
Was ist das denn?

Zum Beispiel Puts oder Calls.
Puts hatte ich einmal geschrieben, also verkauft. Aber leider sind die Aktien dann gesunken statt gestiegen. Jetzt lasse ich lieber die Hände davon. Ich verstehe davon zu wenig.

Unsere Musteranleger

Jeder Mensch ist einmalig und hat seine ganz persönlichen Eigenheiten, Erfahrungen und Erwartungen. Doch wenn es um Investments geht, so sind gewisse Gemeinsamkeiten mit bestimmten Mustern zu erkennen und die Anleger können in bestimmte Typengruppen eingeordnet werden. Ziel dieses Buches ist, dass Sie Ihre eigene Strategie entwickeln können, die Ihnen entspricht und Sie somit auch langfristig glücklich macht. Überlegen Sie, welchem Typ unserer Musteranleger Sie entsprechen, und lernen Sie aus den Erfahrungen des einen oder anderen.

Gerade eine Familie braucht eine solide finanzielle Grundlage.

Musteranleger A: Berufstätiges Paar ohne Kinder

Karin Schlegel (36) arbeitet als Medienfachfrau und hat ein Jahreseinkommen von 50 000 Euro. Ihr Lebenspartner Jürgen Lang (42) ist leitender Angestellter in einer großen Firma und verdient im Jahr 70 000 Euro. Das Paar liebt Reisen und ist auch sonst oft unterwegs, sei es im Theater, Kino oder zu einem guten Essen in einem der neuen Trendlokale. Das alles kostet Geld, und obwohl das Einkommen langsam, aber stetig steigt, bleibt jeweils am Ende des Monats nicht viel übrig. Karin Schlegel und Jürgen Lang sind über die Bücher gegangen und haben sich entschieden, in eine gemeinsame Wohnung zu ziehen. Sie sind sich einig, dass dadurch und mit kleinen Einschränkungen jeweils monatlich 2 000 Euro gespart werden könnten, denn langsam, aber sicher müsste man vielleicht doch ans Alter denken! Zur Zeit liegen 20 000 Euro auf einem Sparkonto – für Notfälle.

Musteranleger B: Gut verdienender Single

Sonia Henkel (36) ist Händlerin bei einer renommierten Privatbank. Ihr Jahreseinkommen beträgt 70 000 Euro und wird im Normalfall mit einem schönen Bonus von 30 000 Euro abgerundet. Sonia Henkel lebt in einer Eigentumswohnung mit günstigen Konditionen. Luxus bedeutet ihr wenig. Sie liebt es, sich nach ihrer hektischen Arbeit in ihrer ruhigen Wohnung zu entspannen, und die schönsten Ferien sind für sie in den Bergen in einem gemütlichen Hotel. Sie hat vermögende Eltern und kann in ferner Zukunft ein beachtliches Erbe antreten. Sonia Henkel hat sich entschieden, endlich etwas aus ihrem Geld zu machen, und will in Zukunft mindestens den Bonus in eine Vermögensanlage investieren.

Musteranleger C: Durchschnittlich verdienendes Paar mit kleinen Kindern

Eva und Horst Held haben vor vier Jahren geheiratet. Horst Held (40) ist Informatikfachmann in einem größeren Betrieb mit einem Jahreseinkommen von 60 000 Euro. Eva Horst (35) hat ihr berufliches Engagement nach der

Geburt des heute dreijährigen Thomas zurückgestellt und arbeitet halbtags als Sachbearbeiterin mit einem Einkommen von 20 000 Euro. Falls das zweite Kind wie geplant in den nächsten ein bis zwei Jahren auf die Welt kommt, wird Eva ihren Job (zumindest vorübergehend) ganz aufgeben. Das Paar lebt in einer schönen Wohnung am Stadtrand.

Musteranleger D: Durchschnittlich verdienender Single

Hans Weber ist 35 Jahre alt. Er verdient jährlich 50 000 Euro als kaufmännischer Angestellter. Er ist gerne mit Freunden in der Stadt unterwegs und leistet sich, wenn es um seinen Sport – Radfahren – geht, auch einmal den einen oder anderen Luxus. Sein Lebenswandel gestattet kein eigentliches Sparen. Da eines seiner Hobbys die Börse ist, kennt er auch die wichtigsten Internetseiten, um sich einen Überblick über das Marktgeschehen zu verschaffen.
Sein Ziel ist, sich durch einen guten Trade an der Börse etwas Zusätzliches leisten zu können: eine Woche Ferien am Meer, ein neues, modisches Rennrad oder einfach ein Wochenende in den Bergen.

Wo stehe ich im Leben?

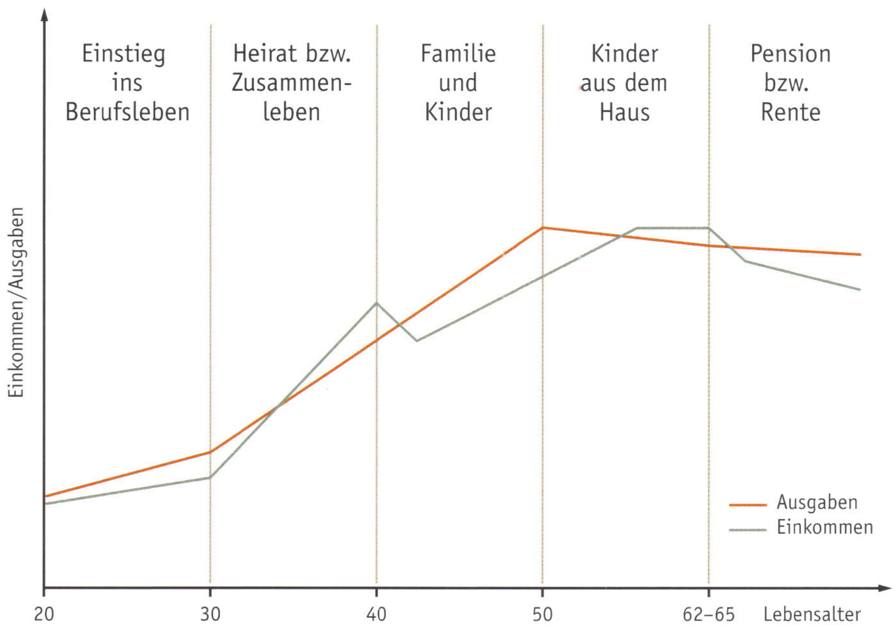

Wie ist Ihre momentane Lebenssituation?

Führen Sie sich nun Ihre Lebenssituation vor Augen (siehe nebenstehende Grafik). Diese Erkenntnis bietet Ihnen einen ersten Anhaltspunkt über die voraussichtliche Entwicklung Ihres Einkommens, Ihrer Ausgaben und damit Ihrer Liquidität. Mit diesem Wissen formulieren Sie Ihre vorläufigen Anlageziele. Bedenken Sie: Ein gut verdienender 30-jähriger Single hat andere Voraussetzungen und Ziele für seine finanziellen Investments als ein 45-jähriger Familienvater.

Von Ihrer Lebensphase ist abhängig, wie viel Geld Sie für den Aufbau eines Vermögens »übrig« haben. 20- bis 30-jährige Singles neigen dazu, über ihre Verhältnisse zu leben: Der Wagen ist nicht gekauft, sondern geleast; die Wohnungseinrichtung wird in Raten abgezahlt. Da bleibt wenig zum Investieren übrig. Finden Paare zusammen, können die Lebenshaltungskosten optimiert werden, während das gemeinsame Einkommen kräftig steigt. Das ist der Lebensabschnitt, in dem das Einkommen die Ausgaben übersteigt und die Möglichkeit besteht, ruhigen Gewissens in Wertpapiere zu investieren.

Familiengründung und Kinder kosten Geld bei gleichzeitigem Einkommenseinbruch, denn die bisher berufstätige Frau hört entweder ganz auf zu arbeiten oder übernimmt lediglich einen Teilzeitjob. Gleichzeitig steigen bei den Männern in diesem Alter die Chancen, mehr zu verdienen.

Sind die Kinder aus dem Haus, sinken zwar die Lebenshaltungskosten nicht unbedingt (Kosten fürs Studium, sonstige Unterstützung für den Nachwuchs), aber jetzt können beide Partner in Full-Time-Jobs wieder so richtig Geld verdienen.

Im Allgemeinen steht nun mehr Geld zur Verfügung, das in die Alterssicherung investiert werden kann. Sind Sie dann soweit, dass Sie beruflich ein wenig kürzer treten oder sogar früher in Pension gehen können, wird das Vermögen – oder besser die jährliche Rendite des Vermögens – als Zusatz zur Deckung der monatlichen Kosten notwendig. Denn Sie möchten ja Ihren bisherigen Lebensstandard beibehalten und die eine oder andere Reise unternehmen. Jetzt sollten auch die Kredite für Haus oder Eigentumswohnung abbezahlt sein und somit die Lebenshaltungskosten deutlich sinken.

wege zum ziel

Es gibt zwei Extreme: Vielleicht wollen Sie Geld für einen bestimmten Gegenstand sparen. Beispiel: das Auto, für das sämtliche Geldgeschenke von der Familie auf Ihrem Sparkonto landen, bis eine hübsche Summe zusammen ist. Sie kaufen den Wagen und das Sparbuch weist nur noch 1 Euro aus.

Das andere Extrem: Sie wollen in ferner oder näherer Zukunft von den Zinsen leben. Das bedeutet, dass Sie Ihr Grundkapital nie angreifen dürfen, sonst klappt das mit Ihrer Zinspolitik nicht! Sie fangen also mit einer gewissen Summe an, entnehmen jedoch anfangs die Zinsen nicht, sondern legen sie wieder an, so dass die Anlagesumme wächst. Wenn Sie geschickt vorgehen und mit etwas Glück von steigenden Zinsen profitieren, dürften Sie in absehbarer Zeit von den Zinsen leben können.

Ein schönes Gefühl: Was Hübsches kaufen können – ohne Löcher in die Kasse zu reißen.

Anlagehorizont

Die nächste Frage lautet: Welchen Anlagehorizont haben Sie? Oder anders: Wie lange brauchen Sie das investierte Kapital nicht und können darauf verzichten? Der Anlagehorizont wird stark vom Alter – aber auch von anderen Faktoren – bestimmt: Ein 40-Jähriger wird einen Teil seines Einkommens für längere Zeit zur Seite legen können als ein Rentner.

Kurzer Anlagehorizont

Das bedeutet, dass das Geld bereits in wenigen Monaten oder sogar Wochen benötigt wird, sei es für ein neues Auto, eine notwendige Reparatur oder die große Zahnarztrechnung. Entsprechend können Sie Ihre liquiden Mittel nur kurzfristig anlegen. Hier muss das Hauptziel die *Werterhaltung* sein. So wird hauptsächlich in kurzfristige Anlagen wie Tages- oder Festgelder, auch Treuhandgelder genannt, investiert (maximal für ein Jahr). Sie als Investor erhalten dafür einen fixen Zinssatz; dieser wird am Starttag für die ganze Laufzeit fixiert. Sie wissen also ganz genau, welchen Betrag Sie am Ende zurückerhalten werden. Dabei ist darauf zu achten, dass dieser Zinssatz über der Inflationsrate liegt.

Langer Anlagehorizont

Hier werden die investierten Gelder über mehrere Jahre nicht gebraucht und können zum Beispiel als Ergänzung zur Rente in zehn Jahren oder für die Enkel in sieben Jahren eingeplant werden. Das Paradebeispiel aus Großvaters Zeiten für einen langen Anlagehorizont ist das Sparbuch, das der Patenonkel bei Geburt der Patentochter eröffnet, monatlich oder jährlich einen Betrag überweist und über das die Patentochter zur Volljährigkeit verfügen darf. Das Ziel sollte hier ja sein, für die Patentochter ein kleines Vermögen aufzubauen – und das schaffen Sie bei der heutigen Sparkonten-Zinslage, die noch nicht einmal die Inflation ausgleicht, wohl kaum! Das Hauptziel bei einem langen Anlagehorizont ist also nicht Inflationsverlust wie beim Sparbuch, sondern deutliche Wertvermehrung.

Bei einem längeren Anlagehorizont macht es nun Sinn, zumindest einen Teil des Vermögens in Aktien zu investieren. Hier sind zwar auf kurze Zeit größere Schwankungen in Kauf zu nehmen, doch die Vergangenheit zeigt, dass man mit Aktien langfristig wesentlich mehr Geld verdienen kann. Doch aufgepasst – es gibt immer wieder herbe Enttäuschungen, denn gerade bei Aktien löste sich die große

Hoffnung – zum Beispiel bei einem Titel am Neuen Markt – buchstäblich über Nacht in Null und Nichts auf.

Ihre finanzielle Gesamtsituation

Um Ihre tatsächliche Vermögenssituation herauszuarbeiten, beschäftigen Sie sich bitte intensiv mit dem Vordruck auf Seite 18. Gleich auf der darauf folgenden Seite finden Sie ein Beispiel: So sähe die Aufstellung für Musteranlegerin Sonia Henkel aus.
Nehmen Sie sich genügend Zeit und setzen Sie sich in Ruhe an einen Tisch – am besten gleich mit allen Unterlagen zu Vermögen und Zahlungen. Der Anfang ist einfach, den Kontostand und das Wertpapierdepot finden Sie auf Ihrem letzten Auszug der Bank, ebenso Kredite und/oder Hypotheken. Wenn Sie mit E-Banking arbeiten, dann finden Sie hier alle Zahlen übersichtlich geordnet auf einer Seite. Bei der Bewertung eines Immobilienbesitzes wird es schon komplizierter, zu veranschlagen, welchen Betrag Sie im Notfall wirklich erlösen können. Erfragen Sie den derzeitigen Bodenrichtwert, so haben Sie schon einen ganz guten Anhaltspunkt. Dabei hilft Ihnen übrigens Ihr Steuerberater.
Schwieriger wird es bei Schmuck, Kunst, Briefmarkensammlung ... : Sie haben einmal ein Vermögen gekostet. Aber wenn Sie es verkaufen würden, was käme letztendlich in den Geldbeutel? Die Bewertung ist hier oft sehr schwierig. Beispiel Kunst: Zwar lesen wir immer wieder staunend, welche Preise bei Auktionen für einen original Van Gogh erzielt werden. Für die Kunstwerke, die der Durchschnittsmensch kauft, gilt hingegen eher ein Wertverlust. So wird zwar in einschlägigen Magazinen gerne dargestellt, welche Gewinne mit Kunst insgesamt erwirtschaftet werden, aber diese erklären sich hauptsächlich aus den großen Auktionen, wo ein paar Kunstgegenstände für irrwitzige Preise von einem Safe in den anderen wandern – für 99 Prozent der auf dem Markt und in den Privatsammlungen befindlichen Kunstgegenstände gilt dies jedoch leider nicht! Wenn Sie also Gewinn bringend investieren möchten, kaufen Sie lieber keinen – wenn auch noch so schönen – echten Hans Müller aus der Galerie, sondern legen Sie sich lieber ein ordentliches Portfolio zu.
Wie gehen Sie nun bei der Zusammenstellung Ihres Status quo vor? Nehmen Sie sich vor allem Zeit und suchen Sie als Erstes die notwendigen Unterlagen zusammen.

apropos patenkinder

Falls Sie für den eigenen oder sonstigen Familienachwuchs einen Vermögensaufbau planen, bieten sich Fonds an (siehe ab Seite 136), die von allen größeren Geldinstituten angeboten werden – fragen Sie Ihre Hausbank!
Mit etwa 50 Euro im Monat sind Sie dabei; der günstigste Fonds, den wir entdeckt haben, ist sogar schon für etwa 50 Euro pro Quartal zu haben. Das macht gerade 200 Euro pro Jahr und die Wahrscheinlichkeit, dass bis zur Volljährigkeit eine ordentliche Summe zusammenkommt, ist weitaus größer als bei Sparbuch oder Bausparvertrag. Dieses Fondssparen eignet sich übrigens auch für Berufsanfänger mit noch kleinem Gehalt.

Die finanzielle Gesamtsituation

Vermögen	EUR	Schulden	EUR
Barmittel (Kontostand etc.)		Konto überzogen	
Wertpapiere		Bankkredit	
		Verpflichtungen	
Immobilien		Hypotheken	
Sachwerte (Schmuck, Kunst, Briefmarken etc.)			
Total		Total	
Einkommen	**EUR**	**Ausgaben**	**EUR**
Erwerbseinkommen		Steuern insgesamt	
Haben-Zinsen		Soll-Zinsen	
Dividenden		Lebenshaltungskosten	
Renten		Prämien	
Mieten		Mieten/Hypothekenzinsen	
Zusätzliches außerordentliches Einkommen		Außerordentliche Ausgaben	
Total		Total	
Überschuss			
Zukünftiges Geld	**EUR**	**Verpflichtungen**	**EUR**
Erbschaften			
Lebensversicherung			
Sonstiges			
Total		Total	

Füllen Sie nun die Vermögensaufstellung detailliert aus. Seien Sie dabei ehrlich! Rechnen Sie mit ungeschminkten Zahlen in den einzelnen Posten. Spüren Sie außerdem die größten Kostenverursacher auf und prüfen Sie alle Möglichkeiten, Ihre Ausgaben zu reduzieren. Bestimmen Sie daran anschließend die Summe, die Ihnen für Investments tatsächlich zur Verfügung steht.

Risikobereitschaft

Nach Auswertung der Checkliste stellt sich vielleicht heraus, dass Sie in einer ähnlichen Situation wie unsere Musteranlegerin Sonia Henkel sind. Neben einem sehr guten Einkommen hat sie noch die Chance, im Alter durch Erbschaft ein gutes Leben zu führen. Sonia Henkel hat also einen langen Anlagehorizont, da sie in den nächsten Jahren ihre

Beispiel: Sonia Henkel

Vermögen	EUR	Schulden	EUR
Barmittel (Kontostand etc.)	50 000	Konto überzogen	/
Wertpapiere	/	Bankkredit	/
	/	Verpflichtungen	/
Immobilien	400 000	Hypotheken	250 000
Sachwerte (Schmuck, Kunst, Briefmarken etc.)	50 000		
Total	500 000	Total	250 000
Einkommen	**EUR**	**Ausgaben**	**EUR**
Erwerbseinkommen	100 000	Steuern insgesamt	55 000
Haben-Zinsen	/	Soll-Zinsen	/
Dividenden	/	Lebenshaltungskosten	/
Renten	/	Prämien	/
Mieten	/	Mieten / Hypothekenzinsen	12 000
Zusätzliches außerordentliches Einkommen	/	Außerordentliche Ausgaben	20 000
Total	100 000	Total	87 000
Überschuss	13 000		
Zukünftiges Geld	**EUR**	**Verpflichtungen**	**EUR**
Erbschaften	800 000		
Lebensversicherung	/		
Sonstiges	/		
Total	800 000	Total	

Investitionen nicht anzugreifen braucht. Sie ist daher in der komfortablen Lage, einen Großteil ihrer Liquidität in Risikopapieren anlegen zu können. Bei einem größeren Auf und Ab an den Börsen und damit auch in ihrem Depot muss sie sich keine Sorgen machen, da sie mit ihrem Einkommen in keine finanzielle Schwierigkeiten kommt. Wie aber gehen Sie mit dem Risiko um, das in den verschiedenen Anlageformen steckt? Sind Sie der Typ Mensch, der eher alles versichert, was versichert werden kann, der die Ferien bis ins letzte Detail plant und auch sonst im Leben alles gern im Griff hat? Dann macht Ihnen wohl die Anlage in Risikopapiere bald viele Sorgen und raubt Ihnen den Schlaf, auch wenn Ihr Vermögenskissen noch so gut gepolstert ist. Wenn Sie also in Ihrem Leben stets

auf Sicherheit setzen, sollten Sie keine Risikoinvestments eingehen.
Vielleicht hilft Ihnen ein ziemlich drastisches Bild, Ihre eigene Risikobereitschaft einzuschätzen: Nehmen Sie doch mal einen 500-Euro-Schein und ein Feuerzeug. Könnten Sie den Schein jetzt einfach so anzünden, ohne dass es Ihnen nachher Leid täte? Oder können Sie mit 20 000 Euro mal schnell in die nächste Spielbank fahren, alles auf Zero setzen und fünf Minuten später – nachdem die 13 gefallen ist – lässig pfeifend wieder aus dem Casino spazieren? Wenn Ihnen das nicht viel ausmacht, werden Sie auch dann noch ruhig schlafen können, wenn Ihr Aktienpaket 90 Prozent an Wert verloren hat.

Magisches Zieldreieck

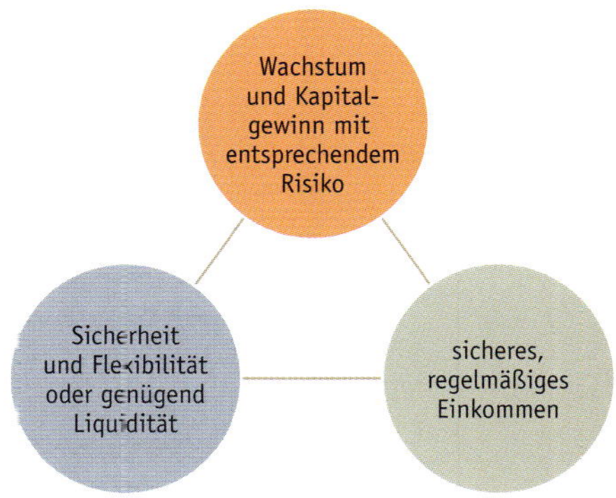

Magisches Zieldreieck

Die ideale Anlage für jeden Investor lässt sich in einem »magischen Dreieck« unserer grundsätzlichen finanziellen Wünsche und somit unserer Anlageziele zusammenfassen. Die Eckpunkte dieses Dreiecks sind
→ Sicherheit und Flexibilität oder: genügend Liquidität,
→ sicheres, regelmäßiges Einkommen,
→ Wachstum und Kapitalgewinn mit entsprechendem Risiko.

Natürlich hätten wir am liebsten alles zusammen! Wenn da nur nicht diese ernüchternde Erkenntnis »ohne Risiko keine Rendite« wäre. Sie sollten sich also fragen: Was ist mir wichtiger – eine zu erwartende höhere Rendite mit entsprechend großem Risiko oder eine kleinere, jedoch sichere Rendite mit entsprechend geringerem Risiko?

Sicherheit und Liquidität

Die Werterhaltung des Kapitals ist oberstes Gebot bei einer Kapitalanlage mit dem Anlageziel »Sicherheit«. Das heißt auch, dass die Verzinsung mindestens der Inflation entsprechen muss. Sind die Zinsen niedriger als die Inflationsrate, steht zwar nach Jahren immer noch der gleiche Betrag auf dem Auszug, aber durch den Geldwertverlust können Sie sich nicht mehr so viel dafür kaufen. Geld verliert nun mal über die Jahre seinen einmal eingesetzten Wert.
Der Preis für die Liquidität und damit für Ihre Flexibilität muss bezahlt werden. Das Geld, das liquide auf Ihrem Konto liegt, ist – falls überhaupt – sehr schlecht verzinst. Die Flexibilität, jederzeit finanziell frei disponieren zu können, kann jedoch auch viel wert sein: Wenn Sie bei einer Immobilienversteigerung Ihr Traumhaus zum halben Preis bekommen, ist der Inflationsverlust viele Male ausgeglichen. Andererseits: Wie oft laufen einem solche Schnäppchen über den Weg?

Regelmäßiges Einkommen

Manche Anleger suchen ein sicheres regelmäßiges Einkommen – ob als Zinsen oder als Dividende. Der Ertrag des eingesetzten Kapitals ist beim Anlageziel »Rendite« der Gradmesser für den Erfolg. Eine sichere Rendite kann eigentlich nur im festverzinslichen Bereich erzielt werden. Jedoch wird dabei niemand Millionär, vor allem bei den heute weltweit tiefen Zinsen. Denn auch hier gilt: Je höher die Rendite, desto geringer die Sicherheit – und im Umkehrschluss: Je höher die Sicherheit, desto niedriger die Rendite. Erinnern Sie sich an das Beispiel am Anfang des Buches? Aus einem Investment von 50 000 Euro in guten Anleihen wurde innerhalb von 20 Jahren ein Depot von 225 000 Euro – eine tolle Rendite von 350 Prozent, jedoch nur, wenn Sie die Zinsen der Anleihen immer wieder investiert hätten.

Wachstum und Kapitalgewinn

Beim Anlageziel »Wachstum« steht der Kapitalgewinn im Vordergrund. Das Ziel ist klar: Das eingesetzte Kapital soll sich langfristig vermehren. Dies ist natürlich aus steuertechnischen Gründen interessant, da ja Erträge wie Zinsen und Dividenden als Einkommen versteuert werden, Kapitalgewinne sind jedoch – sofern die Haltefristen eingehalten werden – nicht zu versteuern. Denken Sie wieder an das genannte Beispiel: Bei einem Investment der 50 000 Euro ausschließlich in Aktien ergab sich über 20 Jahre ein Vermögen von 700 000 Euro. Dies entspricht einem Zuwachs von sage und schreibe 1300 Prozent. Ganz realistisch sind diese Zahlen jedoch auch wieder nicht. Diesen Berechnungen liegt jeweils die Entwicklung der weltweiten Aktienindizes zugrunde. Im Nachhinein kann man leicht sagen, welche Aktien optimal gewesen wären, vor 20 Jahren hätten Sie jedoch wahrscheinlich – je nach Investorencharakter – nur in die großen Werte investiert oder aber auch in kleine hoffnungsvolle Nebenwerte. So breit wie in den Indizes investiert so gut wie niemand. Grundsätzlich zeigt sich jedoch, dass sich das Investment in Aktien langfristig lohnt.

Risiken versus Sicherheit

→ Konjunkturrisiko

Es besteht immer die Gefahr von Kursverlusten, die dadurch entstehen, dass die zukünftige Entwicklung des Wertpapiers falsch eingeschätzt wurde, als da sind Käufe zu einem ungünstigen Zeitpunkt oder das Halten des Papiers in einer ungünstigen Konjunkturphase (siehe hierzu unbedingt Seite 89 »Wirtschaftskreislauf«).

→ Geldwertrisiko

Mit anderen Worten: Inflationsrisiko oder Kaufkraftrisiko. Eine Inflationsrate von beispielsweise 4 bis 5 Prozent jährlich sorgt dafür, dass Ihr Vermögen innerhalb von nur sechs Jahren ein Viertel und innerhalb von zwölf Jahren die Hälfte seines Wertes einbüßt! Anders ausgedrückt: Wenn zu Ihrem Vermögen nichts hinzukommt, können Sie sich und Ihren Kindern in ein paar Jahren nur noch die Hälfte des heutigen Bedarfs zum Essen kaufen! Oberstes Ziel einer soliden Geldanlage muss also der Inflationsausgleich sein. Hierzu

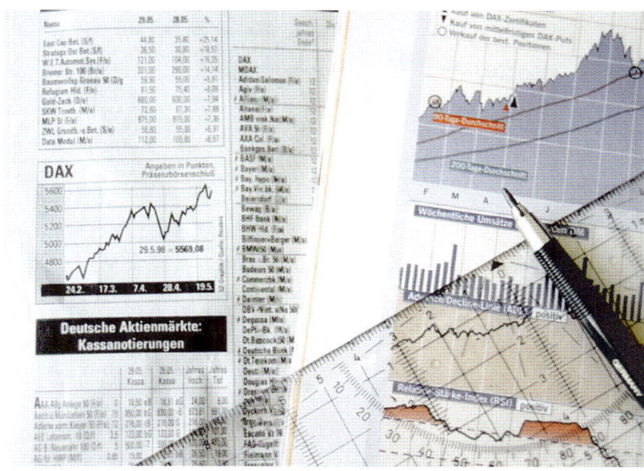

Verschaffen Sie sich Informationen, um über Ihren Vermögensaufbau entscheiden zu können.

finden Sie während der Lektüre immer wieder Hinweise. Einen gleich hier: Langfristige Beobachtungen zeigen immer wieder, dass Sachwerte (Immobilien) wertbeständiger sind als Geldwerte. Es ist daher nicht der schlechteste Weg, ein Vermögen – über Geldanlagen – aufzubauen, um damit interessante Immobilienwerte zu finanzieren und sich dann zum Beispiel im Ruhestand davon ein gemütliches Leben zu leisten.

→ Schuldnerrisiko, Länderrisiko, Transferrisiko

Ihre Investments sind zwar in sicheren Anlagen investiert (Anleihen), der Schuldner kann aber in ferner Zukunft seine Schuld nicht mehr an Sie zurückzahlen (siehe Beispiel Argentinien). Eine Entscheidungshilfe diesbezüglich bieten die Länder-Ratings, eine Einstufung der Länder nach ihrer Bonität. Zu finden sind diese Ratings zum Beispiel in Wirtschaftsmagazinen.

→ Zinsrisiko

Wenn Sie in festverzinsliche Papiere investiert haben und die Zinsen unerwartet stark steigen, sinkt der Kurs der Anleihe. Möchten Sie auch von den hohen Zinsen profitieren, so müssten Sie die alten Anleihen zu einem schlechteren Preis – also mit Kursverlust – verkaufen. Die neue hochverzinsliche Anleihe müssen Sie jedoch wieder bei 100 Prozent oder sogar höher kaufen. Das heißt, dass dieses Risiko für Sie nur relevant ist, wenn Sie Ihre Wertpapiere während der Laufzeit verkaufen wollen (oder müssen). Halten Sie bis zum Ende der Laufzeit durch, erfolgt die Einlösung zum Nennwert, während der Laufzeit erhalten Sie die festgelegten Zinsen.

→ Währungsrisiko

Das kann passieren: Dass Sie in eine Währung investiert haben, die sich gegenüber Ihrer Referenzwährung (das ist das Geld, mit dem Sie alltäglich umgehen, wahrscheinlich also Euro) negativ bewegt – entweder sinkt der Wert der Fremdwährung oder der Wert der Referenzwährung steigt. Wenn Sie nun dringend Bares brauchen und Ihre Anleihen verkaufen wollen, verlieren Sie durch den schlechten Wechselkurs Geld. Daher sollten Sie den Währungsaspekt im Auge behalten: Die Entwicklung kann einen möglichen Renditevorteil schnell in einen Nachteil verwandeln, so dass im Nachhinein betrachtet eine Investition in die Heimatwährung oft sinnvoller gewesen wäre.

Währungsentwicklung zwischen 9.4.2001 und 8.4.2002 im Vergleich zum Euro

Währung	Land	Kurs zum 9.4.2001	Kurs zum 8.4.2002	+/– in diesem Zeitraum
		1 € =		
US$	USA	0,8968	0,8743	–2,45%
CHF	Europa	1,5287	1,4633	–4,25%
CAD	Kanada	1,4029	1,3950	–0,56%
GBP	Groß-Brittanien	0,6208	0,6107	–1,63%
JPY	Japan	112,1600	114,8780	+2,42%

→ Psychologisches Marktrisiko
Auch davon lesen Sie an verschiedenen Stellen des Buches: Die Kursentwicklung an den Börsen unterliegt sehr oft irrationalen Faktoren. Davon betroffen sind hauptsächlich Aktien, daher auf Seite 118 mehr darüber.

→ Liquiditätsrisiko
Auch eher ein Risiko »nur« bei Aktien: Sie als Anleger wollen Ihre Werte jederzeit zu marktgerechten Preisen verkaufen können. Voraussetzung dafür sind Breite und Tiefe des Marktes. Tiefe bedeutet, dass viele Verkaufsaufträge zu Preisen unmittelbar über dem herrschenden Preis und viele Kaufaufträge unter dem aktuellen Kaufniveau vorhanden sind. Breit beschreibt nicht nur die Zahl dieser Aufträge, sondern auch deren Volumen. Oft kommen nun Notierungen an der Börse zustande, ohne dass Umsätze stattfinden, das heißt, es besteht nur Angebot (Briefkurs) oder nur Nachfrage (Geldkurs). Wenn Sie genau dann (ver-)kaufen möchten, ist dies entweder unmöglich, nur in Teilen realisierbar (Teilausführung) oder die Bedingungen sind ungünstig (zum Beispiel höhere Transanktionskosten). Manchmal kann es jedoch auch am Wertpapier selbst liegen. An manchen Börsen ist die Handelbarkeit von Neuemissionen eingeschränkt; in einigen Ländern Südostasiens ist oft ein kurzfristiger Weiterverkauf erschwert.

→ Steuerliche Risiken
Da gibt es ebenfalls mehrere Möglichkeiten: Zum einen kommt es auf Ihre persönliche Besteuerung an, im Endeffekt zählt der Ertrag des Vermögens nach Steuern. Hier gilt es hauptsächlich die Spekulationsfrist einzuhalten: Wer innerhalb von zwölf Monaten kauft und wieder verkauft, muss den Spekulationsgewinn versteuern. Ebenfalls wichtig: Auslandsanlagen können unter Umständen doppelt besteuert werden – zuerst im Ausland und dann noch einmal in Deutschland. Und: Bei manchen Anlageformen ist noch nicht geklärt, ob und welche Besteuerungsarten anzuwenden sind, das heißt, Sie als Anleger tragen das Risiko einer ungünstigen steuerrechtlichen Entwicklung.

→ Weitere Risiken
Es gibt Risiken, wenn Sie vorhaben, Ihre Wertpapiere über Kredite zu finanzieren (höchst suspekte Sache, lassen Sie lieber die Finger davon, mehr dazu weiter unten). Man spricht vom Informationsrisiko, wenn Sie dubiose Quellen nicht als solche erkennen. Übermittlungsrisiko bedeutet, dass der Auftrag an die Bank nur ausgeführt werden kann, wenn alle erforderlichen Angaben im Antrag korrekt eingetragen sind. Ausländische Papiere unterliegen der Rechtsordnung des anderen Staates – auch das können Risiken sein. Vielleicht wollen Sie Ihre Aktien zu Hause im Safe liegen haben: Dann tragen Sie das Risiko

tipp

Erfahrung macht klug
Lassen Sie sich nicht zu sehr von all diesen Risiken beirren. So manche treffen nur für ausländische Anleihen zu, andere lassen sich mit wachem Verstand durchaus realistisch beurteilen. Wenn Sie zum ersten Mal über Vermögensanlagen nachdenken, sollten Sie sich dennoch unbedingt Rat von Experten – zum Beispiel bei Ihrer Hausbank – holen. Später können Sie Ihren Vermögensaufbau eines Tages ganz alleine steuern.

Test: Was für ein Anlegertyp sind Sie?

Einschätzung	stimmt	stimmt ein wenig	stimmt gar nicht
Börsen sind faszinierend.	5	3	1
Ich werde einmal viel Geld im Lotto gewinnen.	5	3	1
Mit Verlusten von 30 Prozent auf ein Jahr kann ich gut leben, wenn es danach wieder aufwärts geht und meine Rendite auf fünf Jahre 15 Prozent im Schnitt beträgt.	5	3	1
10 Prozent im Jahr 2000 war eine schlechte Rendite.	5	3	1
Qualität ist mir wichtig.	1	3	5
Ich bin zufrieden, wenn mein Vermögen immer wieder ein wenig wächst.	1	3	5
Eigentlich ist Geldanlage eher ein notwendiges Übel.	1	3	5
Ich bin froh, in wichtigen Entscheidungen kompetente Partner zu haben.	1	3	5
Mehr Geld würde ich meiner Freizeit vorziehen.	5	3	1
Ich hätte Bill Gates, als er noch jung war und wenn er mir von seiner Softwareschmiede erzählt hätte, Geld für sein Unternehmen gegeben.	5	3	1
Meine Bank denkt zuerst an ihre Kunden.	1	3	5
Ich ärgere mich über meine Steuerlast.	5	3	1
In Osteuropa würde ich niemals etwas anlegen.	1	3	5
Wenn ich etwas über Geldanlagen lesen kann, bin ich begeistert.	5	3	1
Eigentlich bin ich eher der Typ, bei dem immer alles ganz schnell gehen muss.	5	3	1
Eigentlich interessiert es mich nicht, wer oder was der Dow Jones oder DAX ist.	1	3	5
Ich kann jede Entscheidung eigenverantwortlich treffen.	5	3	1
Dem Internet gehört die Zukunft.	5	3	1
Wenn ich Geld anlege, sehe ich nur den Gewinn.	5	3	1
Geld ist nicht alles, aber ohne Geld ist alles nichts.	5	3	1

Quelle: FondsKapital AG, München.

der Eigenverwahrung – was tun, wenn der Safe mitsamt den Papieren verbrennt? Und das Risiko des Einflusses der Nebenkosten auf die Gewinnerwartung sei hier ebenfalls erwähnt, Sie finden jedoch im Buch immer wieder Hinweise dazu.

Der ideale Anlagemix

Ziel ist es nun, für jeden Anleger den richtigen Mix zu finden, konkreter: das persönliche Anlageziel. Dieses stellt oft eine Mischform der drei genannten Eckpfeiler dar. Testen Sie sich! Auf Seite 24 finden Sie Fragen hierzu. Je ehrlicher Sie sich selbst gegenüber sind, desto eher finden Sie Ihre individuelle Strategie, mit der Sie langfristig Ihre gesetzten Ziele erreichen können.
Mit dem Fragebogen können Sie ermitteln, zu welchem Risikotyp Sie zählen – von konservativ bis risikofreudig. Zur Auswertung des Tests zählen Sie Ihre Punkte zusammen. Beachten Sie, dass bei Punktezahlen nahe an den genannten Grenzen eine Tendenz zu dem anschließenden Bereich besteht, bei genau 86 Punkten wären Sie also ein Anleger, der zwar das Risiko nicht scheut, aber doch noch sehr auf Wachstum achtet. Das führt dazu, dass Sie in Zeiten schwankender Börsenkurse eher doch auf Sicherheit setzen.

20 – 35 Punkte: Sicherheit
Erwartet eine kontinuierliche Wertentwicklung bei nur geringen Schwankungen. Eine sichere Rendite – wie gering sie auch sein mag – steht im Vordergrund.

36 – 52 Punkte: Sicherheit mit Wachstum
Noch sehr sicherheitsorientiert, aber bereits ein kleiner Aktienanteil möglich – vorzugsweise Fonds, um die Diversifikation zu sichern, nur zum kleinen Teil in Einzelwerte.

53 – 69 Punkte: Ausgewogen
Schwankt zwischen Sicherheit und Risikofreude. Anleihenanteil höher als Aktienanteil, Letzterer mit Schwerpunkt auf Fonds, kleiner Anteil an Einzelwerten.

70 – 85 Punkte: Ausgewogen mit Wachstum
Möchte vom Kurspotenzial an den Aktienmärkten profitieren, aber auch risikofreie Anlagen tätigen, Aktienanteil überwiegt.

86 – 100 Punkte: Wachstum
Sucht überdurchschnittliche Wertentwicklungschancen und nimmt dabei auch hohe Kursschwankungen in Kauf. Ziel ist eine höchstmögliche Rendite, der Sicherheitsaspekt tritt fast vollständig zurück.

beispiel

Wo finden sich unsere Musteranleger? Erkennen Sie sich darin wieder?

Musteranleger A:
Karin Schlegel und Lebenspartner Jürgen Lang
Anlageziel »Ausgewogen mit Wachstum«

Musteranleger B:
Sonia Henkel
Anlageziel »Wachstum«

Musteranleger C:
Eva und Horst Held
Anlageziel »Ausgewogen« mittels Fonds

Musteranleger D:
Hans Weber hat 100 Punkte
Anlageziel »Risiko«, Schwerpunkt Derivate

ANLAGESTRATEGIEN

Mehrheitlich unterscheiden die Vermögensverwalter fünf verschiedene Hauptanlageziele (siehe Tabelle). Je nachdem, welchem Anlegertyp Sie entsprechen, finden Sie sich in einem dieser Ziele wieder. Natürlich sind auch Abweichungen möglich und Sie sehen Ihr Anlageziel als weitere Mischform irgendwo dazwischen.

Wie lassen sich nun die Anlageziele konkretisieren? Dazu das folgende Beispiel:

Die Auswertung des Tests »Was sind Sie für

Anlageziele und ihre Eigenschaften

	Anlageinstrumente (Abweichungen aufgrund von Fonds und Derivaten möglich)	Neutral	Bandbreite
Sicherheit			
Sehr kleine Vermögensschwankungen	Kurzfristige Anlagen	20%	0–40%
Relativ stetiger Ertrag	Anleihen	80%	60–100%
Keine Anlage in Aktien	Aktien	0%	0%
Davon sehr geringer Fremdwährungsanteil	Fremdwährungen	(24%)	0–40%
Sicherheit mit Wachstum			
Kleine Vermögensschwankungen	Kurzfristige Anlagen	15%	0–35%
Etwas erhöhter, relativ stetiger Ertrag	Anleihen	65%	50–80%
Teilweise Anlage in Aktien	Aktien	20%	15–20%
Davon geringer Fremdwährungsanteil	Fremdwährungen	(36%)	5–45%
Ausgewogen			
Mittleres Risiko von Vermögensschwankungen	Kurzfristige Anlagen	10%	0–35%
Mittlerer Durchschnittsertrag	Anleihen	50%	30–70%
Erhöhter Aktienanteil	Aktien	40%	30–50%
Davon erhöhter Fremdwährungsanteil	Fremdwährungen	(44%)	10–60%
Ausgewogen mit Wachstum			
Erhöhtes Risiko von Vermögensschwankungen	Kurzfristige Anlagen	10%	0–45%
Langfristig hoher Durchschnittsertrag	Anleihen	30%	10–50%
Hoher Aktienanteil	Aktien	60%	45–75%
Davon hoher Fremdwährungsanteil	Fremdwährungen	(48%)	15–70%
Wachstum			
Großes Risiko von Vermögensschwankungen	Kurzfristige Anlagen	10%	0–20%
Langfristig sehr hoher Durchschnittsertrag	Anleihen	0%	0%
Schwerpunkt der Anlage in Aktien	Aktien	90%	80–100%
Davon sehr hoher Fremdwährungsanteil	Fremdwährungen	(54%)	20–80%

ein Anlegertyp« hat für Sie vielleicht das Anlageziel »Sicherheit mit Wachstum« ergeben. Die Zielsetzung ist, mit möglichst kleinen Vermögensschwankungen einen relativ steten Ertrag zu erreichen. Hierzu wird ein kleiner Teil der Anlagen in Aktien investiert und ein ebenfalls geringer Teil in Fremdwährungen. Unter der Spalte Anlageinstrumente sehen Sie die Investitionsarten. Dahinter finden Sie die so genannte neutrale Streuung, diese stellt einen nicht zu erreichenden Idealfall dar. Die Prozentzahlen im neutralen Bereich ergeben in der Summe 100 Prozent.
Die Bandbreite nennt die möglichen Schwankungen Ihres Portfolios, ausgelöst durch Kursänderungen und durch Anpassung des Portfolios gemäß den Vorgaben der Anlagestrategie. Diese Prozentsätze sollten jedoch nicht über-, aber auch nicht unterschritten werden.
Aus der Tabelle entnehmen Sie für das Anlageziel »Ausgewogen mit Wachstum«, dass im Normalfall rund 10 Prozent Ihres Vermögens im liquiden Bereich bleiben, um damit jederzeit – bei Notfällen etwa – kurzfristig reagieren zu können.
Die Bandbreite zwischen 0 und 45 Prozent gibt der Bank die Möglichkeit, im Extremfall alles Geld zu investieren oder aber in sehr unsicheren Zeiten auch einmal einen größeren Betrag über einen längeren Zeitraum zu parken. Im sicheren Bereich Anleihen werden rund 30 Prozent und etwa 60 Prozent im risikoreicheren Aktienmarkt investiert.
Für den Bereich Fremdwährungen ist nun Folgendes zu beachten: Nehmen wir an, Sie leben in Deutschland, geben das meiste Geld in Deutschland aus und denken auch in Euro. Dann ist der Euro Ihre Referenzwährung, Fremdwährungen sind also etwa US-Dollar, Franken und Yen. In der Umsetzung für das Depot heißt das, dass bei einer neutralen Bewertung 48 Prozent des Vermögens in Euro angelegt sein sollten und der Rest in Fremdwährungen. Die neutrale Bewertung ist wie bereits erwähnt der Idealfall. Meistens ist es jedoch so, dass gewisse Umstände mehr oder weniger für eine Währung sprechen. Wenn zum Beispiel die Coca-Cola-Aktie, die Sie in Ihrem Depot haben, steigt, der Dollar gegenüber dem Euro jedoch sinkt, dann bringt Ihnen das am Ende gar nichts, denn Sie leben letztendlich mit dem Euro! Das Währungsrisiko muss also stets mit berücksichtigt werden.
Unter Beachtung all dieser Voraussetzungen wird sich Ihr derart gestaltetes Portfolio wunschgemäß entwickeln. Nur »dranbleiben« müssen Sie – oder Ihr Anlageberater –, damit Sie auf Marktänderungen angemessen reagieren können.
Wenn Sie dieses erste Kapitel aufmerksam gelesen, die vielleicht unspektakulären Tipps ernst genommen und versucht haben, Ihren Anlegertypus herauszufinden, dann kann eigentlich gar nicht mehr so viel schief gehen. Lassen wir auf Seite 28 doch Frau Mahler zu Worte kommen.

tipps

- ✔ Definieren Sie Ihren Anlagehorizont und bleiben Sie ihm treu.
- ✔ Finden Sie heraus, ob Sie ein Risikotyp sind oder eher auf Sicherheit setzen.
- ✔ Machen Sie sich klar, welche Ziele Sie mit Ihrem Investment verfolgen.
- ✔ Beschaffen Sie sich regelmäßig aktuelle Informationen zu Ihrem Anlageziel.

interview

Frau Esther Mahler ist 40, studierte Juristin und Abteilungsleiterin in einer Versicherung.

Frau Mahler, warum investieren Sie einen beträchtlichen Teil Ihres flüssigen Geldes in Aktien?
Weil ich Immobilieneigentum und eine gute betriebliche Altersvorsorge habe und so mein Geld auch in Aktien – durchaus mit einem gewissen Risiko – anlegen kann.

Welche Erwartungen hatten oder haben Sie?
Natürlich hat mich zuerst die Euphorie der schnellen Gewinne mitgerissen. Dann aber habe ich mich beraten lassen und entschieden, einen Teil meiner Aktien langfristig zu halten und mit dem anderen Teil der Aktien auf kurzfristige Gewinne zu zielen.

Setzen Sie sich dabei Gewinngrenzen?
Bei den kurzfristig angelegten Titeln bin ich bei Gewinnen von 15 bis 20 Prozent wieder ausgestiegen.

Und was war das Ergebnis?
Diese Strategie hat mir zwar nicht den plötzlichen Reichtum gebracht, aber doch Geld genug, um mir dies und das zu leisten, was vorher einfach nicht möglich war. Zudem bin ich nicht gerade der Risikotyp oder eine Spielerin, die den Kitzel auf dem schmalen Grat zwischen dem Absturz und dem weiteren Anstieg eines Aktienwerts braucht.

In welche Aktien und Märkte haben Sie denn investiert?
Ach wissen Sie, so ein großes Wissen von der Wirtschaft habe ich ja nicht. Ich lasse mich von meiner Bank beraten und habe so in unterschiedliche Märkte und Branchen – zum Beispiel pharmazeutische Industrie einerseits und Asien-Fonds andererseits – investiert.

Wie sind Sie denn auf Unternehmen und Märkte gekommen?
Ich habe in der Zeitung Branchen- und Unternehmensberichte gelesen und bin dann zu meinem Anlageberater gegangen, um das mit seinen Empfehlungen abzugleichen. Oftmals hatten wir bereits dieselben Unternehmen und Märkte herausgesucht.

Haben Sie Erfahrungen mit derivativen Produkten?
Nein. Ich investiere nur in das, was ich verstehe.

KREDITE UND RESERVEN

Gewinne auf Pump?

Ein wichtiges Thema. Sie haben noch nie einen Kredit aufgenommen, wollen dies momentan nicht tun und werden auch in Zukunft keinen brauchen? Überblättern Sie diese zwei Seiten. Alle anderen sollten bitte hier weiterlesen und die Ratschläge zumindest überdenken.

Es gibt in der Tat Menschen, die auf den gut und durchaus ernst gemeinten Rat von Freunden Kredite aufnehmen, weil gerade eine Aktie – oder schlimmer noch eine Risiko-Option – astronomische Gewinne verspricht. Der gute Freund hat nämlich von einem guten Freund den sicheren Tipp, dass es so sein wird ...

An dieser Stelle sei unbedingt vor solchem Verhalten gewarnt! Sie müssen schon hohe Gewinne machen, um die Kreditkosten (Tilgung + Zinsen!!) wieder wettzumachen – also plus/minus null aus der Sache herauszugehen. Allein das birgt ein hohes Risiko. Und noch unwahrscheinlicher ist, dass das Papier einen derart hohen Kapitalzuwachs bringt, dass nach Abzug der Kreditkosten noch ein Gewinn übrig bleibt.

Ähnliches gilt fürs Daytrading: Diese spezielle Form des Papierhandels über den PC hat für viele etwas Anrüchiges – im Prinzip funktioniert das so ähnlich wie ein Casino: Sie legen einen bestimmten Betrag per Internet-Banking auf ein bestimmtes Feld, also eine Aktie, von der Sie sich schnelle Gewinne erhoffen, und dann warten Sie, bis die Kugel rollt – also der Kurs steigt. Die Versuchung, mal schnell das Konto zu überziehen, um auf einen vermeintlich ertragreichen Zug aufzuspringen, ist da sehr groß, schließlich passiert das alles »nur virtuell«, kein echtes Geld geht durch unsere Hände, und da ist das schlechte Gewissen schnell beruhigt. Abgesehen davon, dass Daytrading nur etwas für Anleger mit viel Zeit und ausreichend Erfahrung ist: Versuchen Sie, sei es hier oder über die Bank, nie – NIE – Gewinne auf Pump zu machen!

Die bessere Strategie – ach was, die einzige Strategie ist: Das Geld, das Sie in risikoreiche Anlagen wie Aktien & Co. investieren, sollten Sie wirklich übrig haben. Erinnern Sie sich an den Risikotest mit dem Feuerzeug? Der Vorteil, Geld anzulegen, statt es zu verbrennen: Die Asche nützt Ihnen gar nichts mehr, aber Sie bekommen bei einer vernünftigen Anlage nicht nur Ihr Geld zurück, sondern zusätzlich noch eine Rendite. Nur warten sollten Sie können. Bei Festverzinslichen & Co. sind Zinsen und Laufzeit genau berechenbar, bei Aktien & Co. brauchen Sie Geduld. Aber es ist allemal lohnender, übriges Geld zu investieren und lange zu warten, als in der Hoffnung auf schnelle Gewinne einen Kredit aufzunehmen.

Warum machen Menschen Schulden?

Da ist der eine große Punkt: das Eigenheim oder die Eigentumswohnung. Auf einer soliden Grundlage finanziert, ist das eine gute Investition, und zwar weniger wegen einer zu erwartenden Wertsteigerung der Immobilie, sondern eher deshalb, weil Sie die Miete in Ihre eigene Tasche zahlen. Faustregel: Sie sollten so viel selber finanzieren können, dass Zins und Tilgung der Kredite möglichst der Miete für ein vergleichbares Objekt entsprechen. Mehr als ein Kredit? Ja! Wählen Sie zwei oder drei unterschiedliche Laufzeiten, aber achten Sie auf die Zinsen – je kürzer die Laufzeit, desto ungünstiger meist die Bedingungen. Da Banken ungern Zwischentilgungen zulassen, haben Sie mit Krediten, die etwa in 7 und 10 (und ein dritter

Eine solide Beratung und ein genaues Durchrechnen sind unverzichtbar.

mit 15) Jahren fällig sind, die Möglichkeit, inzwischen Angespartes hineinzubuttern, und können so Ihre monatliche Belastung senken. Kombiniert mit einem Vermögensaufbau, der zum Beispiel monatliche Zahlungen in einen Fonds vorsieht, sind Sie vielleicht schon nach 15 Jahren schuldenfrei – keine teure Miete mehr, nur noch Wohngeld. Klingt doch gut, oder? Klappt aber nur, wenn Sie Ihre Kredite bedienen können, also: Genau planen!

Der zweite Punkt beim Schuldenmachen: Wir wollen möglichst alle unsere Wünsche auf einmal erfüllen. Ein neues Auto, die tolle Couch fürs Wohnzimmer, der Riesenfernseher mit allem technischen Schnickschnack, eine Reise auf ferne Inseln und so weiter ... – wer möchte das nicht? Jedoch kostet das alles Geld, und wenn Sie nicht zu den kriminellen Elementen gehören, die mal schnell eine Bank oder einen Geldtransporter zum Aderlass zwingen, dann bleiben Ihnen zwei Wege, das Geld zusammenzubekommen (abgesehen vom Lottogewinn – höchst unwahrscheinlich – und Omas Freigebigkeit, die ja auch nicht grenzenlos ist): Sparen und drauf warten oder Schulden machen und sofort genießen.

Wissenschaftler wie der Soziologe Robert Merton haben übrigens entdeckt, dass erfolgreiche Menschen kaum Schulden machen. Merton nennt dieses Prinzip »Deferred Gratification Pattern«, zu deutsch: Muster zurückgestellter Befriedigung.

Klingt toll und bedeutet eigentlich bloß, dass man eben seine Wünsche nicht ad hoc realisiert, sondern erst mal darauf spart und Arbeit sowie Energie investiert, um in der Zukunft seine Ziele zu erreichen. Planen Sie also für die Erfüllung Ihrer Wünsche lieber etwas mehr Zeit ein, überlegen Sie sich alternative Wege und sparen Sie lieber ein bisschen länger, statt Schulden zu machen. Sie zahlen bei Ihren Schulden ja nicht nur die Kreditsumme zurück (Tilgung), sondern auch eine Menge Zinsen!

Robert Merton hat auch herausgefunden, dass solche Ziele, die über einen längeren, anstrengenderen Weg erreicht wurden, tiefere Befriedigung verschaffen und das Leben sinnvoller erscheinen lassen als leicht erreichte Ziele – auch das ein guter Grund, lieber etwas länger aufs neue Auto, die schicke Eigentumswohnung oder eine Weltreise zu sparen. Und es gibt noch andere interessante Beobachtungen: Stressforscher etwa haben herausgefunden, dass ein großer Teil der Dauerbelastung von uns »modernen« Menschen daher kommt, dass wir uns selbst zu viel aufhalsen. Und zwar nicht nur berufliche oder private Verpflichtungen, sondern auch unsere eigenen Wünsche! Absurderweise führt eine Überzahl eigener Wünsche dazu, dass wir uns damit selber unter Druck setzen – wir selbst sind schuld an dem permanenten Gefühl, zu viel zu tun, das Fal-

sche zu machen, unbefriedigende Ergebnisse zu erzielen, kurz: gestresst zu sein.
Ein kluger Mensch weiß: Man kann nicht alles haben – nicht sofort und nicht auf einmal. Wer diesen Grundsatz befolgt, hat zum einen weniger Stress und er muss zum anderen auch keine Schulden zur Erfüllung meist doch kurzlebiger Wünsche machen. Das neu gekaufte Auto etwa ist in dem Moment, wenn Sie es vom Hof des Autohändlers fahren, schon 10 Prozent weniger wert, aber der Kredit dafür wird noch lange abbezahlt. Da Sie jedoch dieses Buch gekauft haben, wollen Sie sowieso wahrscheinlich sparen, Bundesschätze kaufen, in Aktien investieren ... Sehr vernünftig!

Wie viel Geld habe ich übrig?

Das ist natürlich das A und O des Vermögensaufbaus: Geld, das für Anlagen zur Verfügung steht, kurz-, mittel- oder langfristig nicht gebraucht wird und daher schön brav für uns Zinsen einsammeln darf. Aber wann hat man nun Geld wirklich übrig?
Da ist zum einen das Geld, das monatlich übrig bleibt, Sie haben ja die Finanzplanungstabelle bearbeitet und wissen nun, dass Sie monatlich zum Beispiel eine Summe von 300 Euro zur Seite legen können. Auf der anderen Seite ergibt sich vielleicht mal eine Erbschaft, eine besondere Prämie für berufliche Leistungen oder Sie haben ein Sparbuch, auf dem sich mit den Jahren eine nette Summe angesammelt hat – all das könnten Sie doch Gewinn bringend weglegen, oder?
Bevor Sie nun jeden Cent langfristig in Aktien stecken – weil die ja auf lange Zeit ziemlich sicher gute Renditen bringen –, sollten Sie bedenken, dass es immer unvorhersehbare Ereignisse gibt, für die man einen liquiden Notgroschen bereit liegen haben sollte. Sie stürzen, Ihre Zähne leiden gewaltig, die Kasse will nur eine Grundversorgung zahlen und auch die private Zusatzversicherung übernimmt nur einen gewissen Anteil des dentalen Wunderwerks ... Bevor Sie sich nun mit Leistungen zweiter Wahl zufrieden geben, wäre es doch ganz nett, wenn Sie etwas aus dem langfristigen Portfolio verkaufen könnten – aber die Kurse sind gerade im Keller, also ist Warten angesagt ...
Für solche Fälle müssen Sie eine eiserne Reserve haben: 10 000 Euro mindestens, 20 000 wären besser. Sie können den Notgoschen in liquide Anlageformen wie zum Beispiel Call-Gelder packen, so lässt sich ein netter Gewinn mitnehmen – denn auf dem Girokonto oder dem Sparbuch frisst ja die Inflation einen Teil des Geldwertes weg.
Aber den Grundsatz, etwas für Notfälle auf der Hand zu haben, beachten Sie bitte immer. Besonders, wenn es Ihnen so geht wie auf Seite 29 beschrieben: Ein guter Freund kommt mit Informationen, dass eine bestimmte Aktie ... und das hat er von einem guten Freund ... Halt! Ebensowenig wie Sie einen Kredit aufnehmen sollen, dürfen Sie auch den Notgroschen nicht einfach in riskante Geschäfte stecken. Wieder einmal gilt: Für alle nicht wirklich sicheren Transaktionen verwenden Sie nur Geld, das Sie langfristig übrig haben, denn nur die Zeit gleicht das höhere Risiko von Aktien & Co. aus!

! achtung

Es kann gar nicht oft genug gesagt werden: Auf keinen Fall sollten Sie den Vermögensaufbau über Kredite finanzieren!

1000 & 1 frage

Wir möchten unseren Kindern eine gute Bildung finanzieren. Welcher Anlagehorizont passt dazu?

Nehmen Sie sich Zeit und füllen Sie die Checkliste Einnahmen/Ausgaben sorgfältig aus, um Ihre Ausgaben genau planen zu können. Solange die Kinder noch sehr klein sind, ist der Anlagehorizont entsprechend lang – mehr als zehn Jahre –, und Sie können durchaus in Risikopapiere investieren, die ja über einen langen Zeitraum eine gute Performance bieten.

Falls Ihre Kinder schon älter sind und entsprechend der Zeitpunkt der Ausbildung näher rückt, empfiehlt sich die Anlage in erfolgreiche Fonds (zum Beispiel Blue-Chip-Fonds, siehe Seite 153), wenn Sie am Aktienmarkt partizipieren möchten, oder in festverzinsliche Papiere mit mittleren Laufzeiten, wenn Sie sicherheitsorientiert sind.

Was sind nun meine ererbten Kunstwerke und Schmuckstücke wirklich wert?

Meistens deutlich weniger, als man es sich erhofft. Im Allgemeinen handelt es sich dabei ja um Liebhaberobjekte. Aber genau dann, wenn man diese dringend verkaufen möchte, findet sich eben dieser Liebhaber nicht!

Sie empfehlen mir 20 000 Euro im liquiden Bereich, da bleibt bei meinem Portemonnaie kaum was für Aktien übrig. Ich möchte aber gerne was riskieren, was soll ich tun?

Sie haben also keine größere Summe übrig, die Sie langfristig binden können. Aber ergab vielleicht Ihr Finanzplan, dass Sie regelmäßig monatlich etwas zur Seite legen können? Steigen Sie so in einen Anleihefonds ein, falls Sie Wert auf Sicherheit legen, oder wählen Sie einen monatlich bedienbaren Aktienfonds und partizipieren Sie so am Aktienmarkt.

Wie werden aus einer Münze mehrere? Gut planen, wenig verschwenden, geschickt anlegen.

INFORMATIONEN UND BERATUNG

Neben Ihren persönlichen Faktoren wie Lebenssituation, Ziele, Risikoverhalten und Zeithorizont der Anlage, die oben besprochen wurden, spielen noch viele andere Umstände eine wichtige Rolle bei der Entscheidung, wie Ihr Depot nun tatsächlich aussehen soll. Es gilt also noch so manches zu bedenken. Sie sollten selbst aktiv werden, denn Sie – und Ihr Geld – sind von unterschiedlichen äußeren Faktoren abhängig.

Sie wissen nun, wo Sie im Leben stehen, kennen Ihre tatsächliche finanzielle Lage heute sowie die zu erwartende morgen und haben danach Ihren Anlagehorizont definiert. Sie haben nicht nur herausgefunden, wie viel Sie Ihrer finanziellen Situation entsprechend investieren können, sondern auch, welche Risikobereitschaft Sie haben. Und zum Abschluss Ihrer persönlichen Lagebeurteilung haben Sie anhand des Tests »Welcher Anlegertyp sind Sie?« eingegrenzt, welchem Anlegertypus Sie entsprechen. Nun denken wir darüber nach, ob Sie alleine oder mit der Unterstützung und Beratung von Profis Ihr Vermögen aufbauen.

Beginnen wir mit der Beratung. Die wird Ihnen einmal von Ihrem Anlage- oder Vermögensberater angeboten. Andererseits schießen viele Seminarangebote wie Pilze aus dem Boden, die häufig recht teuer sind. Falls Sie ein Seminar besuchen wollen, haben Sie die Qual der Wahl. Viele Angebote sind seriös, aber es gibt auch einige schwarze Schafe, die den Aktienboom ausnützen und den Leuten mit salbungsvollen Worten erzählen, wie man angeblich schnell reich werden kann. Hier gilt es also, vorsichtig zu sein: Wenn Ihnen jemand verspricht, aus Ihrem Geld ganz schnell ganz viel zu machen, sollten Sie lieber die Finger davon lassen. Das gilt für Seminare ebenso wie für Anlageberater.

Oft können Sie durch eine ausführliche Lektüre von Druck- oder Online-Informationsangeboten Zeit und Geld für einen Seminarbesuch sparen. Zwar ist es aufwändiger, Wissen auf diese Weise zu erlangen, aber das, was man sich selbst erarbeitet, bleibt bekanntlich auch besser im Gedächtnis. Der Nutzen der gedruckten oder im www bereitgestellten Informationen ist also nicht zu unterschätzen! Die einzelnen Möglichkeiten stellen wir Ihnen hier genauer vor. Überlegen Sie bereits bei der ersten Lektüre, welcher Weg zur Börse für Sie infrage kommen könnte. Anhand des Selbsttests überprüfen Sie dann, ob Sie lieber alles alleine machen möchten oder die Verantwortung vertrauensvoll in andere Hände – die eines Bankberaters zum Beispiel – legen wollen.

In den Hochzeiten der Aktien und Börsen in 1999 und 2000 erschienen immer mehr Magazine, Zeitungsbeilagen, Informationsbriefe und Internetseiten, die uns dabei helfen wollten, unser Geld richtig anzulegen. Nachdem der Börsenblase die Luft ausging, mussten auch zahlreiche Blätter und Online-Dienste ihr Erscheinen einstellen. Deren Zahl wird größer oder kleiner – je nach der Ent-

tipp

Kommt Ihnen die eher trockene Auseinandersetzung mit Aktien, Anlagen, Fonds und Obligationen allein im stillen Kämmerlein eher frustrierend vor? Diese Manko lässt sich durch ein geselliges Vereinsleben beheben. Information und Beratung bieten nämlich auch die vielen regionalen Aktienclubs.

wicklung am Aktienmarkt. Deswegen ist jede Übersicht über das Informationsangebot im Netz, in der Buchhandlung oder am Kiosk nie vollständig oder aktuell.

Zeitschriften, Zeitungen, Magazine

Die Themen Wirtschaft, Börse und Kapitalanlage boomen an den Kiosks; Zeitschriften, Zeitungen und Magazine werben mit viel versprechenden Inhalten und Ratgeberseiten um den Anleger. Aber Vorsicht im Umgang mit den durchaus seriösen Magazinen! Die Universität Essen ging in einer Studie 2001 der Frage nach: Zahlen sich die Empfehlungen dieser Anlegermagazine auch aus? Das Fazit dieser über einen längeren Beobachtungszeitraum laufenden Studie lautet ernüchternd: »Die betrachteten Zeitschriften haben sich in diesem Zeitraum sicherlich nicht mit Ruhm bekleckert.« Und dieses Fazit gilt wohl gerade auch für die vielen Online-Ratgeber. Die wöchentlich erscheinenden Wirtschaftsmagazine mit einem breiten Themenspektrum nicht nur für private Anleger oder Tageszeitungen bieten auf ihren Finanz- und Börsenseiten fundierte und objektive Informationen über Börsen, Märkte, Anlagemöglichkeiten und Unternehmen. Einige Magazine und Zeitschriften werden im Serviceteil genannt. Wer mehr über die nordamerikanischen und asiatischen Märkte und Unternehmen wissen will, sollte das englischsprachige *Wallstreet Journal* lesen oder dessen exzellente Online-Ausgabe *wsj.com* abonnieren. Wer kritische Positionen zum Börsengeschehen und den damit verbundenen Informationsmedien sucht, sollte die großen Verbrauchermagazine lesen, die sich zunehmend mit Anlegerthemen befassen.

Bücher

Ein Blick in die Regale beim Buchhändler oder auf die Internetseiten der Buchversender genügt, um auch hier von der Angebotsmenge überwältigt zu werden. Die meisten Buchtitel versprechen die ultimativen Ratschläge, um reich zu werden. Besonders häufig: Erfolgsstorys von Einzelnen, die mit ungewöhnlich gutem Gespür durch den Aktiendschungel lavieren und dabei mehr Erfolg hatten als andere, deren Weg nur geringfügig anders war. Der Leser erliegt dann leicht der Illusion, dass er es »ja nur genauso« machen bräuchte, um schnell Millionär zu werden. Leider klappt das mit dem bloßen Nachahmen überhaupt nicht. Vorsicht und ein kritisches Blättern durch das Ansichtsexemplar sind daher zu empfehlen. Verkaufspersonal, das Sie wirklich gut beraten kann, finden Sie eigentlich nur im auf Wirtschaftsbücher spezialisierten Fachhandel. Einige empfehlenswerte Bücher finden Sie im Serviceteil.

Fernsehen und Internet

Diese beiden Medien bieten stets aktuelle Informationen über das tägliche Börsengeschehen und viele Hintergrundinformationen zu Märkten, Fonds ... Gegenüber dem Internet hat das Fernsehen noch den Vorteil, dass Sie alle angebotenen Informationen nebenher beim Kochen oder auf dem Laufband im Fitness-Studio konsumieren können. Das Internet bindet hingegen noch an den Monitor und fordert volle Konzentration. Dafür gibt es die Möglichkeit, per Internet zu handeln, Depots einzurichten und zu verwalten, virtuelle Depots und Watchlisten zu führen.
Ob Sie sich beim Kaufen und Verkaufen von Aktien und Fonds auf Internetanbieter, auf das E-Banking oder auf die persönliche Beratung von Banken und Beratern verlassen wollen, das sollten Sie nach der Lektüre dieses Buches selbst entscheiden können.
Im Internet findet man die meisten Tipps, Informationen, Ratschläge und Analysen für die Kapitalanlage – noch – gratis. Doch verlangen immer mehr Anbieter, dass man sich

registrieren lässt, und die Zeiten sind nicht fern, dass man auch im Internet für gute Informationen gut zahlen müssen wird. Dann wird sich die Spreu vom Weizen trennen, denn für Informationsmüll will niemand zahlen. Und das ist ein Punkt, der schon mehrfach angesprochen wurde: Gute, wirklich verwertbare Informationen sind für den Laien in dem vielfältigen Angebot schwer von unbrauchbarem Datenmüll zu unterscheiden. Im Serviceteil finden Sie eine Auswahl aus dem Internetangebot. Die Zahl der Anbieter ist groß, das Problem dabei ist jedoch, dass fast schon monatlich neue Seiten auftauchen und alte wieder eingestellt werden. Sie werden auf den vorgeschlagenen Seiten nicht fündig? Gehen Sie in die gängigen Suchmaschinen, allen voran google.de, und geben Sie die entsprechenden Stichworte ein. Wenn Sie nach mehreren Begriffen suchen möchten, wie High Yield Bond oder Aktien und Rendite: Mit einem + direkt vor den Wörtern – ohne Leerzeichen – sorgen Sie dafür, dass nur Seiten aufgezeigt werden, die alle eingegebenen Begriffe enthalten. So lässt sich die Suche oft kinderleicht eingrenzen und damit beschleunigen. Ein positives Anzeichen für die Qualität einer Site ist unter anderem ihre Stabilität, also je länger sie existiert, desto besser. Achten Sie außerdem auf Benutzerfreundlichkeit und auf den schnellen Aufbau der Seiten. Manche Anbieter verstecken ihr Unwissen hinter bombastischen Grafiken und tollen visuellen Effekten – Marke Seifenblase. Viele Seiten bieten übrigens neben Information und Rat unter anderem auch die Möglichkeit, persönliche Beobachtungslisten oder Depots mit Ihren Aktienfavoriten einzurichten. Aktuelle und sehr gute Informationen bieten Ihnen natürlich die Online-Seiten der großen an jedem Kiosk erhältlichen Anlegermagazine und Wirtschaftszeitungen, die neben allen täglichen Nachrichten und Berichten eine unterschiedliche Qualität und Quantität an Informationen zum Geschehen an den Börsen bieten. Aber Vorsicht: Die Online-Informationen werden zunehmend kostenpflichtig. Solide Informationen bieten manche Online-Auftritte der großen Banken. Aber diese Seiten kennen Sie vielleicht schon vom E-Banking, Ihren Bankgeschäften per Internet. Scharfe Maßstäbe für Aktualität, Qualität und Seriosität sind anzulegen, damit man sich wirklich nur auf wenige Internetseiten konzentrieren kann, schließlich hat keiner ewig Zeit, alles zu durchforsten.

Wichtige Kriterien: Sind die Kurse aktuell, also mit nicht mehr als 30 Minuten Verzögerung auf dem Bildschirm? Sind die Unternehmens-, Markt- und Börsennachrichten tagesaktuell? Gibt es Hintergrundberichte und Analysen? Wenn Chats angeboten werden, sind diese aktuell gepflegt und werden sie auch tatsächlich genutzt? Ist die Seite übersichtlich und benutzerfreundlich? Wie schnell öffnen sich die angegebenen Links? Ist die Seite gebührenpflichtig oder kostenlos?

tipp

Im Fernsehen bieten täglich *3sat Börse*, *Telebörse/n-tv*, *Börse im Ersten*, *N24* und spezielle Wirtschaftssendungen der einzelnen Sender hervorragende Informationen rund um die Börsen.

Eine regelmäßig aktualisierte Auflistung von Seiten und Portalen mit Inhaltsangeboten finden Sie im GU Kompass *Aktien online*. Internet-Portale wie *finanzkatalog.de*, *boersenlinks.de* und *finanzradar.de* bieten eine große Sammlung von Links und Adressen geordnet nach Themenbereichen.

1000 & 1 frage

INFORMATIONEN UND BERATUNG

Wo finde ich garantiert seriöse Informationen über Unternehmen und Aktien?

Um sich ein ungeschöntes, objektives Bild zu machen, sollten Sie mindestens zwei Wirtschaftszeitungen lesen, unterschiedliche Analystenempfehlungen aus dem Internet sammeln und dies mit den Tipps und Informationen der zahlreichen Anlegermagazine vergleichen. Außerdem ist es immer interessant, all diese Informationen den Tipps Ihres Vermögensberaters gegenüberzustellen.

Im Internet finde ich doch alles. Warum dann noch Magazine und Zeitungen kaufen und lesen?

Vorsicht! Im Internet lauert auch viel Informationsschrott, besonders dort, wo die Info (noch) nichts kostet. Gute und unabhängig arbeitende Analysten und Journalisten sind ihren Preis wert. Und dafür müssen Sie zahlen.

Finde ich über die Suchmaschinen wirklich alle Informationen, die ich brauche?

Eine schwierige Frage. Unserer Erfahrung nach gibt es Stichwörter, die bei jeder Suchmaschine andere Ergebnisse bringen. Beim Anklicken einiger Seiten dauert der Aufbau ewig, andere fordern eine Registrierung, damit man Informationen recherchieren kann. So manchem User vergeht da die Lust zum Surfen. Wenn Sie gut aufgemachte Seiten finden, markieren Sie sie gleich mit einem Lesezeichen, um sie leichter wiederzufinden.

Wie mache ich das eigentlich, wenn ich nun in meinen Vermögensaufbau einsteige: Brauche ich unbedingt eine Beratung bei meiner Hausbank?

Viele der hier vorgeschlagenen Wege zum Vermögensaufbau können Sie alleine gehen, Prämiensparen etwa, Bundesschätze kaufen, aber auch im Internet selber mit Aktien handeln. Wenn Sie am Anfang Ihrer Vermögensplanung stehen, werden Sie sich wahrscheinlich bei Ihrer Hausbank die nötigen Informationen holen und danach entscheiden, ob Sie selbst jede Transaktion bestimmen möchten oder die Bank mit einem Vermögensverwaltungsmandat beauftragen. Mit wachsender Erfahrung können Sie dann Stück für Stück Ihre Planung und Realisation in die Hand nehmen, etwa per Internet-Banking.
Letztendlich geht es aber auch darum, ob Sie überhaupt Freude am Börsengeschäft haben oder dieses den Spezialisten überlassen möchten, um sich anderen Hobbys zu widmen.

VERWALTUNG UND VERMÖGENSMANDAT

Wie Sie sich allein informieren können, wissen Sie nun. Vielleicht haben Sie aber nicht die Zeit oder Sie trauen sich dieses umfangreiche Spezialgebiet nicht zu – da bietet sich der Gang zum Profi an.

Vermögensverwaltung

Bei einem Mandat zur Vermögensverwaltung ist die wichtigste Voraussetzung Vertrauen. Schließlich nimmt Ihnen der Profi – natürlich im Rahmen Ihrer Vorgaben – alle Entscheidungen ab. Wenn Sie nun trotz Auftrag zur Vermögensverwaltung tagtäglich die Kurse Ihrer Aktien verfolgen und schlaflose Nächte bei einem hektischen Auf und Ab Ihrer Börsentitel durchleben, wenn Sie gar nach der Lektüre jeder Börsenabrechnung schnell mit Ärger und Enttäuschung zum Telefonhörer greifen, um sich von Ihrem Anlageberater erklären zu lassen, warum jetzt gerade diese Aktie gekauft oder verkauft wurde, dann werden Sie wohl mit einer Vermögensverwaltung nicht glücklich. An dieser Stelle sei ausdrücklich erwähnt: Ein Vermögensverwaltungsmandat können Sie natürlich jederzeit wieder rückgängig machen.

Wenn Sie nun einer Bank das Mandat zur Vermögensverwaltung geben, entscheiden Sie selber nicht mit, welche Anlageform, welcher Aktientitel ge- und verkauft wird. Mit dem Mandat geben Sie der Bank und ihrem Portfoliomanagement den Auftrag, Ihre Geschäfte in Ihrem Sinn und innerhalb der mit Ihnen festgelegten Bandbreiten (siehe auch die Tabelle »Anlageziele und ihre Eigenschaften«) selbstständig zu tätigen. Sie geben das Ziel vor, zum Beispiel dass Sie auf ein jährliches zusätzliches Einkommen von 30 000 Euro angewiesen sind oder dass Sie Ihr Geld in den nächsten zehn Jahren nicht anrühren werden und die Renditen reinvestiert werden sollen, um am Schluss ein möglichst hohe Summe zur Verfügung zu haben. Sie überprüfen die Rendite der Anlage beziehungsweise die Arbeit der Portfoliomanager mithilfe der von der Bank zugesandten Depotauszüge und Performanceberechnungen sowie – falls von Ihnen gewünscht – bei persönlichen Gesprächen mit Ihrem Anlageberater.

Viele Banken gehen noch einen Schritt weiter und bieten eine *integrale Vermögensberatung* an, bei der Ihr Anlageberater Sie auch bei weiterführenden Fragen im Zusammenhang mit Steuern, Immobilien oder Erbschaft mit den entsprechenden Spezialisten (Juristen, Steuerberatern, Immobilienspezialisten etc.)

Sie möchten alles selbst machen? Das kostet viel Zeit für die Recherche von Informationen.

1000 & 1 frage

Welchen Vorteil habe ich bei einer Vermögensverwaltung?
Sie brauchen sich um nichts zu kümmern und müssen keine schwierigen Anlageentscheidungen treffen, die umfassendes Wissen und viel Information voraussetzen.

Gibt es auch Nachteile?
Im Rahmen Ihrer Vorgaben wird alles für Sie erledigt. Das ist anfangs sicher gut und richtig, aber vielleicht möchten Sie später etwas mehr »mitmischen«. Wenn Sie im Laufe der Zeit auf den Geschmack kommen und Ihre Vermögensangelegenheiten verstärkt selbst verwalten möchten, stellt das Mandat jedoch keinen eigentlichen Nachteil dar, Sie können es ja jederzeit kündigen.

Was erwartet mich beim Internet-Banking?
Statt persönlicher Gespräche mit dem Berater Ihres Vertrauens verbringen Sie viel Zeit vor dem Computer und mit der Lektüre sowie der Recherche nach unterschiedlichen Informationen. Sie können sinnvollerweise das Internet-Banking auch mit der Mitgliedschaft in einem Anlegerclub verbinden.

Was bietet mir ein Anleger- oder Aktienclub?
Die regionalen und überregionalen Clubs haben ein breit gefächertes Angebot, das Sie auf den Homepages der Clubs kennen lernen, prüfen und vergleichen können. Wenn ein Clubangebot Sie besonders anspricht, nehmen Sie Kontakt per E-Mail auf. Falls Sie gerne auf geselligen Treffen Probleme ausdiskutieren, stellt der Club eine gute Basis dar, Antworten auf Ihre Fragen zu finden.

zusammenbringt. Dies hat für Sie den Vorteil, dass Sie diese Spezialisten nicht selber suchen müssen und gleichzeitig davon ausgehen können, dass Ihre Hausbank kompetente und angesehene Gesprächspartner bietet, Ihre Situation insgesamt erfasst und somit Ihre Anlagen optimiert werden können.

Anlageberatung

Sie möchten nicht alle Verantwortung aus der Hand geben, sondern im Gegenteil kräftig mitentscheiden, aber dennoch vom Fachwissen eines anderen profitieren? Dann bietet sich eine Anlageberatung an: Sie als Investor haben genügend Zeit und Erfahrung, Ihre Börsengeschäfte selber abzuwickeln. Sie benötigen einen Anlageberater nur noch zur Beratung im Zusammenhang mit konkreten Anlagen und zur Weitergabe der Aufträge an die Börse. Sie lesen regelmäßig Anlegermagazine, Börsenbriefe und die Wirtschafts- und Finanzseiten der großen Tageszeitungen und haben damit Ihre eigenen Vorstellungen, welche Aktien interessant sein könnten. Sie wollen Ihre Vorstellungen mit einer kompetenten Fachperson besprechen und die Meinung einer Bank dazu hören. Ihr Vorteil: Was und wann gekauft bzw. verkauft wird, entscheiden alleine Sie!
Andererseits kommt es natürlich immer wieder vor, dass sich ein Kunde nicht allein entscheiden kann oder will. Und so passiert es dann, dass der Kunde und Investor nach längerem Hin und Her seiner Anlageberaterin sagt: »Machen Sie, was Sie für richtig halten, Sie kennen mich und meine Anlageprioritäten ja schon lange ...« Lässt sich die Beraterin genau darauf ein und die von ihr empfohlene und gekaufte Aktie entwickelt sich wie erhofft, so ist der Kunde glücklich.
Fällt aber der Kurs der Aktie, so wird sich der Kunde melden und die Anlageberaterin für

ihre »falsche Entscheidung und den Verlust« verantwortlich machen. Um solche unangenehmen Auseinandersetzungen von vornherein auszuschließen, wird ein guter Anlageberater immer darauf bedacht sein, Ihnen die Entscheidung zu überlassen, Sie aber bei der Entscheidungsfindung nach bestem Wissen und Gewissen unterstützen.

E- oder Internet-Banking

Internetbanken, Online-Banken, Direktbanken oder wie sie sich sonst noch nennen, sind meist Töchter von Großbanken. Im Vergleich zum traditionellen Banking sind die Gebühren bei den Online-Banken wesentlich niedriger, denn es entstehen ja keine Filial- und deutlich geringere Personalkosten, weil die Transaktionen durch den Kunden direkt über das Internet abgewickelt werden. Auf hoch bezahlte Anlageberater wird bei dieser Bankenform ebenfalls verzichtet. Sie als Kunde haben daher den Nachteil, dass Sie auf keine individuelle Beratung zurückgreifen können. Ganz allein sind Sie jedoch in Ihrer Entscheidungsfindung auch wieder nicht, denn auf den Internetseiten finden Sie viele Informationen und Ratschläge sowie oft auch Chats mit Analysten: So haben Sie eine eine Plattform für Ihre Fragen und die Analysten geben dazu Antworten. Wer generell seine Entscheidungen sowieso lieber alleine trifft, bereits Erfahrung mit dem Internet hat und sich in der Informationsbeschaffung gut auskennt, der ist bei einer Direktbank via Internet gut aufgehoben.

selbsttest

Welche Art von Banking ist für Sie die Richtige?

- ✔ Sind Sie mit dem Börsengeschehen wenig vertraut?
- ✔ Haben Sie weder Zeit noch Lust, ständig die Märkte zu verfolgen, um im entscheidenden Moment auch schnell reagieren zu können?

Bei ein bis zwei Ja sind Sie ein Kandidat für ein Vermögensverwaltungsmandat.

- ✔ Sind Sie an einem kompetenten Ansprechpartner interessiert, mit dem Sie Fragen zu Investitionen aller Art besprechen können?
- ✔ Haben Sie genügend Erfahrung und Fingerspitzengefühl, die Entscheidungen zu einem Kauf/Verkauf und zur Wahl des richtigen Zeitpunktes selber zu fällen?

Bei ein bis zwei Ja sind Sie ein typischer Anlageberatungskunde.

- ✔ Wissen Sie genau, was Sie wollen?
- ✔ Kennen Sie die Märkte und wollen Sie die Kurse Ihrer Aktienfavoriten jederzeit im Auge behalten können?

Bei ein bis zwei Ja sind Sie ein Kandidat für eine Internetbank!

Anleger- oder Aktienclubs

Wenn Sie das Investieren in Vermögensanlagen mit Geselligkeit in einem Team Gleichgesinnter verbinden wollen, dann sollten Sie eine Mitgliedschaft in einem Aktien- oder Anlegerclub erwägen. Regional und überregional finden sich inzwischen viele Angebote für ganz unterschiedliche Interessenlagen. Manche Clubs etwa lassen nur Frauen als Mitglieder zu. Adressen sind unter anderem im Internet zu finden: Links und Hinweise dazu finden Sie zum Beispiel unter *finanzradar.de* oder über die Suchmaschinen.

In diesen Clubs können Sie Erfahrungen austauschen, gemeinsam lernen, Kosten bündeln, kleine Summen in Gemeinschaftsdepots investieren und erleben, wie es anderen auf dem Weg zur Börse ergeht. Oft werden auch Experten zu Vorträgen eingeladen und nur bei den wenigsten Clubs wird Wert auf eine Vermögensverwaltung und Anlageberatung durch eine Bank gelegt. Übrigens: Es gibt schon Aktienvereine mit über 5000 Mitgliedern und eigenen angestellten Anlageexperten.

Die optimale Vorgehensweise

Mithilfe des Selbsttests auf der vorigen Seite können Sie einschätzen, welchen Weg Sie gehen sollten.

Was macht einen guten Kundenberater aus?

An dieser Stelle machen wir einen kleinen Exkurs in die Bank, denn wenn Sie Ihre Anlage mithilfe eines Experten in Angriff nehmen wollen, wird Ihr erster Weg wohl zu Ihrer Hausbank führen. Hier ist der Kundenberater Ihre Anlaufstelle, sobald Sie das Bankgebäude betreten. Nur beim E-Banking rufen Sie die von Ihnen gewünschten Informationen selbstständig ab und erledigen auch Ihre Aufträge in Eigenregie im Internet. Sie jedoch suchen Rat und Tat direkt bei Ihrer Bank? Sicher wollen Sie nicht nur ein kleines Rädchen sein. Werfen wir also einen Blick auf die Strukturen, mit denen Sie als Bankkunde zu tun haben. Die Grafik auf Seite 42 verdeutlicht, welch wichtige Rolle der Kundenberater in Ihrer Bankbeziehung spielt. Ob alltägliche Dinge, die Sie am Schalter sofort erledigt wissen möchten, oder das Anvertrauen der Vermögensverwaltung – der persönliche, zwischenmenschliche Kontakt ist ein Faktor, der nach wie vor für viele Menschen unverzichtbar ist. Wenn Sie Ihren Ansprechpartner einschätzen können – idealerweise sollten Sie immer mit der gleichen Person zu tun haben –, lernen Sie sich immer besser kennen.
Die Ratschläge, die Sie bekommen, werden im Laufe dieser Beziehung immer individueller. Wenn der Kontakt zu Ihrem Ansprechpartner bei der Bank regelmäßig ist, hat das einige Vorteile. Ihr Anlageberater informiert Sie zum Beispiel über Aktivitäten der Bank, lädt Sie zu Veranstaltungen ein und bringt Sie – falls erwünscht – mit den richtigen Spezialisten zusammen.

Im Rahmen einer Vermögensverwaltung oder Anlageberatung gilt nicht der Grundsatz: »Über Geld spricht man nicht.« Wenn Ihr Ansprechpartner Sie gut beraten soll, so muss er über Ihr Hab und Gut besser informiert sein als jeder andere, ausgenommen vielleicht Sie selbst und Ihr Freund oder Ihre Partnerin. Die Beziehung zu Ihrem Anlageberater zeichnet sich durch ein besonderes Vertrauen aus – die entscheidende Grundlage für eine erfolg-

tipps

- ✔ Nehmen Sie sich Zeit, um den richtigen Partner und die richtige Bank zu finden.
- ✔ Was für Ihren Freund gut ist, muss für Sie nicht unbedingt auch gut sein.
- ✔ Achten Sie darauf, dass Ihre individuellen Ziele und Wünsche voll respektiert und ernst genommen werden.
- ✔ Erst wenn Sie sich gut aufgehoben fühlen und die Chemie stimmt, sollten Sie sich festlegen.

reiche Vermögensanlage! Das klingt einleuchtend, ist aber nicht ganz einfach zu finden. Wie eine Umfrage bestätigt, sind viele Kunden mit ihrem Anlageberater unzufrieden. Zu wenig Zeit, zu wenig Interesse und zu großer Verkaufsdruck sind die am häufigsten genannten Kritikpunkte.

Bevor Sie in einem ersten Gespräch Ihre Vermögenssituation darstellen, sollten Sie via Smalltalk herausbekommen, ob die Chemie zwischen Ihnen stimmt. Allgemeine Fragen zur Finanzwelt, zu wirtschaftlichen Entwicklungen und deren Auswirkungen auf den Aktienmarkt sind ein guter Einstieg. Falls Sie sich schon ein bisschen vorab informiert haben, können Sie an den Antworten des Kundenberaters einschätzen, ob er ein Sparbuchverwalter oder ein Aktienfreak ist. An der Art, wie er Ihnen Wissen vermittelt, können Sie erkennen, ob Sie einen zu Monologen neigenden Besserwisser oder einen Partner vor sich haben, der Sie an seinem Wissen wirklich gerne teilhaben lässt. Außerdem werden Sie innerhalb weniger Minuten merken, ob Ihr Ansprechpartner Zeit für Sie hat und gerne mit Ihnen spricht oder eher der hektische Typ ist, der Ihnen, sobald er etwas vorschlägt, kaum Zeit zum Nachdenken lässt. Stellt Ihnen der Berater offene Fragen oder redet er in geschlossenen Sätzen, die keinerlei Feedback von Ihnen zulassen? Letzteres ist natürlich ein Minuspunkt.

Sie sehen schon: Der freundliche, offene Anlagefachmann, der sich wirklich für Sie interessiert, Ihnen gerne das wichtigste Wissen vermittelt und Ihnen Zeit für Ihre Entscheidungen lässt, ist der ideale Vermögensverwalter. Sprechen Sie also mit mehreren infrage kommenden Personen bei Ihrer Hausbank, gehen Sie auch zu anderen Geldinstituten und beziehen Sie in Ihre Recherchen natürlich auch die Erfahrungen Ihrer Freunde und Bekannten mit ein.

wichtig

Die Produktkompasse

Sie finden in den nächsten beiden Kapiteln immer wieder unsere Produktkompasse. Diese sollen Ihnen einen schnellen Überblick über die jeweilige Anlageform bieten. Dabei arbeiten wir mit fünf Pfeilen, die folgendes bedeuten:

↓ null bis gering
↘ gering
→ mittel
↗ etwas höher
↑ hoch

»Aufwand« beschreibt, wie viel Sie unter anderem an Zeit investieren müssen, um gute Ergebnisse zu erzielen. Unter »Kosten« finden Sie Hinweise, ob außer dem Kaufpreis selbst Gebühren wie Emissions- oder Depotkosten anfallen.

Diese Angaben stellen eine allgemeine Einschätzung dar. Innerhalb der aufgeführten Papiere – naturgemäß vorrangig bei Aktien & Co. – gibt es immer wieder herausragend Ertragreiche und solche mit besonders schlechter Performance. Dennoch können Sie sich an diesen Eckpunkten orientieren und überprüfen, ob das jeweilige Papier zu Ihrer Anlagestrategie passt.

Wenn Sie sich für eine Person entschieden haben, der Sie vertrauen, sollten Sie für die Zukunft darauf dringen, möglichst immer mit dieser sprechen zu können. Lassen Sie sich die Durchwahl geben und vermerken Sie, an welchen Tagen und zu welchen Zeiten er oder sie im Hause gut zu erreichen ist.

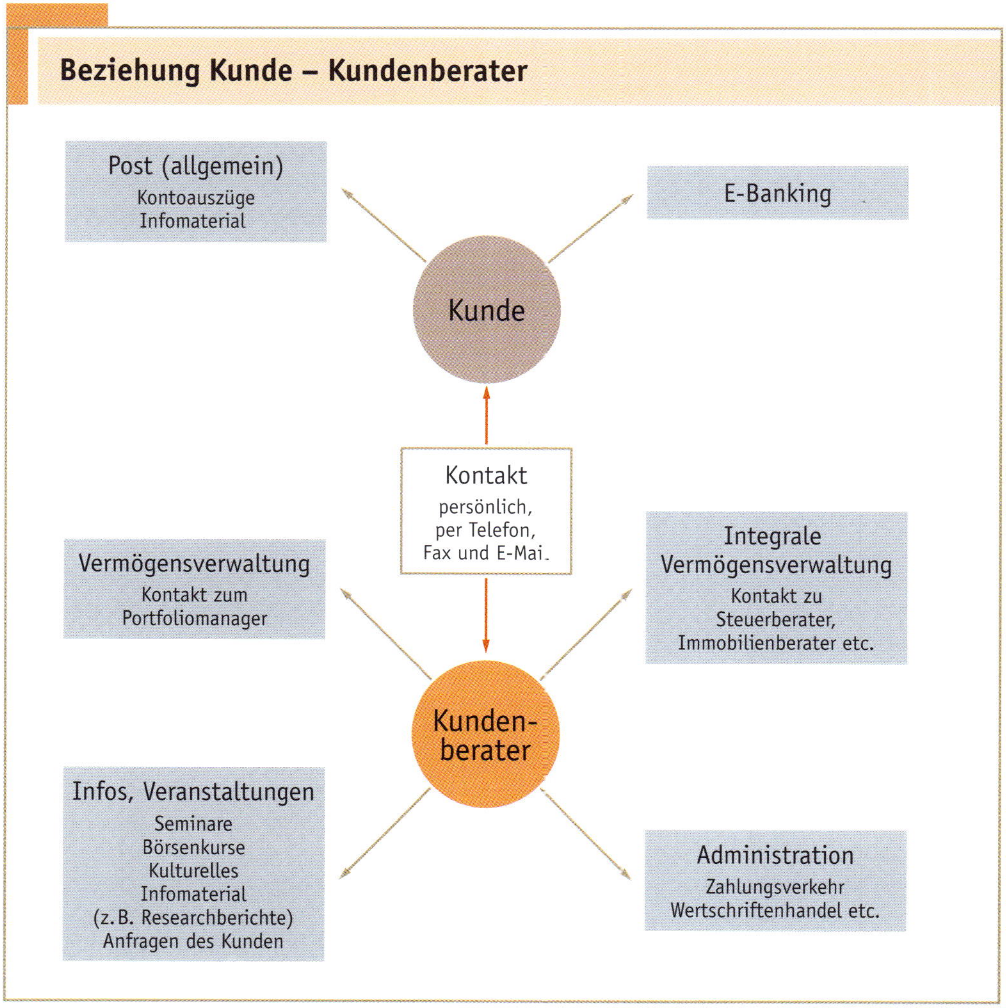

Wenn Ihre Wahl entschieden ist, wird im Gespräch zwischen Ihnen und dem Anlageberater die finanzielle Gesamtsituation analysiert. Die entsprechenden Schlüsse des Beraters für den Aufbau Ihres Depots lassen Sie sich bitte genau erklären. Es bringt nicht viel, wenn Sie ein bisschen daneben stehen und nicht so recht wissen, was da läuft. Solche Unsicherheiten führen dann oft zu einem Gefühlschaos, der Kunde reagiert bei manchen Depotauszügen überstürzt, und selbst wenn der Banker alles richtig macht, bleiben Zweifel beim Kunden. Sie aber wollen doch ruhig schlafen können und Ihren Vermögensaufbau in guten Händen wissen! Also: Alles Unklare ausdikutieren. Merke Es gibt keine dummen Fragen, nur dumme Antworten. Natürlich ist es von Vorteil, wenn Sie etwas Wissen mitbringen, der Berater erkennt daran, dass Sie sich wirklich dafür interessieren, was mit Ihrem Geld passiert.

checkliste »bin ich in guten händen?«

✔ Grundlagen, die der Berater erfüllen muss

Ausbildung und Erfahrung: Nehmen Sie nicht mit dem Azubi vorlieb.

Datenerfassung zu Ihrer Person: Einkommen, Vermögen, Familienstand, Alter, Lebenssituation.

Die gewünschte Anlagesumme (jetzt aktuell, aber auch zukünftige Pläne) und welche Summe Sie pro Monat etwa für einen Sparplan erübrigen können.

Ihre Anlageziele: Wohneigentum, Vorsorge, Rücklage fürs Studium der Kinder ...

Ihre Risikobereitschaft: Schließlich kann der Berater nicht einfach in Junk Bonds investieren, wenn Sie lieber Bundesschätze hätten.

✔ Informationen

Der Berater muss fähig sein, Ihre Fragen zu beantworten (oder entsprechende Spezialisten zuziehen), und zwar so, dass Sie wirklich alles verstehen.

Basiswissen: Sicherheit, Ertragschancen, Verfügbarkeit und steuerliche Auswirkung der Wertpapiere

Risikoaufklärung: etwa Kurs-, Markt- oder Währungsrisiko

Außer dem Kaufpreis der jeweiligen Anlage fallen auch noch Gebühren an, auch hier soll der Berater alle Ihre Fragen beantworten können.

✔ Welche Anlage?

Welcher Anlagetyp sind Sie? Ein bisschen Vorwissen bringen Sie dank dieser Lektüre mit – Sie können also beurteilen, ob der Berater Sie richtig einschätzt.

Ihre Depotstruktur: Auch hier können Sie zu Kontrollzwecken auf die Informationen aus diesem Buch zurückgreifen.

Konkrete Empfehlungen, welche Papiere in Ihr Depot sollen: Angaben zu Laufzeit, Liquidität, Ertrag, Risiko, steuerlichen Auswirkungen

Und last but not least sollte der Berater eine genaue Kostenberechnung vorlegen – Kaufspesen, jährliche Depotkosten und den Aufwand für den Kauf der Papiere – damit Sie wissen, was auf sie zukommt.

✔ Seriosität und Persönlichkeit

Besserwisser und Monologisten sind ungeeignet.

Ein angemessener Anlagevorschlag: mehr als die Empfehlung von ein oder zwei Fonds.

Bietet Ihnen die Beraterin nur die Produkte der eigenen Bank an, dann ist sie nicht unabhängig und Sie sollten sich eine andere Beraterin oder eine andere Bank suchen.

Verspricht Ihnen ein Berater hohe Renditen, ohne Sie auf das Risiko hinzuweisen, dann können Sie davon ausgehen, dass es sich um einen unseriösen Berater handelt.

✔ Nicht nur der Verstand ist wichtig: Auch die Chemie sollte stimmen!

Sicher = langweilig?

Sie möchten lieber auf Nummer Sicher gehen. Aktien sind Ihnen ein Buch mit sieben Siegeln, die Schreckensmeldungen von rückläufigen Märkten oder Totalabstürzen einzelner Titel lösen bei Ihnen schon Panikattacken aus, ohne dass Sie selbst eine einzige Aktie besitzen? Investieren in die Börse kommt für Sie wohl eher nicht infrage. Kein Problem: Sicherheit bedeutet ja nicht zwangsläufig, dass das Anlegen unattraktiv wird. Sie werden sehen, dass es auch ohne großes Risiko einiges zu verdienen gibt.

VOM SPARBUCH ZUM EDELMETALL

Sparbuch

Außer fürs Schulsparen kommt das klassische Sparbuch heute für jemand, der verantwortlich mit seinem Geld umgehen will, eigentlich nicht mehr in Betracht. Es heißt übrigens nicht mehr Sparbuch, sondern Spareinlage mit gesetzlicher Kündigungsfrist. Dass Sie mit Ihrem Vermögen auf der »normalen« Spareinlage mit den derzeitigen Minizinsen eher Verluste machen – die Inflation frisst nicht nur die Zinsen, sondern auch das Vermögen auf dem Sparbuch langsam auf –, das wissen Sie nun ja. Wozu also überhaupt noch eine Spareinlage? Diese Frage ist durchaus berechtigt, schließlich bieten die Geldinstitute diverse »Sparbuch-Derivate« an, die bei interessanteren Zinsen fast die gleiche Liquidität bieten wie das Sparbuch mit gesetzlicher Kündigungsfrist.

Zum Beispiel können Sie Ihr Geld auf eine Spareinlage mit längeren Kündigungsfristen (12 bis 48 Monate) legen. Hier sind die Zinsen etwas höher. Es finden sich auch so genannte Prämiensparformen, bei denen der Einstieg von einer gewissen Summe (meist etwas mit glatten Tausendern) abhängig gemacht wird. Ein Geldinstitut etwa zahlt knapp 4 Prozent, wenn auf dem Buch 25 000 Euro liegen, und das bei der üblichen Kündigungsfrist von drei Monaten. Ebenfalls angeboten werden Sparverträge, die zum Beispiel über sieben Jahre laufen. Sechs Jahre lang zahlt man pro Monat eine bestimmte Summe ein, das Ganze bleibt ein siebtes Jahr liegen, wird mit den normalen Sparbuchzinsen verzinst und mit einer Prämie etwa in Höhe der gesamten Zinseszinsen beschenkt. Sowas kommt infrage, wenn Sie pro Monat eine bestimmte Summe erübrigen können und auf diese Weise ein Sparziel eben in sieben Jahren anpeilen wollen. Falls Sie also etwa auf ein neues Auto sparen, statt es auf Kredit zu finanzieren (das ist sowieso in jedem Fall teurer!), könnten Sie eine solche Sparform wählen. Fragen Sie bei Ihrer Hausbank, aber auch bei der Konkurrenz nach solchen Sparbuch-Abkömmlingen.

> **tipp**
>
> Gerade wenn Sie pro Monat eine Summe von etwa 50 Euro übrig haben, ist trotz Ihrer Sicherheitsbedenken ein Fonds angeraten, der monatlich in eben dieser Höhe bedient wird. Sie können jederzeit Ihre Anteile verkaufen und so über die aufgelaufene Summe verfügen.

Bausparen

Erwähnt werden soll hier auch der gute alte Bausparvertrag. Den schließen Sie auf eine bestimmte Summe ab – die ist wiederum abhängig von dem Betrag, den Sie monatlich übrig haben. Faustregel: Pro 1 000 Euro Bausparsumme zahlen Sie pro Monat 3 bis 10 Euro. Sie können aber auch mehr ansparen. Den Monatsbetrag zahlen Sie in jedem Fall über die so genannte Mindestvertragsdauer (= Wartezeit) ein, so dass etwa 40 bis 50 Prozent der Vertragssumme zusammengespart werden (= tarifliches Mindestsparguthaben). Nach einem nicht leicht nachvollziehbaren Punktesystem werden die monatlichen Zahlungen und die Wartezeit bewertet. Sobald hier ein gewisser Punktestand zusammengekommen ist, wird der Bausparer »zuteilungsreif«. Das bedeutet, dass Sie über die Gesamtsumme verfügen können, und dabei wird für den noch nicht angesparten Teil (also etwa 50 bis 60 Prozent der Vertragssumme) ein besonders günstiger Kredit (= Bauspardarlehen) aufgenommen – Voraussetzung ist hier im Allgemeinen, dass der Betrag auch für Haus- oder Wohnungsbau oder -kauf oder für Renovierungsmaßnahmen verwendet wird. Falls Sie das Geld nicht brauchen, sobald der Vertrag zuteilungsreif ist, können Sie monatlich weiter einzahlen, erhöhen somit Ihre Eigenleistung und verringern dementsprechend die aufzunehmende notwendige Kreditsumme.

In Ihre Berechnungen für die zukünftige Belastung beim Kauf zum Beispiel des Eigenheims sollten unbedingt die monatlichen Leistungen für das Darlehen, sobald Sie es in Anspruch nehmen, einfließen. Außerdem berücksichtigen Sie bitte, dass die Geldinstitute eine Abschlussgebühr zwischen 1 und 1,6 Prozent der Vertragssumme berechnen und bei Auszahlung des Darlehens eine Gebühr von 2 bis 3 Prozent des Darlehensbetrages fällig wird.

Zu erwähnen ist hier auch noch, dass die Guthabenzinsen für die angesparte Summe nicht sonderlich berückend sind. In Hochzinsphasen sollen Sie daher keinen Bausparvertrag abschließen, sondern andere Anlageformen

Sie träumen von der Eigentumswohnung? Ein guter Grund, die Vermögensplanung anzugehen.

wählen. Dies ist dann der Fall, wenn Sie Möglichkeiten mit mehr als 6 Prozent Verzinsung angeboten bekommen. In der derzeitigen Niedrigzinsphase jedoch ist der Abschluss eines Bausparvertrags sicher sinnvoll, wenn ein eigenes Häuschen Ihr Lebensziel ist, da die Kombination aus den Bausparzinsen und den niedrigen Darlehenszinsen unter dem Strich günstig ist.

Zu empfehlen ist ein Bausparvertrag, wenn Sie noch am Anfang Ihrer beruflichen Karriere stehen. Sicher wollen Sie eines Tages eine eigene Wohnung, und wenn Sie es genau durchrechnen, kommt eine Eigentumswohnung – solange Sie ein hübsches Eigenkapital

Produktkompass Bausparvertrag

Rendite interessant in Niedrigzinsphasen, günstige Konditionen für das Bauspardarlehen, Zuschüsse vom Staat, Steuervorteile bei Eigentumskauf realisierbar.

Renditechance	Risiko	Aufwand	Kosten
→	↓	→	↘

Ein netter Anblick, verspricht aber leider keine sonderlichen Gewinne: Goldbarren.

haben und Ihre Kredite sicher finanzieren können – auf Dauer günstiger als eine Mietwohnung: Die Miete ist nämlich ein für alle Mal weg! Wenn Sie beispielsweise 500 Euro Miete monatlich zahlen, sind das nach zehn Jahren stolze 60 000 Euro, Mietsteigerungen noch gar nicht mit eingerechnet. Und wenn Sie ausziehen, dürfen Sie die Nägel aus der Wand mitnehmen, von der Wohnung selbst gehört Ihnen absolut nichts. Obwohl Sie so viel dafür bezahlt haben.

Mehrere Bausparverträge

Schließen Sie keinen Bausparvertrag mit einer zu hohen Summe ab. Zwei, drei kleine, in Abständen abgeschlossen, machen Sie flexibler, denn der monatliche Aufwand muss ja auch finanziert werden. Bei Geldproblemen können Sie einen der Verträge ruhen lassen, von den anderen werden die Punkte weitergezählt, die zur Zuteilungsreife führen. Außerdem können Sie die Vertragssumme jederzeit aufstocken – zum Beispiel wenn Sie eine Gehaltserhöhung bekommen oder ein Neugeborenes monatlich Kindergeld bringt. Allerdings führt eine Aufstockung regelmäßig dazu, dass der Vertrag länger bis zur Zuteilungsreife braucht, daher kann es sinnvoller sein, in solchen Fällen einfach einen weiteren Vertrag abzuschließen.
Diese Politik sollten Sie verfolgen, wenn Sie unbedingt ein Eigenheim oder eine Eigentumswohnung haben wollen. Und wenn es dann so weit ist, dass Sie Bau oder Kauf finanzieren müssen, ist es von Vorteil, bei den Kreditverhandlungen von laufenden Bausparverträgen zu berichten. Banken nehmen solche laufenden Verträge zum einen als Sicherheiten (ebenso wie Lebensversicherungen), so dass Sie den benötigten Kredit leichter bekommen, zum anderen können Sie so meist zwischentilgen.

Edelmetalle

Ach, waren das Zeiten, als man einfach in Gold investierte und so sichere Gewinne einfuhr! Leider ist das heute nicht mehr so. Gold bietet keine Inflationssicherheit wie noch vor 20 Jahren. So brachen etwa zwischen 1980 und den frühen 90ern die Preise ein: Für eine Feinunze (31,1035 Gramm) wurden zuerst etwa 800 US-Dollar, Anfang der 90er nur noch 400 US-Dollar gezahlt. Heute sind es sogar nur noch 320 US-Dollar. Dennoch hält sich in manchen Köpfen der Mythos vom Gold als stabiler Wertanlage. Wie sieht es also aus mit der Goldpreisentwicklung?
Was beeinflusst den Goldwert (für Silber und Platin gilt Ähnliches)? Da ist auf der einen Seite das Gold aus den Bergwerken, auf der anderen Seite Gold aus alten eingeschmolzenen Goldbeständen. Dem steht die Nachfrage aus Schmuck- und sonstiger Industrie sowie der Anleger gegenüber. Das allein macht jedoch noch nicht den Goldwert aus. Eine entscheidende Rolle spielen die Notenbanken, diese haben die größten Goldreserven der

Welt. Und einige von ihnen haben in den letzten Jahren ihren Goldschatz auf den Markt gebracht, in der Annahme, dass Goldreserven für die Stabilität der Währung nicht mehr wichtig sind. Durch diese Goldverkäufe bleibt der Goldwert seit einiger Zeit relativ stabil, obwohl eigentlich die Nachfrage steigt. Gold ist doch was Feines, sagen Sie jetzt vielleicht, es verliert also offenbar seinen Wert nicht. Warum lohnt es sich dann nicht, Gold zu kaufen? Ganz einfach: Der Witz der Vermögensanlagen liegt in den laufenden Erträgen und in der Hinsicht ist mit Gold kein Blumentopf zu gewinnen. Die Renditen kommen allein aus den Wertzuwächsen, und wenn der Wert stabil bleibt (oder im schlimmsten Fall sogar einbricht wie in den 80ern und 90ern), dann gibt es eben auch keine Rendite. Wenn Sie dennoch in Gold investieren wollen, kommen beispielsweise Goldminenaktien in Betracht, lesen Sie also bitte im Kapitel Aktien weiter (siehe ab S. 84).
Was für Möglichkeiten hat der Goldfan sonst noch?

→ **Goldbarren** gibt es von 5 Gramm bis 12,5 Kilogramm. Je kleiner der Barren, desto teurer ist er im Vergleich zu den großen, denn es werden Kleinmengenaufschläge berechnet. Den Kauf können können Sie bei Ihrer Bank abwickeln.

→ **Goldmünzen** wie den australischen Nugget, den südafrikanischen Krügerrand, den Eagle aus den USA oder den kanadischen Maple Leaf gibt es auch bei der Bank, sie haben einen Goldgehalt von 22 Karat und unterschiedliche Münzgewichte, zum Beispiel 1/10, 1/4, 1/2 oder auch eine Unze. Die Münzen haben immer einen gewissen Sammlerwert, denken Sie also bitte daran: Wenn Sie Liebhaberstücke wegen akuten Geldbedarfs verkaufen müssen, finden Sie meist genau dann keinen Liebhaber, der jeden Preis zahlt – Münzen bieten also keinerlei Liquidität. Das sollten Sie beachten!

1000 & 1 Frage

Soll ich jetzt gar kein Sparbuch mehr haben?

Sicher ist die Spareinlage mit gesetzlicher, aber auch mit einer längeren Kündigungsfrist nach wie vor erste Wahl, wenn es darum geht, ab und zu einen Betrag von bis zu 500 Euro oder regelmäßig ein Taschengeld von bis zu 50 Euro wegzulegen. Ab diesen Beträgen ist jede andere Anlageform interessanter.

Worin liegt nun der Vorteil eines Bausparvertrags?

Zum einen gibt es außer den Zinsen auf die Ansparsumme jährlich eine – einkommensabhängige – Prämie vom Staat, zum anderen kennen Sie bereits beim Abschluss des Vertrages die zu erwartenden Kreditzinsen – und die sind meist deutlich niedriger als die Zinsen für allgemeine Kredite.

Ich habe Opas Goldmünzensammlung geerbt. Was kann ich tun?

Entscheiden, was Ihnen wichtiger ist: der sentimentale oder der wirtschaftliche Wert. Wenn Sie beschließen, die Sammlung zu verkaufen, sollten Sie sich Zeit lassen, nicht den erstbesten Käufer wählen. Sie können einen Münzhändler ansprechen, aber über den Privatverkauf werden Sie die besseren Konditionen erzielen und hierfür benötigen Sie Geduld. Oder Sie versuchen es über ein Auktionshaus, auch hier bietet sich übrigens der virtuelle Weg im Internet an.

GRUNDWISSEN RENTENPAPIERE

Festverzinsliche Wertpapiere laufen auch unter den Bezeichnungen Renten (der Markt wird als Rentenmarkt bezeichnet, hat aber nichts mit der Altersrente zu tun), Anleihen, Bonds oder Obligationen und stellen eine Schuld oder Forderung dar, die mit gewissen Rechten, aber auch Verpflichtungen verbunden ist. Es gibt eine feste oder eine variable Verzinsung sowie eine vorgegebene Laufzeit und Tilgungsform. Der Käufer einer Schuldverschreibung (= Gläubiger) besitzt eine Geldforderung gegenüber dem Emittenten (= Schuldner). Nach dem Ende der Laufzeit wird das Kapital zu den bei Beginn festgesetzten Konditionen zurückgezahlt. Die Zinszahlungen erfolgen in der Regel jährlich.
Die einzige Pflicht, die Sie als Anleihenbesitzer eingehen, besteht darin, den Ausgabepreis des Titels zu bezahlen. Auch die Rechte sind schnell aufgezählt: Einerseits wird Ihnen nach Ablauf der Laufzeit der Nominalbetrag – also 100 Prozent – zurückgezahlt, andererseits erhalten Sie den vertraglich festgelegten Zins. Wenn von festverzinslichen Wertpapieren gesprochen wird, denkt die Mehrheit an »langweilige« Anlageprodukte – so ganz im Stil von »kleines Risiko – kleiner Gewinn«. Aber sehen wir einmal genauer hin, was sich hinter diesen Produkten verbirgt.

Häufigste Begriffe

Anleihen werden entweder als Einzelurkunden mit bestimmten Nennwerten ausgegeben, dies sind dann so genannte effektive Stücke, sie können vom Anleger selbst verwahrt werden. Oder die betreffende Schuldverschreibungsreihe wird in einer Sammelurkunde verbrieft und bei der Deutsche Börse Clearing AG zur Girosammelverwahrung hinterlegt. Von dort erhält der Käufer eine Gutschrift über das nach Bruchteilen gerechnete Miteigentum.
Anleihen werden zum Nennwert (»zu pari« = 100 Prozent), unter oder über pari ausgegeben. Unter beziehungsweise über pari bedeutet, dass bei der Ausgabe ein Abschlag (Disagio) oder ein Aufschlag (Agio) – im Allgemeinen ausgedrückt in Prozent des Nennwertes – festgelegt wird.
Der Rückgabepreis ist dann immer 100 Prozent des Nennwertes. Die Rendite solcher Papiere hat zwei Komponenten: zum einen

Beispiele für Anleihen

Währung	WKN/ Valor	Zinssatz	Schuldner	Emission	Verfall	Rating	Preis	Rendite
CHF	411139	4,5	Landes-Hypobank Steiermark	1995	13.11.02	NR	101,88	2,83
CHF	1239352	4	Philip Morris	2001	31.05.06	A2	101,45	3,66
EUR	992384	3,25	Hypobank Essen	1999	20.01.04	AAA	97,95	4,17
US$	974447	5	Italien	1998	20.11.03	Aa3	101,45	4,28

die Zinsen, zum anderen die Wertsteigerung des Papiers, also die Differenz zwischen Ausgabe- und Rücknahmepreis.
Anleihen haben gewisse Ausstattungsmerkmale: In der Zeitung oder in den Unterlagen Ihrer Bank finden Sie in diesem Zusammenhang unterschiedliche Begriffe. Einige davon sollen im Weiteren erläutert werden. Als Beispiel dient uns die nebenstehenden Tabelle. Was bedeutet das?

Währung (Whrg)

Sie wissen, was eine Referenzwährung ist: Die Währung, mit der Sie leben, in der Sie denken und auch Ihr Geld ausgeben. Als Schweizer wäre das der Schweizer Franken (CHF), als Deutscher der Euro und als Amerikaner der US-Dollar (US$). Im Normalfall möchten Sie in eine Anleihe Ihrer Referenzwährung investieren. Was könnte Sie als Deutschen veranlassen, sich für eine andere Währung zu entscheiden, zum Beispiel für US-Dollar oder CHF?
Da lockt zunächst einmal ein höherer Zinssatz. Es gab Zeiten, in denen der US-Dollar 5 Prozent höhere Zinsen erzielte als der CHF. Also in Dollar investieren – warum sollten wir auf einen solchen Zins verzichten?
Doch auch hier gilt einmal mehr: »Ohne höheres Risiko keine höhere Rendite«, und das ist hier das Währungsrisiko. Hätten Sie Ihren Euro im Jahr 2000 in US-Dollar gewechselt und das Geld in eine hoch verzinste Anleihe investiert, wäre das aus heutiger Sicht, wenn Sie den Euro wieder brauchen, eine gute Wahl gewesen. Der Euro ist schwächer geworden, der US-Dollar gestigen. Sie kaufen also Ihren Euro günstig zurück. Aber nicht vergessen: Das Gegenteil ist ebenso oft der Fall, Sie müssen den Euro teuer zurückkaufen und die ganze schöne Verzinsung ist mit dem Währungsverlust verschwunden.
Anleihen in der eigenen Währung heißen in Deutschland Euroanleihen, wenn Sie sich für eine andere Währung entscheiden, brauchen Sie so genannte Fremdwährungsanleihen. Es gibt auch Sonderformen: Bei Doppelwährungsanleihen können die Kapitalrück- und die Zinszahlung in verschiedenen Währungen erfolgen, entweder hat der Emittent oder der Anleger das Wahlrecht. Zur Begrenzung des Währungsrisikos werden Doppelwährungsanleihen oft mit einer Call-(Kauf-)Option und/oder einer Put-(Verkaufs-)Option aufgelegt. Bei Ersterer hat der Emittent das Recht, vorzeitig und in der Regel unter dem ursprünglichen Rückzahlungsbetrag zu tilgen. Bei der Put-Option haben hingegen Sie als Anleger das Recht einer vorzeitigen Rückzahlung – ebenfalls zu einem geringeren Betrag.

Wertpapierkennnummer/Valoren (WKN/WPKN)

Es handelt sich um eine Zahl, die Wertpapieren zugeordnet wird und der eindeutigen Identifizierung dient – wenn Sie so wollen, der Name des Papiers, mit dem man es überall auf der Welt identifizieren kann.

Zinssatz

Jede Anleihe hat einen fixen Zinssatz. Ausnahmen sind Anleihen mit variablem Zinssatz, Floater genannt. Bitte vergessen Sie nicht, dass die Zinszahlung als Einkommen gilt und versteuert werden muss.
Wenn eine Anleihe neu ausgegeben wird, entspricht der Zinssatz in etwa dem momentanen Zinsniveau der entsprechenden Währung plus einer Prämie je nach Laufzeit. Die Zinsen für die unterschiedlichen Währungen können sehr stark variieren, da sich die dahinter stehenden Volkswirtschaften in unterschied-

lichen Phasen des Wirtschaftskreislaufs befinden (siehe Seite 89). Sind Sie als Anleger an einem regelmäßigen Einkommen interessiert, so werden Sie eine Anleihe mit hohem Zinssatz suchen. Ist Ihnen die Wertsteigerung jedoch wichtiger, werden Sie eine Anleihe mit einem niedrigeren Zinssatz, dafür aber zu einem günstigeren Preis kaufen.
Es gibt nicht nur den klassischen Festzins und den variablen, den Marktbedingungen angepassten Zinssatz, auch Mischformen sind möglich. Bei den klassischen Festverzinslichen – auch Straight Bonds genannt – sind die Zinsen für die gesamte Laufzeit gleich. Sie werden in Deutschland im Allgemeinen jährlich, in anderen Ländern, etwa den USA, überwiegend zum Ende des Halbjahres gezahlt. Kennen Sie den Ausdruck »Kupons schneiden«? Mit den Kupons sind die Zinsscheine gemeint, die den Zinsanspruch verbriefen.
Bei Anleihen mit variablen Zinssätzen, so genannten Floating Rate Notes oder kurz Floater, werden nach jeder Zinsperiode Zinsen ausbezahlt – zum Beispiel nach Ablauf von drei, sechs oder zwölf Monaten. Gleichzeitig mit dieser Auszahlung erfolgt die Bekanntgabe des Zinssatzes für die nächste Periode, der sich meist an den Geldmarktsätzen orientiert: LIBOR (= London Interbank Offered Rate) oder EURIBOR (= European Interbank Offered Rate). Diese Sätze geben an, zu welchem Zinssatz diese Banken bei Bedarf kurzfristige Anlagen tätigen würden. Allerdings entsprechen die Zinsen der Floater nicht genau denen der Geldmarktsätze. Der Emittent zahlt dem Anleger etwas über (Aufschlag) oder unter (Abschlag) den genannten Sätzen. Der Differenzbetrag wird als Spread bezeichnet und in Basispunkten angegeben. Er richtet sich nach der Bonität des Emittenten und nach der Verfassung des Marktes. So gesehen haben die Floater Ähnlichkeit mit einer Geldmarktanlage, da der Zinssatz wie bei einem Termin- beziehungsweise Festgeld regelmäßig neu festgelegt wird.

Sonderformen der Floater

→ **Floor-Floater** haben eine Mindestmarke für die Verzinsung. Für den Fall, dass der Referenzzinssatz (zum Beispiel EURIBOR) zuzüglich des Spread diese festgelegte Größe unterschreitet, werden dem Anleger Zinsen in der Höhe des Mindestsatzes garantiert.

Anleihen und ihre Zinsgestaltung

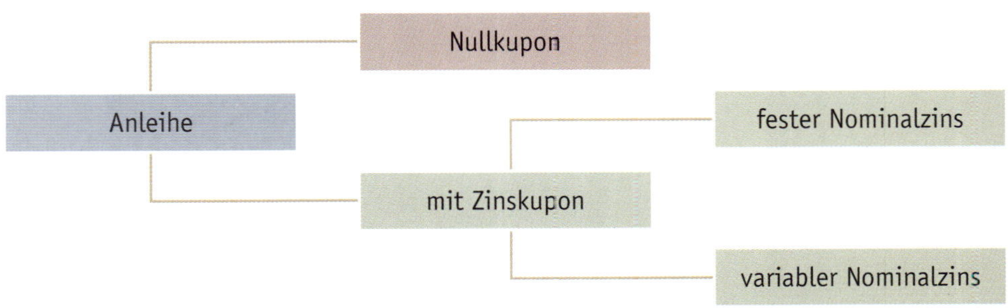

Steuervorteile durch Kauf einer tiefverzinslichen Obligation

Anlage von 100000 € in Euro-Obligationen, Laufzeit 5 Jahre

Aktuelles Renditeniveau: 4 %
Grenzsteuersatz: 40 %

Nominal	Zins	Titel	Kurs	Kurswert
100000 €	2 %	ABC 1.9.2007	91,45 %	91450 €
100000 €	4 %	XYZ 1.9.2007	100,00 %	100000 €

	2 % ABC	4 % XYZ
Zinsertrag	2000 €	4000 €
- 40 % Steuern	800 €	1600 €
Netto-Zinsertrag	1200 €	2400 €
+ Kursgewinn pro Jahr	1710 €	0 €
Ertrag nach Steuern	2910 €	2400 €

Steuerersparnis: 2910 € – 2400 € = 510 €

Quelle: Bank Vontobel AG

→ Bei **Cap-Floatern** ist dies genau umgekehrt.
→ **Mini-Max-Floater** kombinieren beides, das heißt die Schwankungsbreite der Zinsen ist auf Mindest- und Höchstsatz beschränkt.
→ **Reverse-Floater**, auch Inverse- oder Bull-Floater genannt, ermitteln den Zins per Differenz zwischen einem festen und dem Referenzzinssatz. Lauten die Konditionen etwa »16 Prozent minus EURIBOR«, bedeutet das für den Anleger: Sein Zinsertrag steigt, wenn der Referenzsatz sinkt.
→ Bei den **Convertible Floating Rate Notes** gibt es ein Wandlungsrecht zum Beispiel in normale Festzinsanleihen.
Zu den Zinsen bei Null-Prozentern und High Yield Bonds siehe ab Seite 62.

Schuldner

Wer steht jeweils hinter einer Anleihe, wer gibt sie aus? Anders ausgedrückt: Wer ist der Emittent? In unseren Beispielen sehen Sie, dass sowohl eine Firma als auch eine Bank oder ein Land eine Anleihe herausgeben kann. Wenn eine Firma wie Philip Morris zum Beispiel CHF braucht, gibt sie eine Anleihe aus. Sie als Anleger kaufen sich einen Teil (Stück) dieser Emission, leihen Ihr Geld also Philip Morris für eine bestimmte Zeit. Dafür erhalten Sie einen Zins.

Emission

In den Zeitungen finden Sie jeweils in der Rubrik »Neuemissionen« Anleihen, die in den nächsten Wochen oder Tagen neu an die Börse kommen werden. Kaufen Sie eine Anleihe als Emission zu einem Zeitpunkt, zu dem das Papier an der Börse noch nicht gehandelt wird, dann zahlen Sie im Normalfall keine Courtage (Wertschriftenkommissionen, eine Art Kaufgebühr). Vom ersten Börsenhandelstag an kaufen Sie die Anleihe aber mit der üblichen Börsenkommission, etwa 0,8 Prozent

des Transaktionswerts (= Kaufpreis der Anleihe plus aufgelaufene Zinsen). Falls Sie in eine Anleihe investieren wollen, fragen Sie Ihren Anlageberater nach interessanten Neuemissionen.
Wer genau tritt nun als Emittent auf? Da gibt es unterschiedliche Institutionen. Im Inland tritt zum Beispiel die öffentliche Hand auf, also der Bund (siehe S. 69, »Bundeswertpapiere«), aber auch Bundesländer, Städte und Gemeinden. Bundesanleihen und -obligationen werden an der Börse gehandelt, Bundesschatzbriefe und so genannte Finanzierungsschätze (nach Art der Zero-Bonds) nicht.
Daneben gibt es Bankschuldverschreibungen der Kreditinstitute. Diese unterscheiden sich in gedeckte und sonstige Schuldverschreibungen. Erstere gibt es nur von den gesetzlich zugelassenen Emittenten (Hypothekenbanken, Landesbanken/Girozentralen, öffentlich-rechtliche Grundkreditanstalten sowie Spezialkreditinstitute). Darunter fallen die Pfandbriefe nach den Vorschriften des Hypothekenbankgesetzes, das heißt unter anderem, dass im Konkursfall des Emittenten dem Pfandbriefgläubiger ein Konkursvorrecht vor allen anderen Gläubigern zusteht.
Sonstige Bankschuldverschreibungen umfassen weitere Angebote der bereits genannten Institute sowie das breite Angebot der privaten Geschäftsbanken, Sparkassen, Kreditgenossenschaften und Bausparkassen. Da es schier unmöglich ist, alle diese Produkte aufzuzählen, sollten Sie sich erst mal einen Überblick bei Ihrer Hausbank verschaffen.
Dann gibt es auch Schuldverschreibungen der Wirtschaft, diese werden Industrieanleihen oder Industrieobligationen genannt. Emittenten sind hier die einzelnen Unternehmen aus Industrie und Handel.
Nicht zu vergessen sind die Schuldverschreibungen ausländischer Emittenten, als da sind ausländische Staaten, Provinzen und Städte sowie deren öffentlich-rechtliche Einrichtungen, Kreditinstitute, Nationalbanken und Unternehmen. Hierzu können auch Tochtergesellschaften deutscher Banken und Unternehmen gehören. Und schließlich geben auch noch die Weltbank oder die Europäische Investitionsbank (EIB) Schuldverschreibungen aus.

tipp

Laufzeit
Kaufen Sie heute eine Anleihe mit einer Laufzeit von zehn Jahren, so bekommen Sie zwar im Moment vielleicht einen etwas höheren Zinssatz als bei einer Anleihe von vier Jahren. Werden die Zinsen in der nahen Zukunft jedoch steigen, so sind Sie nach wie vor in einer Anleihe investiert, die einen tiefen Zins zahlt. Hätten Sie jetzt freie Mittel zur Verfügung, so könnten Sie sich einen Titel mit einer wesentlich höheren Verzinsung kaufen.

Verfall

Das Geld bleibt im Normalfall bis zum Verfall der Anleihe beim Emittenten. Die Zeit zwischen der Emission und dem Verfall wird Laufzeit genannt. Hier werden kurzfristige (bis vier Jahre), mittelfristige (vier bis acht Jahre) und langfristige Anleihen (mehr als acht Jahre Laufzeit) unterschieden. Ist das Zinsniveau – wie zurzeit – sehr tief, so werden Sie eine Anleihe mit einer eher kürzeren Laufzeit suchen, beispielsweise von drei bis höchstens fünf Jahren.

Gewisse Anleihen bieten dem Emittenten auch die Möglichkeit, die Anleihe zu bestimmten Zeitpunkten innerhalb der Laufzeit zurückzuzahlen (Call-Option). Diese Call-Option muss jedoch in der Beschreibung der Anleihe vermerkt sein – achten Sie darauf!
Was könnte einen Emittenten dazu bewegen, eine Anleihe frühzeitig, vor Ablauf der Laufzeit zurückzuzahlen? Gehen wir einmal davon aus, wir befinden uns in einer Hochzinsphase. Ein Unternehmen braucht Geld und gibt eine Anleihe mit 6 Prozent und fünf Jahren Laufzeit heraus. Da die Chancen auf sinkende Zinsen groß sind, wird das Unternehmen eine Call-Option in zwei und drei Jahren in der Ausschreibung ankündigen. Wenn die Zinsen tatsächlich sinken und die Finanzen stimmen, dann wird das Unternehmen seine Schuld bereits nach zwei Jahren zurückzahlen. Das Unternehmen kann viel Geld sparen, indem es eine neue Anleihe mit weit tieferen Zinsen ausgibt.

Preis

Wenn Sie eine Anleihe gekauft haben, dann werden Sie am Tag des Verfalls 100 Prozent des Kaufpreises – auch pari genannt – zurückerhalten. Welchen Preis Sie am Tag des Kaufs für den gewünschten Titel bezahlen müssen, hängt von verschiedenen Faktoren ab, unter anderem vom aktuellen Zinsniveau für kurzfristige Geldanlagen. Kaufen Sie heute eine Anleihe, die einen dem heutigen Zinsniveau dieser Währung entsprechenden Zins zahlt und von einem guten Schuldner ausgegeben wurde, so bezahlen Sie 100 Prozent. Möchten Sie jedoch einen höheren Zinssatz, weil Sie zum Beispiel auf das jährliche Zinseinkommen angewiesen sind, so müssen Sie mehr für die Anleihe bezahlen – also über 100 Prozent oder über pari.
Möchten Sie lieber einen niedrigeren Zinssatz (dieser muss ja bekanntlich als Einkommen versteuert werden), so werden Sie für einen Preis unter 100 Prozent eine tiefverzinsliche Anleihe kaufen.

Hier wie bei allen Vermögensfragen gilt: Wissen ist Macht – über die eigene Zukunft.

Rendite

Die Rendite errechnet sich aus einer Kombination des bezahlten Anleihenpreises, der Höhe der jährlichen Verzinsung (auch Kupon oder französisch Coupon genannt) und der Laufzeit. Sie müssen sich entscheiden, ob Sie eine Anleihe über oder unter pari (100 Prozent) kaufen – Sie werden immer 100 Prozent zurückbekommen. Für welche Anleihe Sie sich auch immer entscheiden – hoher Preis mit hoher Verzinsung oder niedriger Preis mit niedriger Verzinsung –, die Rendite wird über die ganze Laufzeit der Anleihe die gleiche sein, vorausgesetzt, die Anleihe stammt von Emittenten (Unternehmen, Länder ...), die gleich gut geratet (englisch: bewertet) werden. Eine Ausnahme stellen lediglich die Anleihen mit variablen Zinssätzen dar.

Rendite auf Verfall

Gesamterfolg einer Kapitalanlage, gemessen als tatsächliche Verzinsung (Effektivzins) des eingesetzten Kapitals. Bei festverzinslichen Rentenpapieren errechnet sich diese annähernd nach dieser Formel:

$$\text{Rendite auf Verfall} = \frac{\left(\text{Nominalzins} + \frac{\text{Rückzahlungskurs} - \text{Anschaffungskurs}}{\text{Laufzeit}}\right) \times 100}{\text{Anschaffungskurs}}$$

Beispiel:

Nominalzins	7 Prozent
Anschaffungskurs	97 €
Rückzahlungskurs	100 €
Laufzeit	6 Jahre
Rendite	**= 7,73 Prozent**

Wird eine Anleihe zu einem tieferen oder höheren Kurs erworben als verkauft beziehungsweise zu einem Kurs unter/über pari bezogen und bis zum Verfall gehalten, so ist neben der Kuponzahlung ein Kursgewinn/-verlust zu berücksichtigen. Diese Kursdifferenz ist auf die Zeit zwischen Kauf und Verkauf (Verfall) der Anleihe zu verteilen.
Ein Beispiel: Sie kaufen eine Anleihe für 91 Prozent am 1.1.2001. Die Anleihe hat noch eine Laufzeit von drei Jahren, da sie bis 1.1.2004 läuft. Am Tag des Verfalls werden Sie 100 Prozent (im Vergleich zu den 91 Prozent, für die Sie sie gekauft haben) zurückbekommen. Das heißt, dass Sie allein durch den günstigen Kauf der Anleihe eine jährliche Rendite von zirka drei Prozent haben (100 – 91 = 9, und dies geteilt durch drei Jahre). Zusätzlich kommt jetzt noch die Zinszahlung von zum Beispiel 4,125 Prozent dazu – also beträgt die Rendite auf Verfall grob gerechnet 4,125 + 3 = 7,125 Prozent (die genaue Formel, siehe Kasten, ist allerdings noch ein wenig verzwickter).

Rating

Vielleicht ist Ihnen auch schon aufgefallen, dass möglicherweise zwei Anleihen auf Ihrer Liste stehen mit der gleichen Verzinsung, etwa gleicher Laufzeit und natürlich gleicher Währung. Der kleine oder große Unterschied liegt allein im Preis. Hier handelt es sich um einen wichtigen Punkt, das Rating – die Bewertung! Es gibt Agenturen, die nichts anderes machen als Unternehmen zu bewerten. Neben Unternehmen werden auch Länder, Städte und neuerdings auch Fonds bewertet. Diese Rating-Agenturen – die zwei bekanntesten heißen »Moody's« und »Standard and Poor's« – durchleuchten eine Firma sehr intensiv, um herauszufinden, wie kreditwürdig sie ist. Da Sie als Anleger die Firmen, die hinter einer Emission stehen, meist nicht gut genug kennen, stellt das Rating eine große Hilfe für Sie dar bei der Entscheidung, welche Anleihe Sie kaufen. Jetzt wird auch klar, warum die Preise der Anleihen unterschiedlich sind. Ein Unternehmen, das im Vergleich zu einem anderen schlechter bewertet ist,

Die Rating-Symbole der Firmen Moody's und Standard & Poor's (S&P)

Bonitätsbewertung	Moody's	S & P
Sehr gute Anleihen		
Beste Qualität, geringstes Ausfallrisiko.	Aaa	AAA
Hohe Qualität, aber etwas größeres Risiko als Spitzengruppe.	Aa1	AA+
	Aa2	AA
	Aa3	AA-
Gute Anleihen		
Gute Qualität, viele gute Investmentattribute, aber auch Elemente, die sich bei veränderter Wirtschaftsentwicklung negativ auswirken können.	A1	A+
	A2	A
	A3	A-
Mittlere Qualität, aber mangelnder Schutz gegen die Einflüsse sich verändernder Wirtschaftsentwicklung.	Baa1	BBB+
	Baa2	BBB
	Baa3	BBB-
Spekulative Anleihen		
Spekulative Anlage, nur mäßige Deckung für Zins und Tilgungsleistungen.	Ba1	BB+
	Ba2	BB
	Ba3	BB-
Sehr spekulativ, generell fehlende Charakteristika eines wünschenswerten Investments, langfristige Zinszahlungserwartung gering.	B1	B+
	B2	B
	B3	B-
Junk Bonds (hochverzinslich, hochspekulativ)		
Niedrigste Qualität, geringster Anlegerschutz in Zahlungsverzug oder in direkter Gefahr des Verzugs.	Caa	CCC
	Ca	CC
	C	C

muss einen höheren Zins bezahlen, damit die Anleger auch das höhere Risiko eingehen und ihr Geld diesem Unternehmen ausleihen.
Wie die Ratings, die von AAA bis C reichen, zu interpretieren sind, zeigt Ihnen obige Aufstellung.
Auch hier heißt es also: Ohne Risiko keine Rendite! Wenn Sie die Nerven und das nötige Geld dazu haben, die Anleihe einer Firma zu kaufen, die mit B1 geratet ist, dann werden Sie dafür einen guten Zins erhalten – einen wesentlich höheren als bei der Anleihe einer AAA-bewerteten Firma. Aber nicht vergessen! Bei der B1-Firma kann es passieren, dass plötzlich die Zinszahlung ausfällt, da die Firma nicht mehr über die nötige Liquidität ver-

Sicherheitskennzahlen

Eigenkapitalquote in %	=	Eigenkapital/Bilanzsumme
> 40		sehr gut
30–40		gut
20–30		befriedigend
< 20		ungenügend
Verschuldungsgrad in %	=	Nettoschulden/Eigenkapital
0–50		sehr gut
50–100		gut
> 100		ungenügend

fügt. Wenn Sie Pech haben, kann diese Firma oder das Land nach Ende der Laufzeit das geliehene Kapital nicht mehr zurückzahlen. Die Ratings können durch die Agenturen jederzeit geändert werden: bei Ländern zum Beispiel durch eine veränderte Konjunktur, durch politische- oder Umwelteinflüsse (Rezession, Erdbeben, Krieg ...); bei Unternehmen durch Entwertung der Aktien, wirtschaftliche Situation, Managementkrisen ... Im Zusammenhang mit dem Rating werden unter anderem zwei Sicherheitskennzahlen untersucht: die Eigenkapitalquote und der Verschuldungsgrad (siehe obige Tabelle).

Was ist sonst noch wichtig?

Sie als Investor interessieren sich natürlich noch für weitere Kriterien, die die Attraktivität der Anleihen bestimmen.

Tilgung

Diese kann über eine planmäßige oder auch über eine außerplanmäßige Rückzahlung erfolgen. Für Erstere gibt es drei Möglichkeiten: Bei so genannten gesamtfälligen Anleihen erhalten Sie in der Regel den Nennwert am Ende der Laufzeit zurück. Der Zeitpunkt der Rückzahlung liegt also seitens des Emittenten fest. Annuitätenanleihen werden hingegen nicht in einer Summe, sondern in mehreren, gleich bleibenden Jahresraten – im Allgemeinen nach einem tilgungsfreien Zeitraum von drei bis fünf Jahren – zurückgezahlt. Und bei Auslosungsanleihen erfolgt die Rückzahlung – ebenfalls nach einigen tilgungsfreien Jahren – zu unterschiedlichen, zum Beispiel nach Endziffern der Papiere ausgelosten Terminen. Sie wissen bei dieser Anlage also nicht, wann Sie Geld zurückbekommen. Eine außerplanmäßige Rückzahlung erfolgt meist frühestens nach den vertraglich festgelegten kündigungsfreien Jahren – und dann nur aufgrund der Kündigung des Käufers.

Rang der Anleihe

Bei Konkurs des Schuldners ist zwischen vorrangigen, gleichrangigen und nachrangigen Anleihen zu unterscheiden: In welcher Reihenfolge werden die Ansprüche der Anleger im Verhältnis zu sonstigen Gläubigern bedient? Hierzu muss erwähnt werden, dass der erste Rang meist dem Finanzamt und den Sozialversicherern gehört, das heißt, aus den vorhandenen Konkurswerten bedienen sich diese Stellen zuerst, der Rest wird auf die übrigen Gläubiger in der Reihenfolge ihres Ranges verteilt.

Sicherheit der Festverzinslichen

Jetzt wird es interessant, denn schließlich investieren Sie wahrscheinlich deshalb in solche Papiere, weil Sie zum einen Ihr Kapital erhalten wollen und zum anderen den Zins einstreichen möchten. Der Überbegrif Festverzinsliche suggeriert Sicherheit: Man kann sich im Gegensatz zu Aktien und deren Derivaten ausrechnen, wann einem wie viel Geld zur Verfügung steht. Abgesehen von Kurs- und Währungsrisiken geht es also hauptsächlich um die Fähigkeit des Emittenten, die Zinsen zu bedienen und bei Fälligkeit das eingezahlte Kapital zurückzuzahlen. Zu dieser Zahlungsfähigkeit gesellt sich übrigens auch die Zahlungswilligkeit.

Beide liegen in der Finanzkraft des Emittenten. Bei öffentlichen Schuldnern hängen sie von dessen Recht und dessen tatsächlicher Möglichkeit ab, Steuern, Abgaben und Beiträge zu erheben und einzunehmen. Bei den sonstigen Schuldnern ist die Bonität wichtigstes Beurteilungsmerkmal der Zahlungsfähigkeit: also ihre finanzielle Struktur, ihre Gewinnaussichten und ihre Haftungsverhältnisse. Bei den gedeckten Bankschuldverschreibungen sind die Kapital- und Zinsansprüche der Gläubiger durch grundpfandrechtliche Darlehen oder solche an die öffentliche Hand gedeckt (= gesichert).

Es gibt zusätzlich besondere Besicherungsformen, die unabhängig von der Bonität des Emittenten die Sicherheit einer Anleihe erhöhen können, etwa Sicherungshypotheken, Grundschulden oder Garantien Dritter. Sie stehen für die Zins- und Tilgungszahlungen des Emittenten ein, falls dieser seinen Pflichten nicht mehr nachkommen kann. Ein Garantiegeber kann zum Beispiel die Muttergesellschaft des Emittenten sein.

In Deutschland gibt es bestimmte Festverzinsliche, die mit besonderen Attributen ausgestattet sind und hohe Qualitätsansprüche hinsichtlich der Sicherheit erfüllen. Dazu gehört die Mündelsicherheit. Diese ist in den §§ 1807 ff. BGB festgeschrieben. Zu den mündelsicheren Wertpapieren zählen öffentliche Anleihen, Pfandbriefe und Kommunalobligationen, sonstige von Bund und Ländern verbürgte oder gewährleistete Schuldverschreibungen sowie verschiedene Anleihen der Kreditinstitute.

Sodann gibt es deckungsstockfähige Wertpapiere, deren Katalog wird durch das Versicherungsaufsichtsgesetz geregelt. Dazu gehören die mündelsicheren Papiere, aber auch weitere vom Bundesaufsichtsamt für das Versicherungswesen als deckungsstockfähig anerkannte Papiere. Deckungsstock bedeutet hier, dass

tipp

Länder-Rating

Für Staatsanleihen empfiehlt sich das Länder-Rating von »Institutional Investor«, das regelmäßig aktualisiert wird. Allerdings sind diese Ratings recht schwer zu finden. Geben Sie am besten in der Suchmaschine Google (*www.google.de*) die Stichwörter »+länder-rating +institutional +investor« ein. Die gefunden Seiten sind allerdings oft etwas unübersichtlich.

Die 2000er-Liste finden Sie unter *www.sparkassenverlag.de/ausland/SKNuernberg7laenderinfos/aussenwirtschaft/aw0011.hat.* Spezielle Infos zu osteuropäischen Staaten bietet *www.imoe.de*, die dazu passenden Länder-Ratings stehen unter *www.imoe.de/oekredit.htm*.

tipp

Spitzenreiter Schweiz
Das oben erwähnte Länder-Rating führt die Schweiz an, gefolgt von Deutschland auf Platz zwei. Auf den vorderen Plätzen viele europäische Länder, auf Platz sechs liegen die USA.

die Versicherungen ein gesondertes Vermögen zur Besicherung der Ansprüche der Versicherungsnehmer bilden müssen. Dieses darf in Wertpapieren angelegt werden – eben in den deckungsstockfähigen.
Schließlich gibt es noch die Lombard- oder Notenbankfähigkeit. Diese Papiere müssen ebenfalls hohe Qualitätsansprüche erfüllen, sie können von den Banken bei der Deutschen Bundesbank und den anderen nationalen Notenbanken im Europäischen System der Zentralbanken (ESZB) beliehen werden. Die notenbankfähigen Wertpapiere werden in einem Verzeichnis der Europäischen Zentralbank veröffentlicht.

Emissionsmärkte

Für die Unterscheidung der Anleihen spielen auch der Emissionsmarkt und der Sitz des Emittenten eine Rolle. Sind diese jeweils in Inland, so spricht man vom Heimatmarkt und von Inlandsanleihen. Internationale Anleihen teilen sich wie folgt auf: Auslandsanleihen finden sich auf den jeweiligen nationalen Kapitalmärkten, auf dem Eurokapitalmarkt spricht man von Euroanleihen oder Euro-Bonds. Letztere sind internationale – also nicht nur europäische, siehe auch weiter unten – Schuldverschreibungen, die unter anderem in mehreren Ländern außerhalb des Heimatmarktes des Emittenten gehandelt werden. Sie dürfen nicht mit Anleihen verwechselt werden, die auf die Währung Euro lauten.
Wie bereits eben erwähnt: Euromarkt hat nichts mit der Währung Euro zu tun! Der Euromarkt ist ein Sammelbegriff für alle internationalen Geld- und Kapitalmärkte.

Anleihen und ihre Emissionsmärkte

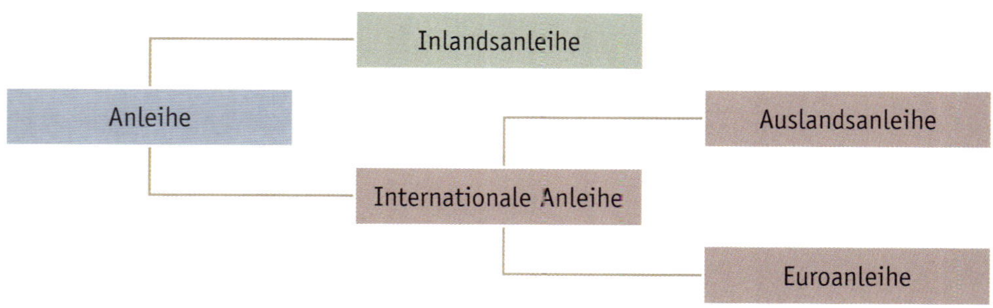

Hier werden Währungen gehandelt, die sich außerhalb ihrer Ursprungsländer befinden. Heute sind alle wichtigen Währungen am Euromarkt vertreten. Das Hauptmerkmal ist, dass die Transaktionen weitgehend von direkten Steuern befreit sind.
Es werden drei Märkte unterschieden:
→ Am **Eurogeldmarkt** werden die kurzfristigen Gelder gehandelt. In diesen Markt fließen die Treuhandgelder, die von Banken für ihre Kunden vermittelt werden.
→ Am **Eurokapitalmarkt** (auch Euro-Bond-Markt oder Euroemissionsmarkt genannt) werden die mittel- bis längerfristigen Gelder gehandelt, unter anderem eben die Euro-Bonds, das sind auf dem Euromarkt ausgegebene, auf eine Eurowährung lautende Anleihen.
→ Der dritte ist der **Eurokreditmarkt**, der hauptsächlich mittelfristige Bankkredite umfasst. Hier handeln Schuldner, die aus Bonitätsgründen keinen Zugang zum Eurokapitalmarkt haben, industrielle Kunden und Regierungen aus finanziell schwachen Ländern.

Seiner enormen Größe entsprechend spielt der Euromarkt eine bedeutende Rolle als Drehscheibe für internationale Gelder, Kredite und im Zusammenhang mit Finanzierungen von Vorhaben in Entwicklungsländern.

checkliste anleihen

- ✔ Vor dem Kauf: Bonität des Emittenten überprüfen.
- ✔ Nennwert und Kurswert: Genau informieren, was das Papier bietet, um vergleichen zu können – es kommt auf den Effektivzins (= Rendite) an!
- ✔ Schwankt der Kurswert? Das kann die Anleihen interessant machen, wenn die Kurse steigen. Stagniert der Kurs oder geht er gar zurück: Anleihe bis zur Fälligkeit halten.
- ✔ Das sicherste Papier? Deutsche Bundeswertpapiere (im Länder-Rating auf Platz zwei nach der Schweiz). Auch Pfandbriefe und Anleihen großer Firmen mit hervorragenden Bonitäten sind sicher.
- ✔ Bessere Renditen? Bieten als unsicher geratete Papiere, zum Beispiel aus Schwellenländern wie osteuropäischen Reformstaaten. Gefahr hierbei: Der Emittent kann unter Umständen keine Kapitalrückzahlung am Ende der Laufzeit leisten.
- ✔ Währungsrisiko? Bei Fremdwährungsanleihen gilt: Die Zinsen der Anleihe (in Prozent) müssen etwa drei Mal so hoch sein wie der Kursverlust der Fremdwährung (in Prozent). Also Kursverlust 10 Prozent, Zinsen mindestens 30 Prozent, damit das Kapital erhalten bleibt.
- ✔ Prüfen Sie die gesamten Kosten: Bankenprovisionen, Depotgebühren, Kapitalertragsteuern, Spekulationssteuern bei Nichteinhaltung der Spekulationsfrist, Einkommensteuer (Freibeträge!).

ZERO-BONDS, HIGH YIELDS & CO.

Nullprozentige Anleihen

Bei den Null-Prozentern, auch Zero-Bonds oder Nullkupon-Anleihen, gibt es keine Zinskupons, also keine periodischen Zinszahlungen. Hier geht es um die Differenz zwischen dem Emissionskurs (den Sie bei Kauf bezahlen) und dem Rückzahlungskurs – entweder beim vorzeitigen Verkauf oder bei Fälligkeit.

tipps

- ✔ Nullkupon-Anleihen sind interessant für Anleger, die damit rechnen, bei Fälligkeit einen günstigeren Steuersatz zu haben.
- ✔ Für Anleger, die sich selbst um ihre Investments kümmern, ist ein Null-Prozenter sehr pflegeleicht.
- ✔ Kleinanleger können mithilfe von Zero-Bonds mit kleinen Beträgen einsteigen, die ganz von selbst zu netten Summen anwachsen. Und damit lässt sich dann auch in risikoreichere Papiere mit ruhigem Gewissen investieren.
- ✔ Anleger, die auf sinkende Renditen spekulieren, erringen mit Null-Prozentern wesentlich höhere Kursgewinne als mit anderen Festverzinslichen, wenn die Marktrendite tatsächlich nach unten geht.

Abgezinste Zero-Bonds werden mit einem hohen Disagio emittiert und im Tilgungszeitpunkt zum Kurs von 100 Prozent (= pari) zurückgezahlt. Die Höhe des Disagios ist von Laufzeit, Schuldnerbonität und Kapitalmarkt-Zinsniveau abhängig. Man spricht hier auch von einem abdiskontierten Zins – dieser wird nicht jährlich ausbezahlt, sondern thesauriert. Das bedeutet: Der Preis wird stetig mit dem nicht ausgeschütteten Zins aufgerechnet, bis das Papier am Ende der Laufzeit bei 100 Prozent ist.

Aufgezinste Zero-Bonds kaufen Sie zu pari, der Zins wird während der Laufzeit thesauriert und Sie erhalten Nennwert + Zinseszins bei Fälligkeit.

Der Grund für die Kapitalvermehrung liegt also im Zinseszinseffekt, siehe auch hierzu die Tabelle auf Seite 10. Und der Ertrag liegt allein im Kapitalgewinn. Zu beachten ist hier, dass Sie so Steuerzahlungen in eine Zeit einer günstigeren Steuerklasse verlagern können. Zero-Bonds sind der Knaller, wenn Sie großartige Ziele anstreben und genügend Geld übrig haben, das Sie es jahrzehntelang nicht anzugreifen brauchen.

Ein Beispiel: Wenn Sie heute einen Null-Prozenter mit 7,5 Prozent Verzinsung kaufen, brauchen Sie gut 110 000 Euro und 30 Jahre Zeit. Dann sind 1 Million Euro daraus geworden. Und bei einem Zinssatz von 10 Prozent brauchen Sie sogar nur 57 000 Euro Startkapital. Allerdings dürfen Sie zum Fälligkeitstag ganz schön Steuern zahlen, deshalb sollte dieser Kapitalertrag unbedingt ins Rentenalter (günstigere Steuerklasse!) fallen. Sicher dauert das mit der Million länger, als wenn Sie in risikoreiche Aktien investieren, Glück haben und Ihre Anlagesumme schon nach ein paar Jahren in die erträumte Million verwandeln. Aber Sie lesen ja diesen Abschnitt des Buches deshalb so genau, weil Sie kein Risikotyp sind, nicht wahr?

Natürlich haben Null-Prozenter auch Nachteile. Allem voran haben sie keine besondere Liquidität zu bieten. Wenn Sie also mal dringend an Ihr Geld möchten, müssen Sie unter Umständen lange warten, bis Sie einen Käufer finden. Sie sollten Ihr Kapital also wirklich übrig haben und Sie sollten keinesfalls alles, sondern nur einen Teil Ihres Vermögens in Null-Prozenter anlegen.
Bei den langen Laufzeiten sollten Sie außerdem besonderes Augenmerk auf die Bonität des Schuldners legen – wer sagt denn, dass er in 20 oder 30 Jahren Ihr Kapital zurückzahlen kann? Daher kommen eigentlich nur staatliche Stellen infrage oder Unternehmen mit einem Rating AAA oder AA.
Und noch ein Wermutstropfen: Die Depotgebühren werden bei jeder Bank anders berechnet. Manche Institute verlangen für Zero-Bonds keine Depotgebühren, manche nehmen den aktuellen Wert und andere den pari-Wert als Berechnungsgrundlage.

Sonderformen der Zero-Bonds

→ Bei **Stripped Bonds** werden die Kupons von der Hauptforderung abgetrennt und zum Teil auch getrennt gehandelt. In letzterem Falle sind die Papiere mit den Nullkupon-Anleihen vergleichbar.

→ Bei **Kombizins-** und **Step-up-Anleihen** wird der Zinssatz während der Laufzeit nach einem vorher festgelegten Muster verändert, das heißt, dass zwar die Verzinsung nicht über die gesamte Laufzeit gleich bleibt, Sie als Anleger jedoch bereits im Voraus wissen, wie viel Zinsen Sie gezahlt bekommen. Für die Kombizins-Anleihe charakteristisch sind – nach einigen kuponlosen Jahren – ungewöhnliche hohe Kupons zum Ende der Laufzeit. Bei der Step-up-Anleihe werden ebenfalls gegen Ende der Laufzeit höhere Kupons gezahlt. Statt der zinslosen Jahre am Anfang gibt es jedoch einen sehr niedrigen Kupon.

→ Schließlich gibt es noch **Zinsphasen-Anleihen**. Diese haben in der Regel eine Laufzeit von zehn Jahren und in der Anfangsphase feste Zinsen. Darauf folgt eine mehrjährige Phase, während der sich die Zinsen an den Geldmarktkonditionen orientieren, gegen Ende wird dann wieder fest verzinst.

Hochverzinsliche Anleihen (High Yield Bonds)

Länder-, Währungs- oder Firmenrisiken zwingen gewisse Emittenten dazu, sehr hohe Zinsen zu zahlen. Anderenfalls würde niemand diese Anleihen kaufen und das damit

Beispiel für High Yields

Währung	Emittent	Laufzeit	Preis	Rendite
US$	EIB Europäische Investment Bank	06.11.2026	20%	6,7%
ZAR Südafrikanischer Rand	COE Councel of Europe	31.12.2010	35%	12,5%
EUR	EIB Europäische Investment Bank	06.12.2016	43%	5,9%

Produktkompass Zero-Bonds

Je nach Rating mittlere bis hohe Renditen sowie mittleres bis hohes Risiko. Zum Verfall Steuern komplett fällig!

Rendite-chance	Risiko	Aufwand	Kosten
→	↗	↓	↓

verbundene hohe Risiko auf sich nehmen. Ein aktuelles Beispiel ist Argentinien. Das südamerikanische Land musste schon immer höhere Zinsen zahlen als zum Beispiel Italien oder Frankreich, da es nur im Bereich B geratet war. Für eine Verzinsung von 7 Prozent mussten noch Anfang 2001 rund 90 Prozent – also 10 Prozent unter pari – gezahlt werden. Im Herbst 2001 brach jedoch die große Krise in Argentinien aus – das Land stand vor dem Bankrott und wurde nur noch als CC bewertet. Anfang 2002 bekamen Sie für den Preis von 40 Prozent (also 60 Prozent unter pari) eine Verzinsung von 12 Prozent – das entspricht einer Rendite von 35,5 Prozent.
Sie sehen: Es handelt sich also hier um typische Spekulationspapiere, denn wer weiß, ob Ihnen die Zinsen, geschweige denn das investierte Geld am Ende der Laufzeit zurückgezahlt werden?

Wandel-, Optionsanleihen und Genussscheine

Wandelanleihen

Dabei handelt es sich im Grunde genommen um ein Mittelding zwischen Wertpapier und Aktie. Wandelanleihen werden ausschließlich von Aktiengesellschaften herausgegeben und stellen Schuldverschreibungen mit festem Zinssatz dar, die unter gewissen Voraussetzungen und nach freier Wahl des Besitzers in Aktien oder Partizipationsscheine der betreffenden Gesellschaft umgewandelt werden können. Die Wandelbedingungen, so etwa die Wandlungsfrist oder die Zahl der Aktien, die der Anleger erwerben darf, werden bei der Ausgabe der Anleihe festgesetzt. Wie üben Sie Ihr Wandelrecht aus? Sie stellen fest, dass der Wert der Aktie über dem der Anleihe liegt –

Produktkompass High Yields

Auch hier je nach Rating mittlere bis hohe Renditen, dasselbe gilt für das Risiko.

Rendite-chance	Risiko	Aufwand	Kosten
↗	↗	→	→

tipp

Der Wert der Wandelanleihe ist mit dem Wert der Aktie verknüpft: Wenn der Kurs steigt, lässt sich die Wandelanleihe teurer verkaufen. Und wenn Sie wandeln, weil der Aktienkurs stark gestiegen ist, können Sie sofort börsentäglich die Aktie verkaufen und so Gewinne einstreichen.

und wandeln, Sie werden also Aktionär. Solange die Anleihe gleich viel oder mehr wert ist als die entsprechende Aktie, lohnt sich das alles natürlich noch nicht. Sie können aber auch die Anleihe verkaufen, ohne vom Wandlungsrecht Gebrauch zu machen, oder einfach die Zinsen regelmäßig einstreichen.
Der Unterschied zu den Optionsanleihen besteht darin, dass das Wandlungsrecht untrennbar mit der Anleihe verbunden ist. So wie die Wandelanleihe ein Zwitter zwischen Aktie und Festverzinslichen ist, so ist auch das Risiko gewissermaßen zwischen Aktienrisiko und Wertpapierrisiko angesiedelt, mit anderen Worten: Sie sind etwas für Anleger, denen die »normalen« Festverzinslichen zu langweilig und die Börsenpapiere zu aufregend sind. Hierbei ist interessant, dass der Anleger dank der Wandelanleihe von Kursanstiegen der Aktie profitieren kann, ohne das volle Risiko eines Aktionärs zu tragen, das heißt, ohne an den Kursrückgängen partizipieren zu müssen.
Die Anleihe wird nämlich auch in für die Aktie schlechten Zeiten voll verzinst und der Anleger hat den Anspruch auf Kapitalrückzahlung zum Nennwert. Damit ist das Risiko keinen Deut höher als beim Kauf einer herkömmlichen Anleihe mit gleicher Laufzeit und gleicher Bonität desselben Emittenten, jedoch sind die Zinsen niedriger. Das ist der Preis für das Umwandlungsrecht und die Chance, dabei einen Gewinn zu realisieren. Achten sollten Sie allerdings auf Laufzeit und Wandlungsprämie, damit Sie nicht zu teuer einsteigen.
Wenn die Aktienkurse stark fallen, ist folgender Effekt zu beobachten: Da die Wandlung ja durch den sinkenden Kurs uninteressant wird, differieren die Wertentwicklungen der beiden Papiere: Die Aktien bewegen sich (nach unten), der Wert der Anleihe pendelt sich jedoch bei einem gewissen Niveau ein, dieses nennt man Bond-Floor (Anleihenboden). Diese Stabilität erklärt sich aus der Rückzahlungspflicht des Emittenten, der ja am Ende

tipp

Langzeitvergleich

Es gibt eine interessante Studie von Ibbotson zum Thema Wandelanleihen. Untersucht wurde der Zeitraum von 1973 bis 1998. Das Ergebnis: Wandelanleihen wiesen im Vergleich mit gewöhnlichen Anleihen und Aktien das niedrigste Risiko auf. Interessant dabei ist auch das zweite Ergebnis der Studie: die Rendite. Hier lagen die Aktien nur knapp vor den Wandelanleihen. Gewöhnliche Anleihen fielen dagegen ab. Im untersuchten Zeitraum brachten Wandelanleihen relativ zum Risiko also den höchsten Gewinn.

der Laufzeit den Nennwert an den Anleger auszahlen muss.

Optionsanleihen

Das sind ebenfalls Anleihen, die ihrem Inhaber das Recht einräumen, innerhalb einer bestimmten Zeitspanne Aktien, Partizipationsscheine oder auch Geld zu einem im Voraus festgelegten Preis zu beziehen. Im Unterschied zur Wandelanleihe ist das Bezugsrecht jedoch nicht untrennbar mit der Anleihe verbunden, sondern in einem separaten Bezugsschein (Option, Warrant) festgeschrieben. Dieser Bezugsschein kann somit losgelöst und getrennt an der Börse gehandelt werden. Nach Ausübung des Bezugsrechts bleibt die Anleihe bestehen. Gegenüber der Wandelanleihe liegt der wesentliche Unterschied der Optionsanleihe darin, dass der Anleihenbesitzer nach Ausübung der Option zusätzlich Aktionär wird.

Besonders Großanleger schätzen diese Aufsplittungsmöglichkeit, da ja dann beide Papiere – Anleihe und Option – getrennt gehandelt werden können, und zahlen daher höhere Preise für Options- als für Wandelanleihen.

Sie können während der festgelegten Frist und zu einem festgelegten Kurs von Ihrem Bezugsrecht Gebrauch machen und gegen Rückgabe des Optionsscheins die Aktie erwerben. Üben Sie Ihr Optionsrecht nicht aus, verfällt der Optionsschein und Sie erhalten am Laufzeitende der Optionsanleihe Ihr Kapital zurück. Die Verzinsung des festverzinslichen Anteils liegt im Allgemeinen unter dem Zinssatz, den die Firma für ein herkömmliches Darlehen aufbringen müsste, teilweise werden sogar überhaupt keine Zinsen gezahlt. Somit kommt das Unternehmen günstig an Eigenkapital, ohne den Aktienkurs durch Neuausgaben zu belasten. In selteneren Fällen erfolgt eine marktgerechte Verzinsung, dann wird ein Aufgeld auf den Nominalwert verlangt (zum Beispiel Ausgabe zu 30 Prozent über pari, Verzinsung zu 7 Prozent bezogen auf pari).

Der Vollständigkeit halber seien auch die drei Erscheinungsformen erwähnt:

→ Anleihen ohne Optionsschein (ex warrant oder »o.C.«),
→ Anleihen mit Schein (cum warrant) sowie
→ der abgetrennte Optionsschein (naked warrant).

Genussscheine

Sie kommen für Anleger infrage, die die Sicherheit einer Anleihe suchen, aber gerne auch etwas vom Nervenkitzel einer Aktie hätten. Folgende Möglichkeiten werden angeboten:

checkliste

Vor- und Nachteile der Wandel- und Optionsanleihen

- \+ Sie können mit wenig Risiko von Aktienkurssteigerungen profitieren, ohne Aktien kaufen und ohne die Nachteile der sinkenden Kurse hinnehmen zu müssen.
- \+ Die Optionsanleihe kann bei Verfall des Optionsscheines weiterlaufen.
- – Optionsscheine verfallen nach Ablauf der Frist.
- – Die Verzinsung von Wandel- und Optionsanleihen ist normalerweise schlechter als bei »normalen« Anleihen. Das Wandel- beziehungsweise Optionsrecht kostet eben etwas.

→ **Genussrechtsverträge**, im Allgemeinen von Kreditinstituten angeboten. Dabei handelt es sich um einen Vertrag zwischen Erwerber und Unternehmen.

→ Im Gegensatz dazu sind **Genussscheine** frei übertragbar: Sie werden unterschieden in solche, die nur über den jeweiligen Emittenten handelbar sind, und diejenigen, die zum Beispiel an der Börse gehandelt werden.

Genaues Überlegen und Rechnen sind notwendig. Was können Sie weglegen, ohne darben zu müssen?

Gemeinsam ist allen, dass im Unterschied zur Aktie keine Mitgliedschaftsrechte, sondern Rechte am Reingewinn oder am Liquidationserlös einer AG verbrieft werden. Genussscheininhaber haben nicht das Recht zur Teilnahme an der Hauptversammlung und können daher nicht wie Aktienbesitzer in den Ablauf des Unternehmens eingreifen. Die verbrieften Genussrechte können ganz unterschiedlich sein: So gibt es Genussscheine mit fester oder ergebnisabhängiger Ausschüttung und solche mit Wandelrecht.

Ausschüttung? Richtig. Sie erhalten keinerlei Zinszahlung wie bei den Anleihen, sondern eben einen Anteil am Gewinn des Unternehmens. Wenn dieses keinen Gewinn erwirtschaftet, erfolgt ergo auch keine Ausschüttung an den Anleger. Da jedoch Genussscheininhaber rechtlich vor den Aktionären rangieren, bekommen Erstere auch als Erste eine Ausschüttung und können zum Teil sogar Anspruch auf eine Dividendennachzahlung im Folgegeschäftsjahr erheben, wenn dieses wieder Gewinne ausweist.

Vor dem Kauf ist es daher für den Anleger unerlässlich, sich über die Genussrechte des betreffenden Scheins zu informieren, diese können erheblich differieren.

Produktkompass Options-, Wandelanleihen und Genussscheine

Man hat die Möglichkeiten, die Aktien bieten, ohne alle Aktionärsrisiken mittragen zu müssen.

Renditechance	Risiko	Aufwand	Kosten
→	↘	→	↘

1000 & 1 Frage

RENTENPAPIERE

Welche Risiken gehe ich bei den Festverzinslichen ein?

Eigentlich nur drei: Währungsrisiko, Schuldnerrisiko, Zinsrisiko (siehe Seite 59). Gerade Fremdwährungsanleihen sind eher etwas für Spekulanten.

Kann ich mit Anleihen auch in Tiefzinsphasen Geld verdienen?

Ja, wenn Sie das Risiko nicht scheuen. Sind Sie bereit, eine Anleihe zu kaufen, deren Bonität (Rating) nicht im Bereich A liegt, bekommen Sie entsprechend höhere Zinsen, weil das höhere Risiko – dass der Emittent etwa am Ende der Laufzeit den Nominalwert nicht zurückzahlen kann – eben mit höheren Zinsen »versüßt« wird.

Welche Laufzeit macht nun Sinn?

Das hängt einerseits von den Zinserwartungen ab. Bei steigenden Zinsen wählt man eher kürzere Laufzeiten und umgekehrt. Andererseits sollten Sie Ihren Anlagehorizont immer im Auge behalten: Lange Laufzeiten machen keinen Sinn, wenn Sie Ihr Geld schnell wieder brauchen.

Warum soll ich eine Anleihe über pari kaufen und am Ende für weniger verkaufen?

Ausschlaggebend ist hier die Rendite und diese besteht aus dem Kurs der Anleihe, aber auch aus deren Verzinsung. Es ist allerdings richtig, dass die Mehrheit der Investoren Preise unter pari bevorzugt, da der Kapitalgewinn im Gegensatz zum Zinsertrag steuerfrei ist.

Wie sieht das also mit der Steuer aus?

Falls Sie die steuerlichen Auswirkungen Ihrer Geldanlage gleich mit einplanen, werden Sie Anleihen mit tiefen Zinsen und tiefem Kurs wählen, da Kursgewinne unter Beachtung der Spekulationsfrist steuerfrei sind, Zinserträge jedoch nicht.

Warum legen Emittenten Wandelanleihen auf? Anscheinend gibt es hierbei für den Anleger kaum Risiken, aber doch einige Vorteile, oder?

Natürlich haben auch die Schuldner ihren eigenen Vorteil im Auge. Der liegt zum einen darin, dass das ursprünglich aufgenommene Fremdkapital aus der Anleihe (mit Rückzahlpflicht für den Emittenten) dank der Wandlung irgendwann zum Eigenkapital (neu geschaffenes Aktienkapital) wird, das dann nicht mehr zurückgezahlt werden muss. Auf diese Weise wird im Laufe der Zeit das Eigenkapital des Unternehmens erhöht, ohne den Markt zu strapazieren, da ja nicht alle Anleger gleichzeitig, sondern über einen langen Zeitraum wandeln. So wird vermieden, dass der Kurs der Aktie temporär unter Druck gerät, und im Normalfall müssen niedrigere Zinsen gezahlt werden.

STAATLICHE UND INSTITUTIONELLE ANLEIHEN

Bundeswertpapiere

Der Bund deckt seinen Finanzierungsbedarf nicht nur über Bankkredite, sondern auch bei Privatpersonen: Zu diesem Zweck gibt er Bundeswertpapiere heraus. Der Staat bürgt für die Schulden mit seinem Vermögen und Steueraufkommen. Deshalb gelten Bundeswertpapiere als besonders sicher und sind damit gerade für Kleinanleger interessant. Sie können so Ihren hart erarbeiteten Spargroschen Gewinn bringend, aber ohne Risiko anlegen. Zudem sind die Papiere für jeden erschwinglich, da es sie schon in kleiner Stückelung ab 50 Euro gibt. Als Verkaufsstellen dienen Banken, Sparkassen und Landeszentralbanken, aber auch direkt die Bundeswertpapierverwaltung (siehe Tipp Seite 73). Wenn die Wertpapiere im Bankdepot bleiben, sind im Allgemeinen jährliche Depotspesen fällig. Der Bund hat aus diesem Grund auch die Möglichkeit für eine kostenlose Verwahrung und Verwaltung der Wertpapiere geschaffen. Wer sie ins Depot der Bundesschuldenverwaltung in Bad Homburg eintragen lässt, zahlt keine Depotspesen. Achtung: Falls Sie Ihre Bundeswertpapiere direkt im Überweisungsverfahren erwerben, gilt für den Kauf von Bundesschatzbriefen die Mindestsumme von 52 Euro! Einen Überblick über die Ausstattung der einzelnen Bundespapiere finden Sie auf Seite 70.

Welche Papiere gibt es vom Staat?

→ **Bundesschatzbriefe:** Sie sind für die mittelfristige Anlage geeignet, es handelt sich hierbei um dynamische Sparbriefe mit gestaffelten Zinsen – jedes Jahr steigt der Zinssatz ein wenig an. Mit mindestens 50 Euro sind Sie dabei. Es werden zwei Arten unterschieden:

Zinsentwicklung der Bundesschätze

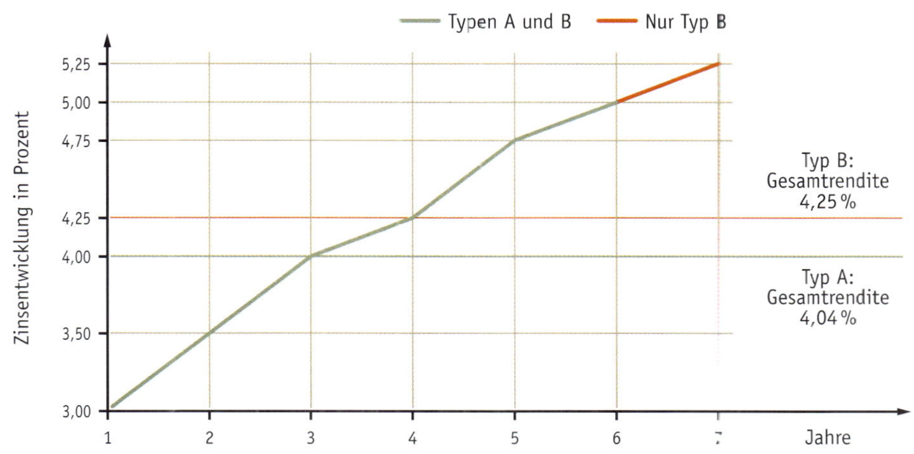

Bundeswertpapiere

	Bundesschatzbriefe	Finanzierungsschätze
Zu haben ab	50 €	500 €
Jedoch höchstens		Pro Person und Geschäftstag 250 000 €
Laufzeit	Typ A 6 Jahre, Typ B 7 Jahre	1 oder 2 Jahre
Zinsen	Feste Zinsen, Typ A jährliche Zahlung, Typ B Gewinnansammlung	Abzinsungspapier: Nennwert – Zinsen (stehen natürlich vorher fest) = Kaufpreis
Tilgung	Typ A zum Nennwert, Typ B Nennwert + angesammelte Zinsen	Zum Nennwert
Vorzeitig verkaufen?	Nach einjähriger Sperrfrist bis zu 5 000 € innerhalb von 30 Zinstagen	Nein
Zu haben bei	Banken, Sparkassen, Kreditgenossenschaften, Landeszentralbanken, Filialen der deutschen Bundesbank, Direkterwerb von der Bundeswertpapierverwaltung	Banken, Sparkassen, Kreditgenossenschaften, Landeszentralbanken, Filialen der deutschen Bundesbank, Direkterwerb von der Bundeswertpapierverwaltung
Aufbewahrung	Banken, Sparkassen, Kreditgenossenschaften, Landeszentralbanken, Filialen der deutschen Bundesbank, Bundeswertpapierverwaltung	Kreditinstitute, Landeszentralbanken, Bundeswertpapierverwaltung
Kaufspesen	Keine	Keine
Verkaufsspesen	Keine	Keine
Depotkosten	Bundeswertpapierverwaltung kostenfrei, sonst Depotgebühren der Institute	Bundeswertpapierverwaltung kostenfrei, sonst Depotgebühren der Institute

Typ A läuft sechs Jahre bei jährlicher Zinsausschüttung, Typ B sieben Jahre mit Zinsansammlung. Allerdings liegt das Geld nicht über die gesamte Laufzeit fest, nach einer einjährigen Kündigungssperrfrist können Sparer ihre Bundesschätze bis zu 5 000 Euro innerhalb von 30 Zinstagen zurückgeben. Man erhält dann den vollen Anlagebetrag plus anteilige Zinsen abzüglich einer Verkaufsprovision. Nur natürliche Personen (also Sie), außerdem Wohnungseigentümergemeinschaften und gebietsansässige Einrichtungen gemeinnütziger, mildtätiger oder kirchlicher Art dürfen Bundesschatzbriefe kaufen.

Bundeswertpapiere (Teil 2)

Bundesobligationen	Bundesanleihen	Bundesschatzanweisungen
100 €	……	……
5,5 Jahre	10 bis 30 Jahre	Derzeit angebotene Bundesschatzanweisungen laufen zwei Jahre
Fest, jährlich	Jährlich, fest oder variabel	Fest, jährliche Auszahlung
Zum Nennwert	Zum Nennwert	Zum Nennwert
Nach Börseneinführung frei handelbar	Täglich zum Börsenkurs	Täglich zum Börsenkurs
Banken, Sparkassen, Kreditgenossenschaften, Landeszentralbanken, Filialen der deutschen Bundesbank, Direkterwerb von der Bundeswertpapierverwaltung	Banken, Sparkassen, Kreditgenossenschaften, Landeszentralbanken, Filialen der deutschen Bundesbank, Direkterwerb von der Bundeswertpapierverwaltung	Banken, Sparkassen, Kreditgenossenschaften, Landeszentralbanken, Filialen der deutschen Bundesbank, Direkterwerb von der Bundeswertpapierverwaltung
Banken, Sparkassen, Kreditgenossenschaften, Landeszentralbanken, Filialen der deutschen Bundesbank, Bundeswertpapierverwaltung	Banken, Sparkassen, Kreditgenossenschaften, Landeszentralbanken, Filialen der deutschen Bundesbank, Bundeswertpapierverwaltung	Banken, Sparkassen, Kreditgenossenschaften, Landeszentralbanken, Filialen der deutschen Bundesbank, Bundeswertpapierverwaltung
Keine	Keine	Keine
Zur Fälligkeit keine bei LZB und BWPV	Zur Fälligkeit keine bei LZB und BWPV	Zur Fälligkeit keine bei LZB und BWPV
Bundeswertpapierverwaltung kostenfrei, sonst Depotgebühren der Institute	Bundeswertpapierverwaltung kostenfrei, sonst Depotgebühren der Institute	Bundeswertpapierverwaltung kostenfrei, sonst Depotgebühren der Institute

→ **Finanzierungsschätze:** Das sind abgezinste Diskontpapiere, die mit einem der Verzinsung entsprechenden Abschlag (»Verkaufszinssatz«) ohne weitere Kosten verkauft und zum Nennwert zurückgenommen werden. Sie sind mit ein- oder zweijähriger Laufzeit zu haben – kommen also für einen kurzen Anlagehorizont infrage – und sind während der Laufzeit unkündbar. Der Mindestauftragswert liegt bei 500 Euro. Pro Person und Geschäftstag können maximal 250 000 Euro erworben werden. Vorsicht: Die Zinsen sind zum Zeitpunkt der Fälligkeit zu versteuern. Finanzierungsschätze mit zweijähriger Laufzeit sind daher für Sie interessant, wenn Sie Einkünfte aus steuerlichen Gründen ein bis zwei Jahre verschieben möchten. Sprechen Sie mal mit Ihrem Steuerberater! Zielgruppe für die Schätze sind private Anleger und Unternehmen mit Ausnahme der Kreditinstitute.

→ **Bundesobligationen:** Diese laufen fünf Jahre und sechs Monate, haben einen festen Zinssatz und können ab 100 Euro Nennwert gekauft werden. In den ersten sechs Monaten nach Emission einer neuen Serie können nur natürliche Person (also Sie), außerdem Wohnungseigentümergemeinschaften und gebietsansässige Einrichtungen gemeinnütziger, mildtätiger oder kirchlicher Art diese Papiere kaufen. Danach geht die Serie an die Börse und wird dort für jedermann frei gehandelt – zum aktuellen Tageskurs, zuzüglich der üblichen Effektenprovisionen, Börsengebühren und Maklercourtage. Wer seine Obligationen im Bundesschuldenbuch verwalten lässt, zahlt beim Handel an der Börse jedoch nur die Effektenprovision der Deutschen Bundesbank von 0,4 Prozent und sonst keine weiteren Gebühren oder Kosten. Aufgrund der mittelfristigen Laufzeit sind Obligationen des Bundes für risikobewusste Anleger interessant, die vielleicht später mit dem aufgebauten Vermögen in andere Anlageformen einsteigen möchten. Achtung: Auch bei den Obligationen gilt: Beim Kauf direkt im Überweisungsverfahren ist eine Mindestsumme von 110 Euro anzulegen.

→ **Anleihen des Bundes:** Auch für den längeren Anlagehorizont bietet Vater Staat etwas: Mit einer Laufzeit von 10 Jahren (etwa 90 Prozent der Papiere) oder länger (bis zu 30 Jahren!) gibt es Bundesanleihen, diese sind Einzelemissionen, die je nach Kapitalbedarf mehrmals im Jahr aufgelegt und mit marktgerechten Zinsen ausgestattet werden. Entweder gibt es einen festen jährlichen Zins für die gesamte Laufzeit, oder – vereinzelt – Floaterähnliche Anleihen mit variablem Zins, der sich an EURIBOR orientiert, bei diesen Papieren werden die Zinsen vierteljährlich ausgezahlt. Gemeinsam ist ihnen, dass sie an der Börse notiert sind und so zum tagesaktuellen Kurs verkauft werden können.

Auch diese Papiere können selbstverständlich ohne Depotkosten bei der Bundesschuldenverwaltung hinterlegt werden, günstiger geht's schier nicht! Steuerlich sind sie für Leute mit hohem Steuersatz nicht so interessant wie zum Beispiel Aktien, Aktienfonds, gemischte Fonds oder Immobilienfonds. Als Baustein für die private Altersversorgung sind sie jedoch gut geeignet, da ja in diesem Lebensabschnitt der persönliche Steuersatz meist niedriger ist als während des Berufslebens. Sollte dies Ihre Intention sein, so empfehlen wir, die jährlich ausgezahlten Zinsen wieder zu reinvestieren, mit einem entsprechenden Auftrag an die Bundeswertpapierverwaltung geht das automatisch. Bundesanleihen kann man über Kreditinstitute oder über Landeszentralbanken erwerben, bei An- und Verkauf über die Börse gilt das Gleiche wie für Bundesobligationen.

beispiel

Wenn Sie bei den aktuellen Konditionen mit einem Verkaufszinssatz von 2,73 Prozent einen zwölf Monate laufenden »Schatz« für 500 Euro kaufen, bezahlen Sie 486,35 Euro und bekommen nach einem Jahr 500 Euro zurück.

→ **Schatzanweisungen:** Sie sind mit einer Laufzeit von zwei Jahren ausgestattet und als kurz- bis mittelfristige Einmalanlagen für etwas größere Summen geeignet. Die Emissionen sind zunächst nur institutionellen Anlegern wie Kreditinstituten zugänglich. Nach Börseneinführung kann dann jedermann zum aktuellen Tageskurs kaufen, man wendet sich hierzu an ein Kreditinstitut oder eine Landeszentralbank. Für den Handel gilt das Gleiche wie unter Bundesobligationen. Aufgrund der Börsennotierung bieten Bundesschatzanweisungen hohe Liquidität.

→ **Sondervermögen des Bundes:** Sie seien hier lediglich der Vollständigkeit halber erwähnt: ERP-Sondervermögen, Fonds »Deutsche Einheit«, Entschädigungsfonds, Erblastentilgungsfonds, Bundeseisenbahnvermögen und Ausgleichsfonds zur Sicherung des Steinkohleeinsatzes. Derartige Papiere dürften für den Einsteiger, aber auch für bereits versierte Anleger eher nicht so interessant sein.

Wo geht's hier bitte zur Bundeswertpapierverwaltung?

Wie heutzutage so oft: am einfachsten per Internet. Über *www.bsv.de* gelangen Sie auf sauber aufgemachte, schnelle Seiten, die gut erklärt werden und passende FAQs bieten.

tipp

Die nächste LZB ist nicht so weit weg, wie Sie vielleicht denken. Rufen Sie in der Hauptstelle an und fragen Sie nach Zweigniederlassungen:

Baden-Württemberg:	07 11/94 49
Bayern:	0 89/2 88 95
Berlin und Brandenburg:	0 30/3 47 50
Hamburg, Mecklenburg-Vorpommern und Schleswig-Holstein:	0 40/3 70 70
Hessen:	0 69/2 38 80
Bremen, Niedersachsen und Sachsen-Anhalt:	05 11/3 03 30
Nordrhein-Westfalen:	02 11/87 40
Rheinland-Pfalz und Saarland:	0 61 21/37 70
Sachsen und Thüringen:	03 41/86 00

Einfach mal vorbeischauen! Selbstverständlich können Sie Ihr Papierdepot auch online verwalten, die Infos hierzu auf der Webseite

Produktkompass Bundeswertpapiere

Deutschland liegt im Länder-Rating auf Platz 2: Das Risiko geht gen null. Die Renditen können je nach Zinsniveau für Kleinanleger interessant sein.

Renditechance	Risiko	Aufwand	Kosten
→	↓	↓	↓

tipp

Erinnern Sie sich an den Onkel mit seiner Patentochter? Schenken Sie doch zum Geburtstag und/oder zu Weihnachten Bundespapiere. Wenn Sie die Laufzeiten so wählen, dass sie für alle Papiere im gleichen Jahr – zum Beispiel dem Jahr der Volljährigkeit – enden, kommt ein hübsches Sümmchen fürs Patenkind zusammen!

sind klar und einfach nachzuvollziehen.
Falls Sie keinen Internetzugang haben, führt Ihr nächster Weg in die Bank oder eine der Landeszentralbanken (Telefonnummern Seite 73). Oder Sie greifen zum Telefon: 0 61 72/1 08 98 und 0 61 72/10 89 30 (Computer-Service).
Egal ob über die Bank oder aus dem Internet ausgedruckt – Ihr Kontoeröffnungsantrag geht an die Bundesschuldenverwaltung, hierbei ist wie bei allen Bankgeschäften Ihre Originalunterschrift unerlässlich. Als Nächstes bekommen Sie eine Schuldbuchkontonummer mitgeteilt und schon können Sie bereits in Ihrem Besitz befindliche Papiere übertragen lassen oder die neu gekauften gleich dort ins Depot legen. Und wenn Sie sich fürs Internet-Banking freischalten lassen, geht das alles bequem von zu Hause aus – inklusive des Kaufs oder Verkaufs der Papiere oder etwa eines Dauerauftrages, um regelmäßig Bundesschätze & Co. zu erwerben.

Das Überweisungsverfahren

Dabei handelt es sich im um einen einmaligen oder einen Dauerauftrag an die Bundeswertpapierverwaltung zum Kauf der Bundespapiere. Sobald Sie Ihr Schuldbuchkonto eröffnet haben (siehe oben), wird entsprechend Geld unter der Angabe einer Wertpapierschlüsselnummer überwiesen (Überweisungsträger gibt es unter den oben stehenden Service-Telefonnummern) und schon ist das Papier auf Ihrem Schuldbuchkonto. Und wenn Sie dies als Dauerauftrag ausweisen, landet eben in schöner Regelmäßigkeit ein »Schätzchen« in Ihrem Depot. Allerdings ist zu beachten, dass bei Kauf von Bundesschatzbriefen und -obligationen 52 beziehungsweise 110 Euro überwiesen werden müssen.
Sie können Bundeswertpapiere auch per Dauerauftrag von den Landeszentralbanken kaufen. Sie gehen einmal zur nächstgelegenen Vertretung der LZB und vereinbaren den regelmäßigen Kauf der Bundesschatzbriefe oder Bundesobligationen. Außer dem Nennwert der Bundesschätze brauchen Sie keinerlei Kommissionen oder Gebühren zu bezahlen. Der nächste Weg führt zu Ihrer Hausbank, dort vereinbaren Sie den Dauerauftrag an die LZB. Schließlich übertragen Sie die Wertpapiere auf Ihr Schuldbuchkonto bei der Bundesschuldenverwaltung.

Börsennotierte Bundeswertpapiere lassen sich wie Aktien jederzeit vor Fälligkeit verkaufen. Damit kann man Gewinne machen, wenn gerade der Kurs günstig ist, oder eben auch Verluste. Behält man die Papiere bis zum Ende der Laufzeit, hat man keinerlei Risiko: Man bekommt den zugesagten Zins und 100 Prozent des Nennwerts des Papiers ausbezahlt.

Kreditinstitute und Industrie

Sie brauchen nicht zu Vater Staat gehen und dort Geld investieren – auch die Geldinstitute und viele Industrieunternehmen bieten festverzinsliche Papiere an. Gerade bei den Unternehmen gibt es so interessante Formen wie Wandel- und Optionsanleihen (siehe

Seite 64), die außer den festgeschriebenen Zinsen die Möglichkeit des Aktienerwerbs bieten und so dem sicherheitsorientierten Anleger das Börsianergefühl vermitteln können.
Wie überall gilt auch hier: Informieren Sie sich. Nur so können Sie abschätzen, ob das ins Auge gefasste Papier wirklich Ihrem Anlegertyp und der dazu passenden Strategie entspricht.
Bei den Industrieunternehmen sollten Sie unbedingt die Ratings genauer unter die Lupe nehmen. Und überprüfen Sie, wann diese das letzte Mal aktualisiert wurden, Ratings von vor drei Jahren haben nicht unbedingt viel Aussagekraft.
Bei Bankpapieren ist das in gewisser Hinsicht einfacher: Es gibt Anleiheformen, die von Amts wegen (Wirtschaftsministerium) genehmigt werden müssen und damit vergleichbare Sicherheit bieten wie die Staatspapiere.

tipp

Unter *www.sparbrief-vergleich.de* finden Sie interessante Vergleiche von Sparbriefen, Sparbüchern mit unterschiedlichen Kündigungsfristen und Termingeldern.
Lassen Sie sich nicht von den Prospekten einiger Geldinstitute beeindrucken, die mit Begriffen wie »Durchschnittszins«, »laufende Verzinsung« oder »durchschnittlicher Wertzuwachs« die Kunden ködern wollen. Diese und ähnliche, oft abenteuerliche Begriffe haben nichts mit der tatsächlichen Rendite zu tun und für Sie als Anleger ist dies natürlich der wichtigste Punkt! Achten Sie daher auf den Effektivzins, nur so lassen sich die angebotenen Papiere vergleichen.

Sparbriefe & Co.

Sparbriefe sind Bankschuldverschreibungen. Sie sind gewissermaßen die Konkurrenz zu Bundesschätzen und ähnlichen Papieren und werden von den Banken mit unterschiedlichen Laufzeiten angeboten. Da die Zinsen dem Niveau der Rentenmarktzinsen angeglichen werden, bieten sie interessante Renditen – wenn sie in Hochzinsphasen abgeschlossen werden. Allerdings muss der Anleger bis zum Ende der Laufzeit durchhalten und kommt nicht zwischendurch an sein Geld.
Zu verwahren sind sie meist in den Depots der Banken, Erkundigen Sie sich daher unbedingt nach diesen Gebühren
Sparbriefe mit Laufzeiten zwischen einem und sechs Jahren gibt es ab 50 Euro. Es gibt verschiedene Formen:

→ **Abgezinste Sparbriefe** werden deutlich unter pari ausgegeben und zu 100 Prozent zurückgezahlt.

→ **Aufgezinste Sparbriefe** kauft man zu pari, die Zinsen werden während der Laufzeit aufgeschlagen und am Ende der Laufzeit wird alles auf einmal zurückgezahlt.

→ Bei **Sparbriefen mit Zinsauszahlung** werden die Zinsen einmal jährlich ausbezahlt.
Sparbriefe mit Dynamik bieten jährlich steigende Zinsen und sind die einzigen Sparbriefe, die der Anleger vorzeitig verkaufen kann. Die dynamischen Zinsen bekommt natürlich nur, wer bis zum Ende der Laufzeit durchhält. Dynamische Sparbriefe sind eine interessante Alternative, wenn die Renditen allgemein niedriger sind und so die Zinsen des Sparbriefs garantiert steigen.

→ **Sparschuldverschreibungen** laufen ein bis zehn Jahre und können ab 500 Euro erworben werden, Sonderformen mit unterschiedlichen Laufzeiten werden ab 2500 bis 5000 Euro angeboten.

Heimische Anleihen

	Bankschuldverschreibungen	Pfandbriefe	Kommunalobligationen	Industrieanleihen
Emittent	Kreditinstitute	Private Hypothekenbanken, öffentlich-rechtliche Kreditinstitute, Schiffspfandbriefbanken	Deutsche Hypothekenbanken, öffentlich-rechtliche Banken (z. B. Landesbanken, Girozentralen)	Große Industrieunternehmen
Laufzeit	I. A. 2 bis 10 Jahre	Bis zu 10 Jahre	Bis zu 10 Jahre	1 bis 10 Jahre
Zu haben ab	500 €	50 €	50 €	500 €
Zinsen	Meist fester Zins, jährlich oder halbjährlich gezahlt, vereinzelt auch variabler Zins, dann viertel- bis halbjährliche Auszahlung	Fester Zins, jährliche Auszahlung	Fester Zins, jährliche, seltener halbjährliche Auszahlung	Fester Zins, jährliche Auszahlung
Tilgung	Gesamtfällig, sehr selten mit Schuldnerkündigungsrecht	Gesamtfällig, selten mit vorzeitigem Schuldnerkündigungsrecht	Gesamtfällig	Gesamtfällig, vielfach mit Schuldnerkündigungsrecht
Besonderheiten		Mündelsicher (höchste Sicherheit)	Mündelsicher (höchste Sicherheit)	Emittent muss Mindesteigenkapital von 4 Mio. € vorweisen

Die Zinsen müssen bei allen Formen als Kapitalerträge versteuert werden. Sparbriefe sind die zinsstärksten Bankprodukte, besonders in Niedrigzinsphasen erzielen sie höhere Renditen als langfristige Spareinlagen oder Ratensparverträge und – außer in Hochzinsphasen – vergleichbare oder auch höhere Renditen als Festgeld. Kauft man hingegen in einer Niedrigzinsphase Sparbriefe mit entsprechend tiefen Zinsen und steigen die Zinsen daraufhin an, ärgert man sich grün und blau, weil man in der ungünstigen Rendite festsitzt, da Sparbriefe ja nicht vorzeitig gekündigt werden können. Der größte Nachteil der Papiere ist jedoch ihre mangelnde Liquidität – hier liegen gerade die börsennotierten Bundespapiere weit vorne.

Pfandbriefe

Sie sind für den risikobewussten Anleger eine Alternative zu den Bundesanleihen. Sie werden von privaten oder öffentlich-rechtlichen Kreditinstituten – deutschen Hypotheken- und Landesbanken – emittiert, die darauf spezialisiert sind, langfristige, durch Grundpfandrechte besicherte Kredite zu vergeben.

Der Zinssatz eines Pfandbriefs richtet sich nach den Marktbedingungen. Der Effektivzins wird wie bei allen Anleihen durch Nominalzins und Ausgabekurs bestimmt. Die Zinszahlung erfolgt in der Regel jährlich oder halbjährlich, die Rückzahlung immer zum Nennwert. Diese festverzinslichen Anleihen bieten die höchste Sicherheitsstufe: Mündelsicherheit. Sie müssen vom Bundeswirtschaftsminister genehmigt werden und lassen sich leicht veräußern. An der Börse werden allerdings nur wenige Pfandbriefe gehandelt, so dass die Kursbeobachtung schwieriger ist als beispielsweise bei den Staatspapieren.

Kommunalobligationen

Auch hier wird Mündelsicherheit geboten: Sie bekommen Ihr Geld in jedem Fall wieder zurück. Das kommt daher – im Gegensatz zu Pfandbriefen, die durch Hypotheken abgesichert sind –, dass Kommunalobligationen Kommunaldarlehen refinanzieren, die entweder direkt an öffentliche Körperschaften (vor allem Bund, Länder und Gemeinden) ausgeliehen oder unter Bürgschaft öffentlicher Stellen vergeben werden. Die Zinsen werden jährlich, selten halbjährlilch ausbezahlt. Früher waren langfristige Laufzeiten bis zu 30 Jahren üblich, heute laufen die Papiere bis zu 10 Jahre. Die Ausgabe darf nur durch private Hypothekenbanken (Realkreditinstitute) und öffentlich-rechtliche Kreditanstalten erfolgen, denen das »Pfandbrief-Privileg« zuerkannt ist.

Industrieanleihen, -obligationen, -schuldverschreibungen

Das sind festverzinsliche Wertpapiere, die von Handels- und Industrieunternehmen emittiert werden. Sie dienen den Firmen zur Beschaffung langfristigen Fremdkapitals für Investitionen.

Im Vergleich zu öffentlichen Anleihen hat die Bedeutung von Industrieanleihen am deutschen Kapitalmarkt in der Vergangenheit stetig abgenommen. Deutsche Unternehmen machen von dieser Möglichkeit zur Kapitalbeschaffung immer weniger Gebrauch, allerdings wird an deutschen Börsen eine Vielzahl von Industrieanleihen ausländischer Emittenten gehandelt.

Manche dieser Anleihen werden in gesicherter Form ausgegeben. Die Ausstattung ist unterschiedlich; die jeweiligen Anleihebedingungen geben Auskunft darüber. Anleihen, die am deutschen Rentenmarkt gehandelt werden, sind grundsätzlich zeitlich befristet. Aber es gibt auch unbefristete, »ewige« Anleihen. In Großbritannien etwa heißen sie »perpetuals«. Diese verpflichten den Emittenten zu Zinszahlungen, stellen ihn jedoch von der Rückzahlung des Kapitals frei.

Produktkompass Anleihen der Kreditinstitute und der Industrie

Abhängig von der Bonität des Emittenten (Rating!) gute Erträge und niedriges Risiko.

Renditechance	Risiko	Aufwand	Kosten
→	↘	↘	↘

1000 & 1 frage

Welche Vorteile bietet mir die Wertpapierverwaltung durch die Bundesstelle?

Kostenlose Kontoführung
Keine Spesen bei Zins- und Kapitalzahlungen
Kosten entstehen nur beim Verkauf von börsennotierten Papieren, und zwar in Höhe von 0,4 Prozent des Kurswertes.
Übers Internet bequeme Kontoführung: Auftragserteilung, Kontoabfrage usw.

Was für Papiere bringe ich dorthin?

Bundesschatzbriefe, Bundesobligationen, Finanzierungsschätze und die Sondervermögenspapiere.

Wo bekomme ich weitere Informationen?

Im Internet unter *bsv.de,* per Telefon über 0 69/ 1 97 18, per Faxabruf über 0 69/2 57 02 00 10 oder per Post: Informationsdienst für Bundeswertpapiere, Postfach 10 12 50, 60012 Frankfurt

Ist das alles auch sicher, wenn's übers Internet geht?

Ja, das Schuldbuchgeheimnis bleibt gewahrt, an Ihre Kontodaten kommen nur Sie heran. Sie bekommen eine Bestätigung über die Kontoeröffnung, außerdem erhalten Sie einmal jährlich einen Kontoauszug per Post. Sie können auch jederzeit die Service-Telefone bemühen: 0 61 72/10 82 22 oder 0 30/69 03 42 22, allerdings sind diese Nummern oft belegt.

Ich möchte für die Ausbildung meiner Kinder sparen. Kann ich ein Konto auf den Namen des Nachwuchses einrichten?

Ja natürlich. Nur allein erziehende Eltern müssen das Sorgerecht nachweisen, bei gemeinsam Erziehenden genügen beide Unterschriften.

Warum soll ich überhaupt deutsche Staatspapiere kaufen?

Weil sie so ziemlich die sichersten auf der Welt sind. Im Länder-Rating liegt die Bundesrepublik Deutschland auf Rang zwei gleich hinter der Schweiz; also wenn Sie es noch sicherer haben möchten, bleibt Ihnen nur noch der Weg in die Schweiz.

Das mit den Zinsen ist mir noch nicht ganz klar. Worauf muss ich achten?

Wenn Sie über den Kauf eines Sparbriefs nachdenken, so sollten Sie unbedingt das Zinsrisiko erwägen: In Zeiten tiefer Zinsen gekauft, liegt Ihr Geld zu diesen Bedingungen fest, und wenn die Zinsen steigen, haben Sie keine Möglichkeit, das Papier zu verkaufen und in eine bessere Anlage einzusteigen. Werfen Sie also einen Blick auf die aktuelle Zinsentwicklung! Sind Zinssenkungen zu erwarten, bieten Sparbriefe ein gute Möglichkeit, den – momentan noch besseren – Zinssatz in die Zukunft zu retten.

Was ist der Effektivzins?

Der tatsächliche Zins in Prozent. Er gibt die Verzinsung unter Berücksichtigung aller Kosten und des Kaufkurses eines Wertpapiers an.

DER GELD- UND DEVISENMARKT

Sie haben Ihre Traumwohnung gefunden! Der Termin beim Notar ist in zwei Wochen und Sie haben sich mit dem Verkäufer der Wohnung darauf geeinigt, dass Sie bezahlen, sobald der Mieter draußen ist – in sechs Monaten. Sie haben 150 000 Euro flüssig und wollen damit bis zum Zahlungstermin über eine Anlage noch zusätzliches Geld verdienen. Und Sie wissen: Ohne Risiko kein Gewinn – und bei Anlage in verheißungsvolle Aktien stehen Sie vielleicht nach sechs Monaten zum Zahlungstermin statt des erhofften 15-Prozent-Plus mit 20 Prozent im Minus.
Also ist in einer solchen Situation (150 000 Euro auf dem Konto für eine Überweisung in sechs Monaten) nur ein Rat zu geben: Investieren Sie in den Geldmarkt! Dieser bietet Ihnen den Kauf von Wertpapieren mit einer kurzen Laufzeit (ein Jahr oder kürzer) an. Die Zinsen sind niedrig, doch die Sicherheit, nichts zu verlieren, ist groß. Beweggründe für eine solche Anlage in den Geldmarkt sind neben dem erwähntem Beispiel auch unsichere Märkte ganz allgemein. So kann viel dafür sprechen, Ihr Geld lieber sicher anzulegen, um es in kurzer Zeit abrufen zu können – beispielsweise wenn sich interessante Investments anbieten.

Festgelder

Die kurzfristigen Wertpapiere werden Festgelder, Termineinlagen oder Termingeld genannt. Sie als Kunde stellen der Bank für eine bestimmte Zeit und gegen Verzinsung einen bestimmten Geldbetrag (in Allgemeinen ab 50 000, aber auch zum Teil bereits ab etwa 2 500 Euro) zur Verfügung. Dies bei kleinstem Risiko, da es sich im Normalfall um seriöse Banken handelt. Sie wählen je nach Ihren Bedürfnissen eine kürzere oder längere Laufzeit. Üblich sind bei Festgeldern Laufzeiten zwischen einem Monat und einem Jahr. Sie können Ihr Geld aber auch bis zu einem bestimmten Zeitpunkt anlegen, also etwa ab heute bis zum 28. des Folgemonats. Danach bekommen Sie Ihr eingesetztes Kapital zurück plus der aufgelaufenen Zinsen. Im Übrigen haben Sie meist die Möglichkeit, die Anlagedauer zu verlängern.
Die Zinsen orientieren sich an den Leitzinsen der Bundesbank: Wenn Diskont- und Lombardsatz auf hohem Niveau sind, gibt es fürs Festgeld ganz nette Zinsen. Im Umkehrschluss gilt: Niedrigzinsphasen bringen beim Termingeld nur mageren Ertrag. Der Zinssatz wird jeweils auf ein Jahr gerechnet. Bei den meisten Banken wird außerdem eine Gebühr erhoben, deren Prozentsatz sich ebenfalls auf ein Jahr bezieht.
Bevor Sie Ihre liquiden Mittel in Festgeld investieren, sollten Sie sich die aktuelle Zinskurve anschauen oder diese sich von Ihrem Kundenberater erklären lassen. In Zeiten niedriger Zinsen, wenn also etwa zu erwar-

tipp

Vereinbaren Sie bereits bei Vertragsabschluss, wohin das Geld nach Ablauf der Anlagedauer hin soll – meist Ihr Girokonto. Tun Sie dies nicht und vergessen Sie, mit Ihrer Bank darüber zu sprechen, so verlängern manche Geldinstitute in der Annahme, Ihnen etwas Gutes zu tun, die Laufzeit und Sie kommen nicht an Ihr Geld!

ten ist, dass in den nächsten Wochen oder Monaten die Zinsen durch die Notenbank angehoben werden, sollten Sie nicht zu lange investieren. Es gelten die gleichen Überlegungen, wie wir sie bei den Anleihen gemacht haben. Wenn Sie sich heute für sechs Monate festlegen und in zwei Wochen die Zinsen angehoben werden, so müssen Sie abwarten, bis Ihr Festgeld abgelaufen ist – es sei denn, Sie steigen aus dem Festgeld aus und zahlen eine Strafe, auch Penalty genannt. Aber das lohnt sich schon gar nicht. Haben Sie sich jedoch nur für einen Monat festgelegt, so können Sie sich bei der Rückzahlung überlegen, welche Laufzeit aktuell Sinn macht.
Festgelder müssen nicht unbedingt in der heimischen Währung gekauft werden; wenn Sie etwas mehr übrig haben und ein wenig Spannung in die Sache bringen wollen, fragen Sie in Ihrer Bank doch mal nach **Währungseinlagen**, zum Beispiel in US-Dollar, britischen Pfund, CHF oder auch Yen. Hier kommt das Währungsrisiko hinzu – das heißt aber auch, dass bei Wertsteigerungen der ausländischen Devise der Ertrag des Festgelds entsprechend steigt.
Der Anleger sollte darauf achten, dass hohe Zinsen geboten werden, um das Währungsrisiko auszugleichen.
Neben den Festgeldern gibt es noch das **Callgeld** – so genannt, weil es jeweils innerhalb von 48 Stunden abrufbar ist. Möchten Sie also absolut flexibel bleiben und haben Sie eine große Summe (ab 200000 Euro), dann wählen Sie das 48-Stunden- oder Callgeld.
Da man zum heutigen Zeitpunkt von mittelfristig wieder leicht steigenden Zinsen ausgeht, sind die Zinssätze umso höher, je länger Sie sich festlegen. Wenn der Markt allerdings mit mittelfristig fallenden Zinsen rechnet,

tipp

Rechnen Sie genau, wenn Sie an eine Festgeldanlage denken: Der Zins eines kleinen, lediglich kurzfristigen Investments wird oft durch die Minimumgebühren aufgefressen.

Treuhandanlagen unterliegen nicht der Quellensteuer, normale Festgeldanlagen jedoch schon.

Verlockend hohe Zinsen sind oft mit Rückzugsbeschränkungen verbunden – zuerst abklären.

Beispiel: Zinssätze vom 24.1.2002

	Callgeld	1 Monat	3 Monate	6 Monate	12 Monate
US$	1,5	1,57	1,60	1,75	2,18
CHF	1,25	1,5	1,5	1,61	1,85
GBP	3,5	3,7	3,8	3,88	4,19
EUR	3	3,18	3,18	3,25	3,42

Produktkompass Festgelder

Kurzfristiges Investment für größere Summen. Besser als Sparbuch oder gar Girokonto, um Bares zu parken, besonders in Hochzinsphasen.

Renditechance	Risiko	Aufwand	Kosten
→	↘	↘	↘

werden umgekehrte Konditionen geboten: Je kürzer Sie Ihr Geld anlegen, desto besser sind die Konditionen. So gesehen sind die Festgeldzinsen ein Barometer für die Stimmung am Markt.

Treuhandanlagen

Ihre Bank nimmt treuhänderisch (fiduzarisch) einen bestimmten Betrag entgegen und platziert diesen für eine bestimmte Zeit und zu einem bestimmten Zinssatz bei einer ausländischen Bank. Das Geld wird in diesem Fall unter dem Namen der vermittelnden Bank, aber auf Rechnung und Gefahr des Kunden angelegt. Die Erträge sind von der Verrechnungssteuer befreit, falls ein schriftlicher Vertrag zwischen Bank und Kunde besteht. Es handelt sich also um ein Festgeld wie oben beschrieben, lediglich mit dem Unterschied, dass es an eine ausländische und nicht an die eigene Bank ausgeliehen wird.

Devisenmarkt

Obwohl es sich hier nicht um Investments im eigentlichen Sinne handelt, können Sie sich im Folgenden darüber informieren, wie Sie Ihr Geld am Devisenmarkt anlegen und damit Gewinne oder aber auch Verluste erzielen.

Kassageschäft

Kennzeichnend für dieses Börsengeschäft ist, dass der Vertragsabschluss und die Vertragserfüllung gleichzeitig erfolgen. Sie gehen, falls Sie in die Schweiz reisen möchten, zu Ihrer Bank, legen 1 000 Euro auf den Tisch und erhalten dafür etwa 1 540 CHF. In dem Moment, wenn Sie am Schalter sind, wird der aktuelle Wechselkurs festgestellt und entsprechend werden Ihre Euro in CHF gewechselt.
Oder aber Sie lassen sich keine Fremdwährung auszahlen, sondern Sie übertragen Geld von einem Konto aufs andere. Sie haben zum Beispiel keine Liquidität auf Ihrem Euro-Konto, jedoch Geld auf dem CHF-Konto. Und da Sie gestern Siemens-Aktien gekauft haben, wird Ihr Anlageberater einen Übertrag vom CHF-Konto auf das Euro-Konto vornehmen. Bei diesem Übertrag wird ein Devisenkurs angewendet, der immer ein wenig besser ist als der Kurs beim direkten Währungswechsel am Kassenschalter. Für diese Vorgänge verlangen die Banken zwar keine Gebühr, sie nehmen sich jedoch ein Stück vom Wechselkurs. Mit anderen Worten: Für den Franken, den Sie kaufen, werden Sie mehr bezahlen müssen, als in der Zeitung steht. Zusätzlich zu beachten: Je größer der Betrag, den Sie wechseln, desto besser ist der Kurs für Sie.

Termingeschäft

Vertragsabschluss und -erfüllung liegen hier zeitlich auseinander. Bei Vertragsabschluss werden alle Bedingungen fixiert und am Erfüllungstermin erfüllt. Sie werden meistens auf den Ultimo (letzter Tag des Monats) abgeschlossen (liefern oder abnehmen). Auch dieses Geschäft hat seinen Ursprung nicht in der Spekulation – vorrangig ging es darum, den Handel zu erleichtern.

Ein anschauliches Beispiel ist die Problematik eines Reisebüros. Angenommen Sie planen eine Amerikareise. Es ist Januar, die Reiselust packt Sie – und dazu kommt, dass schöne Hotels fürs »Christmas shopping« meist bereits ab Jahresmitte ausgebucht sind. Sie gehen also zu Jahresanfang ins Reisebüro und erkundigen sich nach den Preisen. Bereits im Februar wird gebucht und die Kosten sind fixiert, eine erste Anzahlung ist bereits getätigt. Das Reisebüro muss die Hotelübernachtungen und die Flugtickets jedoch erst in drei oder fünf Monaten zahlen, und zwar in US-Dollar. Sie aber haben die Rechnung in Euro bezahlt. Folgende Szenarien sind nun möglich:

→ Der Euro bleibt schwach oder wird sogar noch schwächer; der US-Dollar jedoch kann sich dank positiver Wirtschaftslage langsam verbessern. Pech für das Reisebüro – das mit dem immer schwächer werdenden Wert des Euro den immer teuren US-Dollar kaufen muss, um die Rechnungen zu begleichen, und so vermutlich statt eines Gewinns einen Verlust erwirtschaftet.

→ Das Gegenteil – eine Erholung des Euro gegenüber dem Dollar – würde dem Reisebüro jedoch einen schönen Gewinn bescheren!

Der Anlass für ein Termingeschäft sollte ursprünglich also die Absicherung einer Position (Beispiel Reisebüro oder Großauftrag einer Firma) sein. Sehr oft jedoch wird heutzutage reine Spekulation betrieben. Als zum Beispiel vor Einführung des Euro viele Stimmen einen starken Euro und dementsprechend einen schwachen Dollar ankündigten, gab es unzählige Investoren, die den Dollar auf Termin verkauften. Sie erwarteten einen fallenden Dollar-Kurs. Das bedeutet, dass sie am Tag der Lieferung den Dollar günstig auf dem Devisenmarkt einzukaufen erhofften, um ihn zum abgemachten (höheren) Kurs verkaufen zu können. Leider ging diese Rechnung nicht auf – die Verluste waren entsprechend groß.

selbsttest 1

1) Was versteht man unter Stückzins?
2) Welches ist die Referenzwährung des Musteranlegers D?
3) Wann ist der Preis einer Anleihe über pari?
4) Entspricht der Zinssatz einer Anleihe der Rendite dieser Anleihe?
5) Was könnte ein Grund sein, die Anleihe eines BBB gerateten Emittenten zu kaufen?
6) Welches sind die drei typischen Merkmale von Zero-Bonds?
7) Wie heißt die Anleihe, bei der Sie die Möglichkeit haben, vom Gläubiger zum Teilhaber zu werden?

(Auflösung im Service, Seite 178)

1000 & 1 frage

Geldmarkt – das klingt für mich irgendwie abstrakt. Was nützt mir als Durchschnittsanleger diese Investitionsform?

Der Geldmarkt kann sehr nützlich sein. Zum Beispiel Ihre »eiserne Reserve« – idealerweise 10000 bis 20000 Euro – können Sie in Festgeldern parken. Selbst wenn Sie das Geld »morgen« brauchen, weil Sie etwa eine Rechnung bezahlen müssen, so können Sie meist mit der die Rechnung stellenden Person oder Firma über ein etwas längeres Zahlungsziel verhandeln.

Warum sollte ich mein Geld in Festgeld investieren, wenn doch die Zinsen so tief sind?

Gute Gründe sind zum Beispiel:
Sie planen eine größere Anschaffung, etwa einen Wohnungs- oder Hauskauf. Sie haben bereits eine größere Summe zusammen, wissen aber noch nicht genau, wann Sie das Geld wirklich brauchen, und möchten es daher kurzfristig noch für einen netten Zinsertrag nutzen.
Oder Sie möchten grundsätzlich in nächster Zeit wieder in Aktien investieren, trauen aber den Märkten noch nicht so recht und wollen daher kurzfristig Ihr Geld parken.

Kann man Währungsfestgelder überhaupt als sicher bezeichnen?

Nein – bedingt durch das Währungsrisiko. Ein Beispiel: Sie investieren in Festgelder der Währung A bei einem Zinssatz von 5 Prozent Solange das Verhältnis der Währungen gleich bleibt oder sogar der Euro sinkt, machen Sie mindestens 5 Prozent Gewinn. Wenn jedoch A gegenüber dem Euro um beispielsweise 10 Prozent verliert, machen Sie, ausgehend von der eingesetzten Summe, Verlust, nämlich -5,5 Prozent. Oder andersherum ausgedrückt: Bei einem Kursverlust von 10 Prozent muss der angebotene Zins bei 11,11 Prozent liegen, damit Sie plus/minus null Ihr eingesetztes Geld zurückbekommen. Hinzu kommt dann noch die Inflation!

Sind Devisengeschäfte vorausberechenbar so wie Anleihen oder Festgelder?

Nein. Wir befinden uns hier in einem sehr unsicheren Risikobereich, das heißt, Termingeschäfte sind eher was für Spekulanten. Der Einsteiger sollte unbedingt seine Finger davon lassen.

Festgeld klingt ja ganz vertrauenerweckend. Ich möchte gerne einsteigen, aber das notwendige Kleingeld fehlt mir. Gibt es da Möglichkeiten?

Ja. Auf Seite 153 werden die Geldmarktfonds vorgestellt. Hier sind Einsteigersummen ab etwa 1000 Euro möglich.

Und wie sieht es mit der Sicherheit aus?

Money Market Funds investieren zum Beispiel in Schatzwechsel der Regierungen, erstklassige Staats- oder Industrieanleihen oder in Depositenzertifikate der großen Banken (vergleichbar den mündelsicheren Papieren). Und in Zeiten steigender Zinsen bieten sie interessante Konditionen.

Aktien und Fonds

Wie Sie Ihr Geld sicher oder mit wenig Risiko anlegen können, wissen Sie nun. Jetzt folgt Teil zwei: von »ein bisschen mehr Risiko« bis »Nervenkitzel«. Das Interesse am Geldverdienen an der Börse ist groß, keine Nachrichtensendung, die nicht über die tagesaktuellen Entwicklungen und Trends berichten würde. Da liegt es nahe, dieses Geschehen genauer unter die Lupe zu nehmen. So können Sie entscheiden, ob Sie sich auch hier zu Hause fühlen und mit dem einen oder anderen Produkt einsteigen wollen.

ERST ANALYSIEREN, DANN ENTSCHEIDEN

Das ist einer der wichtigsten Punkte, wenn Sie an eine Investition in Aktien und Co. denken, schließlich werden Sie wohl kaum gedankenlos ein Papier einer maroden Firma kaufen wollen, die höchstwahrscheinlich in ein paar Woche Konkurs anmelden muss und keinem Anleger auch nur einen Cent zurückzahlen kann. Wenn Sie kein Vermögensverwaltungsmandat erteilt haben, werden Sie sich wohl mit der Analyse ein wenig beschäftigen müssen. Aber keine Angst – auch diese Geheimnisse öffnen sich Ihnen und Sie werden selbst entscheiden können, worin Sie investieren möchten.

Tagtäglich werden wir von vielen unterschiedlichen Informationen überflutet. Neben sachlichen Berichten über Unternehmen bei Managementwechsel, guten oder schlechten Halbjahresergebnissen oder über die Entdeckung eines neuen Impfstoffes erreichen uns auch Neuigkeiten aus Politik und Wirtschaft, oder Berichte über Umweltkatastrophen. Alle diese Informationen müssen in ihrer Komplexität verarbeitet, ihre möglichen Folgen richtig eingeschätzt und entsprechend ernst genommen werden.

Einige dieser Umstände haben – manchmal sogar gravierende – Auswirkungen auf den Verlauf der Märkte und das Auf und Ab der Aktien. Ein Beispiel: Kaum kündigt ein börsennotiertes Unternehmen an, seine Mitarbeiterzahl zu reduzieren, steigt auch schon der Kurs seiner Aktien. Oder wenn zwei Unternehmen öffentlich übers Fusionieren reden, merkt man das ebenfalls an der Börse. Anleger reagieren sogar auf völlig aus der Luft gegriffene Gerüchte – immer wieder kommt es vor, dass ohne reale Grundlage von Änderungen in der Unternehmensstruktur einer Firma berichtet wird. Die Folge ist, dass die Börsenwerte dieses Unternehmens völlig unkontrolliert schwanken, selbst wenn die Unternehmensleitung schnellstmöglich betont, dass all diese Behauptungen jeder realen Grundlage entbehren.

> **tipp**
>
> Sie haben Aktien im Depot und verwalten Ihre Anlagen selbstständig? Lassen Sie sich von den Nachrichten über »Ihre« Unternehmen nicht kopflos machen. Überprüfen Sie etwa anhand weiterer Quellen, wie hoch der Wahrheitsgehalt der Reportagen ist.
> Und auch wenn die Nachrichten direkt aus dem Unternehmen kommen: Überstürzte Reaktionen schaden im Allgemeinen mehr, als sie nutzen. Behalten Sie einen kühlen Kopf.

Das Auf und Ab der Märkte

Die Börse hat in den seltensten Fällen etwas mit Logik zu tun. Diese Weisheit mussten viele Neubörsianer seit dem Frühjahr 2000 schmerzhaft erfahren. Die Bewegungen der Börsen waren weder bei den übertriebenen Notierungen noch im Absturz nach unten rational zu erklären – sie wurden vielmehr durch die Psychologie der Investoren beeinflusst.

Unsere Gier und unsere Angst sind die Motoren, die die Börse in ihre Extreme bewegen.

Die Hausse am Neuen Markt, die Aktientitel in den Jahren 1999 und 2000 in kürzester Zeit zu Höchstkursen führte, wurde zum Beispiel durch dieses Phänomen genährt. Das heißt nichts anderes als: Die Kurse stiegen immer weiter, eben weil sie stiegen. Jeder wollte dabei sein, löste sein Sparkonto auf, nahm seine liquiden Mittel und stieg in den verheißungsvollen Neuen Markt ein. Der stetige Geldfluss ließ die Märkte weiter klettern und als Folge wurden die Anleger immer gieriger.
Waren wir vor Jahren mit einem Ergebnis von 20 Prozent noch mehr als zufrieden – und sind es auch heute wieder –, so stiegen 1999 und 2000 die Ansprüche an die Gewinne in Dimensionen von 500, ja bis 1 000 Prozent. Irgendwann kippte die Stimmung – der wirkliche Auslöser lässt sich nicht festmachen — und den Anlegern fiel es wie Schuppen von den Augen: Sie hatten horrende Preise für Firmen bezahlt, die im Extremfall nicht mehr vorzuweisen hatten als nicht nachprüfbare Planzahlen und eine Internetseite mit viel versprechenden Ankündigungen.
Jeder Anleger sollte daher unterscheiden zwischen »Wachstumsaktien«, die mit Vorsicht zu genießen sind, da das Risiko nur schwer einschätzbar ist, und »Wertaktien«, von denen man nach kurzfristigen Wertminderungen erwarten darf, dass sie wieder steigen.

Wachstumsaktien oder »Growth shares«

Bei diesen Papieren wird nicht der eigentliche Unternehmenswert gezahlt, der sich mithilfe einer Bilanz berechnen lässt, sondern auch das geplante – zumindest erhoffte – Wachstum. Konkret heißt das: Sie haben nicht mehr in der Hand als die Hoffnung, ja die Vision, dass dieses Unternehmen in naher oder ferner Zukunft zu den großen Mitspielern seiner Branche gehört. Wenn Sie Pech haben, platzt diese Hoffnung wie eine Seifenblase und Sie müssen mit ansehen, wie diese Firma Bankrott macht und Ihre Aktien wertlos werden. Beispiele dafür gibt es genügend.

Wertaktien oder »Value shares«

Hier handelt es sich um Unternehmen oder Konzerne, die in der Vergangenheit bereits bewiesen haben, dass sie rentabel arbeiten – also mit ihrem Know-how und ihren Produkten Gewinne erzielen. Diese Aktien weisen in der Erfolgsrechnung Gewinne aus und Sie als Aktionär sind daran beteiligt: zum einen im Rahmen der Dividendenzahlung, zum anderen durch die ständige Wertsteigerung der Aktie. Selbst bei schlechten Börsenzeiten und Krisen können Sie davon ausgehen, dass sich Ihre Wertaktien langfristig wieder erholen werden, da hinter den Papieren und Zahlen ein solides Unternehmen mit einer guten Eigenkapitalbasis steht.

Finanzanalyse

Gehen wir einmal davon aus, Sie sind in der glücklichen Lage wie unsere Musteranlegerin B, haben also eine schöne Prämie bekommen oder eine Erbschaft gemacht. Die Summe möchten Sie nun langfristig investieren. Sie können also mit gutem Gewissen Aktien kaufen. Die große Frage lautet nun: Welche Aktien soll ich kaufen und zu welchem Zeitpunkt soll ich einsteigen? Die Beantwortung dieser Fragen gehört zu den wesentlichen Aufgabe der Finanzanalysten.
Die Finanzanalyse wird in zwei Hauptsparten unterteilt – die fundamentale und die technische Analyse. Ziel ist, eine verbesserte Performance zu erzielen und zufriedene Kunden zu haben. Da fast jede Bank ihre eigenen Analysten hat, können Sie sich vorstellen, dass die Konkurrenz groß ist und gute Spezialisten sehr gesucht sind. Der Ruf eines Finanzinstitutes wird auch stark durch die Fähigkeiten

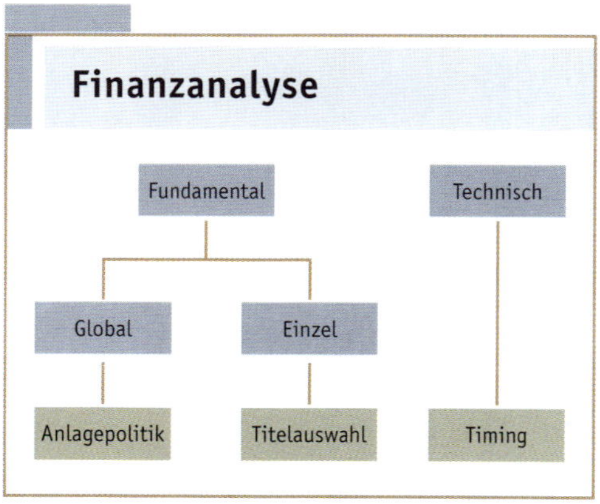

und Erfahrungen seiner Analysten beeinflusst, denn sie tragen maßgeblich zur Performance des Depots bei.
Die Finanzanalysten versuchen, aus der riesigen Anzahl von weltweit verfügbaren Wertpapieren und sonstigen Anlagemöglichkeiten diejenigen auszuwählen, die das Erreichen der gesteckten Anlageziele am ehesten versprechen. In diesem Sinne werden die interessant erscheinenden Unternehmen in Bezug auf ihre Kaufwürdigkeit überprüft.

Fundamentalanalyse

Viele Faktoren bestimmen die Kursverläufe an den Börsen. Mit reiner Logik sind manche Entwicklungen jedoch nicht zu verstehen. Diese Erfahrung bestätigen fast alle, die sich mit der Börse auseinander setzen. Dennoch geht man in der Fundamentalanalyse davon aus, dass die Märkte zu 90 Prozent logisch und nur zu 10 Prozent psychologisch beherrscht sind und auch entsprechend reagieren.
Die Fundamentalanalysten versuchen, anhand von bekannten Fakten – kombiniert mit zu erwartenden Auswirkungen – den Kursverlauf der Aktien vorherzusagen. Die Verfechter der Fundamentalnalyse glauben, dass eben diese Faktoren die Kursentwicklung hauptsächlich beeinflussen. Demzufolge werden die Kurse bei positiven fundamentalen Daten steigen und fallen, wenn negative fundamentale Daten vorliegen.
In einem ersten Schritt werden Daten über den Stand der Konjunktur, Währungsentwicklung und Zinsen sowie über die unterschiedlichen Branchen gesammelt. Dieser Teil wird Globalanalyse genannt. In einem zweiten Schritt, der Einzelanalyse, werden die Daten der interessant erscheinenden Firmen analysiert. Diese Schritte sind sehr zeitaufwändig und die große Kunst besteht in der richtigen Interpretation und Umsetzung der Informationen.
Ihnen ist sicher auch schon aufgefallen, dass unterschiedliche Bankhäuser und Analysten bei gleicher Ausgangslage jeweils unterschiedliche Szenarien für die Zukunft vorhersagen. Die einen empfehlen zu kaufen (»buy« oder »strong buy«), die anderen empfehlen, die Aktie zu halten (»hold«) oder gar zu verkaufen (»sell«). Oder Sie lesen, dass die eine Bank davon überzeugt ist, der Dollar werde gegenüber dem Euro im Jahresverlauf steigen, ein anderer bekannter Analyst jedoch auf einen starken Euro schwört.

Technische Analyse

Diese soll schließlich Aufschluss darüber geben, zu welchem Zeitpunkt ein Engagement in einer Aktie Erfolg verspricht beziehungsweise wann Sie sich von Ihrer Lieblingsaktie trennen sollten – solange sie noch im Gewinnbereich ist.
In einem ersten Schritt, der so genannten **Globalanalyse**, werden langfristige politische und wirtschaftliche Strömungen untersucht. Die große Frage in der Globalanalyse lautet also: »Wohin bewegt sich die Welt / ein konkretes Land / unsere Gesellschaft?«. Dieses Vorgehen heißt Top-down-Approach. Stellen

Sie sich einen Trichter vor – oben breit und gegen unten verjüngt. Am Anfang wird dieser Trichter mit vielen Daten gefüllt, die im Verlauf der Analyse immer mehr verdichtet werden. Am Schluss dieses Prozesses soll Ihr maßgeschneidertes Depot herauskommen. Das Weltbild ist in diesem Top-down-Approach die eigentliche Basis für oder gegen eine Anlageentscheidung. Neben Kriegen und Unruhen wirken unterschiedliche politische Veränderungen – wie zum Beispiel der Fall der Mauer in Deutschland – auf die Märkte ein. Demographische Entwicklungen, wie die zunehmende Alterung der Gesellschaft, gewinnen auch immer mehr an Gewicht. Ebenfalls zu beachten sind wirtschaftliche Veränderungen oder Konjunktureinbrüche, wie sie zum Beispiel durch die Terroranschläge am 11. September 2001 in New York stattfanden. Als Folge der großen weltweiten Verunsicherung, die nach den Terroranschlägen um sich griff, war eine spürbare Schrumpfung der gesamten Weltwirtschaft bis hin zur Rezession in einzelnen Ländern zu beobachten.

Aktuelle Einflüsse wirken jedoch nur als Katalysatoren für langfristige Trends. Das bedeutet: Die Weltwirtschaft war bereits in einer tiefen Krise. Die Attentate vom 11. September 2001 haben lediglich zur Verstärkung und Beschleunigung der rezessiven Entwicklung beigetragen.

Wie in der folgenden Grafik dargestellt, lassen sich immer wiederkehrende Trends beobachten. Anhand des aktuellen Standes lässt sich zumindest annähernd voraussagen, wie es weitergeht.

Der Wirtschaftskreislauf

Alle Länder befinden sich in einem Wirtschaftskreislauf und sie durchlaufen dessen unterschiedliche Phasen immer wieder. Wenn Sie die Regeln dieses Kreislaufs verstehen, werden Sie es zum Beispiel auch besser nach-

Wirtschaftskreislauf

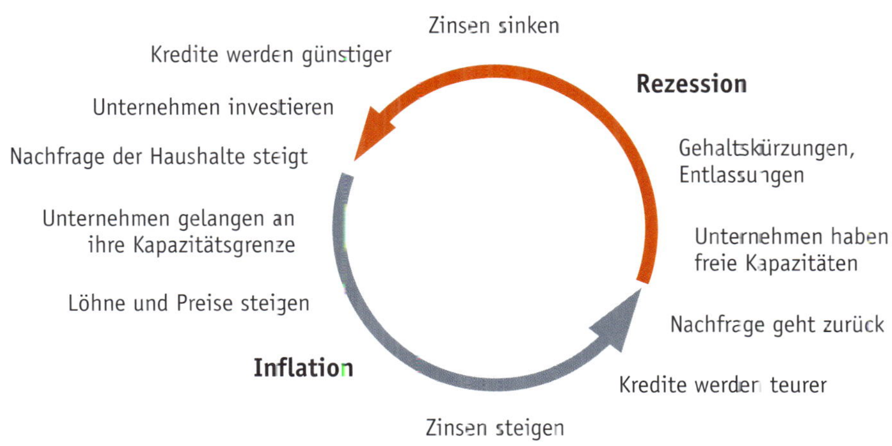

vollziehen können, warum die Börsen mehrheitlich positiv darauf reagieren, wenn der Chef der amerikanischen Notenbank die Leitzinsen drastisch senkt.
Sehen Sie sich den Wirtschaftskreislauf einmal genau an: In Zeiten steigender Löhne neigen auch Sie dazu, sich das eine oder andere außer der Reihe zu leisten. Die Nachfrage nach Gütern aller Art steigt, die Unternehmen gelangen an die Kapazitätsgrenze und die Preise steigen. Wir befinden uns in der Hochkonjunktur und die Zinsen werden durch die Nationalbanken langsam angehoben, um die Konjunktur zu dämpfen und einer Überhitzung mit Inflation entgegenzuwirken. Die Verteuerung des Geldes hat zur Folge, dass weniger Kredite nachgefragt werden. Die Investitionen und der Konsum gehen zurück. Die Unternehmen haben freie Kapazitäten, dies schlägt sich in Gehaltskürzungen und Entlassungen nieder. Wir befinden uns in einer Rezession. Die Nachfrage nach Konsum- und Investitionsgütern geht zurück, die Wirtschaft erlahmt. Die Nationalbanken werden die Zinsen senken, um die Kreditnachfrage und damit die Investitionstätigkeit sowie die Wirtschaft zu stimulieren.
Diese Trends, die sich stark in der Zinsentwicklung der jeweiligen Währung niederschlagen, sind ein wichtiger Indikator für die Aktien- und Anleihenmärkte. Würden Sie in risikoreiche Aktien investieren, wenn Ihnen bei anderen Anlageformen ohne jegliches Risiko 8 Prozent Zinsen angeboten werden? Sind die Zinsen jedoch weltweit auf Tiefständen wie zum Beispiel in den Jahren

Zusammenhang zwischen Zinsen und Aktienmarkt

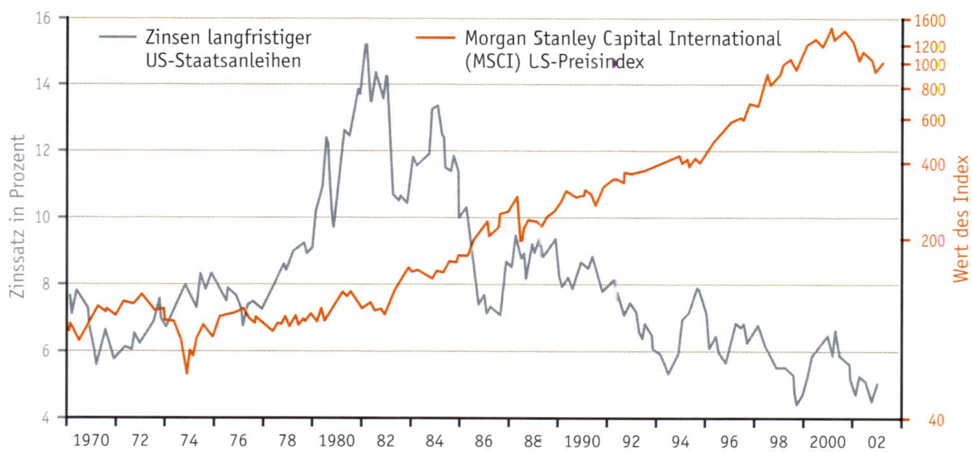

Bei steigenden Zinsen schwächeln die Aktienkurse: Die blaue Kurve gibt die Rendite des US-Government-Bond an (vergleichbar mit der Rendite einer Staatsanleihe). Die rote Kurve zeigt den US-Aktienpreis-Index, also den Verlauf der amerikanischen Aktienkurse.
Quelle: Data Stream

2001/2002, haben Sie kaum eine Alternative zum Aktienmarkt, vor allem wenn Sie einen längerfristigen Ertrag von rund 8 Prozent anstreben.
Die Globalanalyse untersucht und definiert, in welcher Phase des Wirtschaftskreislaufs sich die unterschiedlichen Länder und Märkte befinden. Allein schon die Analyse dieses Ist-Zustands ist schwierig genug, da die einzelnen Phasen jeweils sehr unterschiedliche Zeiträume einnehmen können und sehr viele Faktoren zu berücksichtigen sind. Die Frage »Sind wir noch mitten im Aufschwung oder bereits schon im Boom?« ist also auch von Profis gar nicht so einfach zu beantworten. Davon hängt jedoch ab, welche Empfehlung für die Aktienmärkte die richtige ist.

Frühindikatoren

Die wichtigsten Frühindikatoren in Deutschland sind einerseits die **Auftragseingänge** in der Industrie, die monatlich vom Statistischen Bundesamt veröffentlicht werden. Ein weiterer wichtiger Index ist die **Kapazitätsauslastung** im produzierenden Gewerbe. Bei geringer Auslastung führt eine Produktionssteigerung zu geringeren Kosten. Ist die volle Kapazität jedoch schon erreicht, so führt eine Produktionssteigerung zu höheren Kosten, da neu investiert werden muss. Als Letztes sei der **Ifo-Geschäftsklima-Index** genannt. Das Wirtschaftsforschungsinstitut Ifo befragt jeden Monat 7 000 Unternehmen nach ihrer Konjunktureinschätzung und kurzfristigen Planung. Daraus lässt sich die Stimmung in der Wirtschaft ableiten.
Die Frühindikatoren oder »leading indicators« sind in diesem Zusammenhang wichtige Hilfsmittel. Es handelt sich um Sammelindizes, die den wahrscheinlichen künftigen Wirtschafts- und Konjunkturverlauf anzeigen. Die Veröffentlichung der Leading Indicators in den USA wird jeweils mit Spannung erwartet, vor allem in Zeiten großer Verunsicherung. Ein Anstieg dieser Indizes ist normalerweise positiv, eine Abschwächung negativ zu werten. Diese Zahlen haben unmittelbare Auswirkungen auf die New Yorker Börse. Deren Auf und Ab wiederum beeinflusst zeitgleich die europäischen Börsen. Daher sind Anleger an diesen Zahlen sehr interessiert.
Auch die anderen Volkswirtschaften führen diese Frühindikatoren, die Zahlen werden jedoch nicht mit der gleichen Ernsthaftigkeit wie jene in den USA aufgenommen und zeigen auch nicht die gleiche Wirkung.

wichtig

Wichtige USA-Indikatoren

- ✔ Durchschnittliche Anzahl neuer Arbeitslosengeld-Bezieher (Claims for unemployment insurance)
- ✔ Neue Bestelleingänge von Herstellern (Manufacturers' new orders)
- ✔ Absatzzahlen (Vendors performance)
- ✔ Neue Baubewilligungen für private Häuser (Building permits for new private housing units)
- ✔ Aktienpreise (S&P 500)
- ✔ Geldversorgung (Money supply)
- ✔ Konsumentenerwartungen (Consumer expectations)

Zyklische Analyse

Der Konjunkturverlauf wird gerne auch als Wellenbewegung dargestellt, als so genannter Konjunkturzyklus. Der typische Konjunktur-

Zyklische Analyse

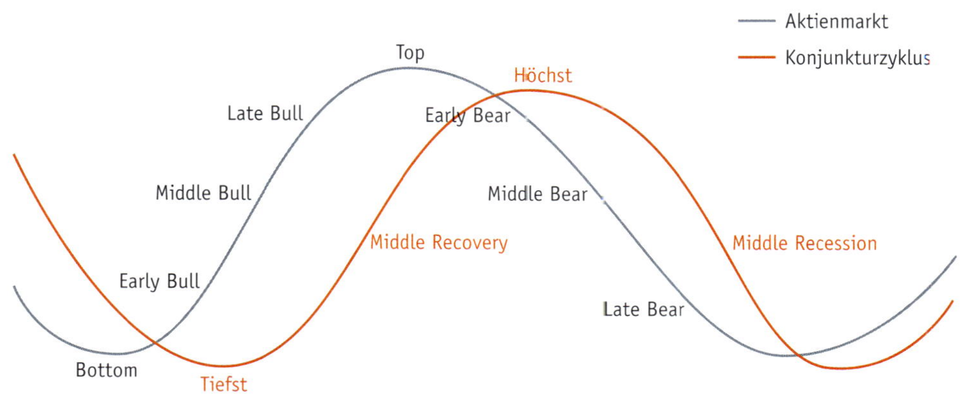

zyklus dauert drei bis acht Jahre und lässt sich, wie bereits im Wirtschaftskreislauf erwähnt, in folgende Phasen gliedern:

→ Ende der Rezession (Depression oder Tiefst)
→ Aufschwung (Erholung oder Recovery)
→ Oberer Wendepunkt (Top oder Höchst)
→ Und wiederum Abschwung in die Rezession.

Aus dem Tiefstpunkt heraus bewegt sich die Welle mehr oder weniger schnell, je nach Wirtschaftslage, über die Erholung wieder auf einen Höchstpunkt zu und wird dann langsam, aber sicher über die Rezession wieder auf einen Tiefstpunkt fallen. Die Kunst der Wirtschaftsverantwortlichen besteht darin, zu starke Ausschläge zu verhindern und somit tiefe Rezessionen wie auch zu starke Inflationen abzuwenden. Wenn das gelingt, spricht man von einer weichen Landung, im Gegensatz zu dem Absturz in eine Rezession.
Die Dauer und das Ausmaß der einzelnen Auf- und Abschwungphasen variieren stark. Außerdem befindet sich der Konjunkturzyklus in verschiedenen Ländern jeweils in anderen Phasen. Mit einer erfahrenen Geld- und Zinspolitik steuern die Nationalbanken diese Wellenbewegungen ihrer Volkswirtschaft, mit dem Ziel, eine weiche Landung oder eine niedrige Inflation zu erreichen.

Anlagezyklus

Die Veränderungen der wirtschaftlichen Aktivität einer Volkswirtschaft bestimmen stets auch die Kursentwicklung der Wertpapiere. Diese Wellenbewegung (in der Grafik die durchgezogene Linie) hat sehr ähnlich verlaufende Phasen wie der Konjunkturzyklus (in der Grafik die gepunktete Linie). Wir bewegen uns hier aus dem Bottom (Tiefst) über den early, middle, late Bull zum Top, um dann über den early, middle, late Bear wieder zum Bottom zu gelangen.
Bulle (Bull) und Bär (Bear) sind Ihnen vielleicht schon einmal begegnet: Vor der Börse in Frankfurt stehen sie an prominenter Stelle, aber auch in New York vor der New York Stock Exchange. Wie Sie aus der Wellenbewegung unschwer erkennen können, steht der

Konjunkturzyklus und Anlageentscheidung

Land	Zinsen	Frühindikatoren	Phase	Interessante Anlageformen/Branchen
USA	Sehr tief	Mehrheitlich +	Quasi-Rezession, Ansatz zur Trendwende	Zyklische Titel, Wachstumswerte
EURO-Land	Noch Potenzial nach unten	Mehrheitlich +	Quasi-Rezession, hinkt USA nach	Zyklische Titel wie Rohstoffe und Industriegüter
Japan	Null-Niveau im kurzen Bereich	Verhalten, keine Änderung in Sicht	Rezession	Maschinenindustrie (profitiert von globaler Wachstumserholung)

Bulle für einen positiven Trend (der Markt ist bullish) und der Bär für einen negativen (der Markt ist bearish).

Woher kommen eigentlich diese Begriffe? Der Bulle stößt mit den Hörner nach oben – wie die steigenden Kurse. Der Bär schlägt mit der Tatze nach unten – er steht also für fallende Kurse.

Der Anlagezyklus nimmt zumeist den Wirtschaftszyklus vorweg, das heißt, die Erwartungen der Anleger eilen jeweils um sechs bis neun Monate voraus.

Für Sie als Investor heißt das, dass Sie darüber nachdenken müssen, welche Anlageform und welche Branchen in welchen Phasen des Konjunkturzyklus am ehesten profitieren könnten. Allein schon diese Feststellung zeigt, dass es nicht darum geht, die »Aktie fürs Leben« zu kaufen. Sie müssen aber nicht tagtäglich neu über den Kauf oder Verkauf von Aktien entscheiden. Es kommt darauf an, Trends zu erkennen, entsprechend zu handeln und überstürzte Reaktionen zu vermeiden.

Nehmen wir einmal an, Sie erfahren heute aus den Nachrichten, dass in drei bis sechs Monaten die Wirtschaft wieder anzieht. Sicher möchten Sie dann Aktien kaufen, die von diesem Aufschwung profitieren könnten. Dafür kommen zyklische Aktien infrage, also Wertpapiere, die auf die Bewegungen des Wirtschaftszyklus besonders schnell reagieren.

Im Gegensatz dazu stehen defensive Aktien. Sie sind relativ immun gegen derartige Schwankungen, können sich jedoch aus anderen Gründen durchaus bewegen. Wie interpretieren Sie nun die Daten? Werfen Sie mal einen Blick auf die Wirtschaftskreislauf- und Konjunkturzyklus-Phasen der USA, Europas und Japans (siehe Tabelle).

Generell lässt sich sagen, dass in der Phase zwischen Inflation und Rezession defensive Titel wie zum Beispiel Versicherungen, Universalbanken, Pharma und Telekommunikationsanbieter gekauft werden sollten, in der Phase zwischen Rezession und Inflation hingegen eher zyklische Titel wie zum Beispiel Baubranche, Immobilien, Industrie und Konsumgüter (Lebensmittel, Tabakwaren). Auch Privatbanken, Energieversorger, Rohstoffe, Autoindustrie, Technologie, Telekommunikationsausrüster und Transportwesen sind denkbare Segmente.

Zyklische Analyse

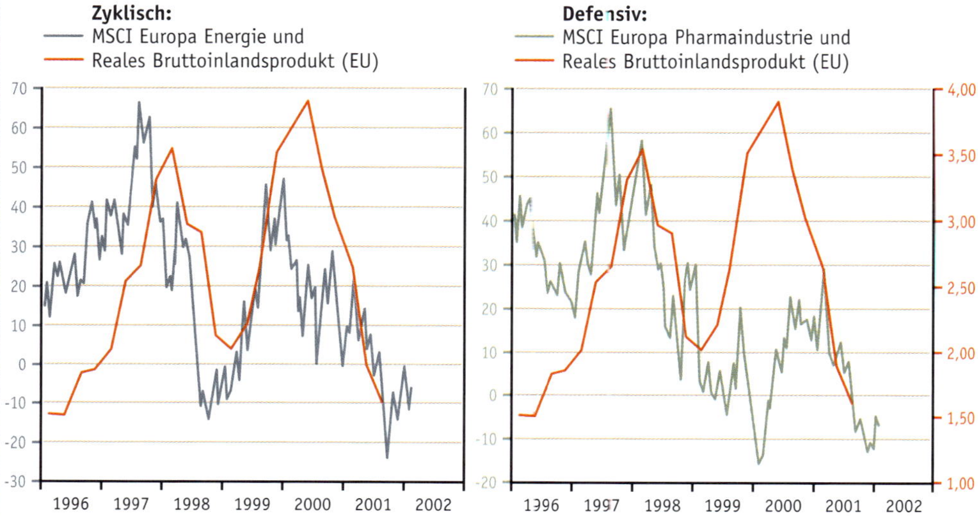

Energiewerte sind zyklische Titel, in Phasen der Hochkonjunktur wird mehr Energie verbraucht als in Phasen der Rezession. Der MSCI Europa Energie (Morgan Stanley Capital International) bildet die Entwicklung aller europäischen Energie-Aktien ab. Sie sehen, dass die Kurve immer ein paar Monate dem Verlauf des Bruttoinlandprodukts (BIP) und somit der wirtschaftlichen Entwicklung Europas vorweggeht. Der MSCI Europa Pharma hingegen geht seine eigenen Wege. Er hat mit der Entwicklung des BIP kaum etwas zu tun. Pharma-Aktien sind defensive Aktien – also nicht zyklisch. *Quelle: Datastream*

Einzelanalyse

Basierend auf der Globalanalyse wird entschieden, welche Anlageformen als Investment empfehlenswert sind. Anhand des Konjunkturzyklus und des damit verbundenen Anlagezyklus werden die Erfolg versprechenden Branchen herausgearbeitet. Im nächsten Schritt geht es darum, die folgerichtige Titelauswahl zu treffen.

Quantitative Einzelanalyse

Im Rahmen der quantitativen Unternehmensanalyse wird die Finanzlage eines Unternehmens unter die Lupe genommen. Das wichtigste Hilfsmittel dafür ist der Geschäftsbericht, der jährlich erscheint. Die Analysten sehen anhand der Bilanz und der Erfolgsrechnung, wie es um das Unternehmen steht, wie groß die liquiden Mittel und das Eigenkapital sind, um auch in schlechten Zeiten zu bestehen, welche Gewinne in den vergangenen Jahren eingefahren und wie sie investiert wurden. Diese Daten müssen jedoch mit Vorsicht behandelt werden. Was im ersten Moment überzeugt, verliert bei genauerem Hinsehen oft ein wenig an Glanz. Bei den Analysten-Meetings, die die meisten Unternehmen regelmäßig abhalten, ergeben sich gute Möglichkeiten, der Wahrheit einen Schritt näher zu kommen. Den Analysten bietet sich hier die Gelegenheit, mit den Verantwortlichen des Unternehmensmanagements ins Gespräch zu kommen und Zahlen zu hinterfragen. Diese Informationen werden anschließend zusammengefasst, ausgewertet und verglichen.

Falls Sie Ihre Anlagen selber tätigen und nicht oder nur selten auf Fachleute angewiesen sein wollen, ist das Thema Kennzahlen Pflicht! Im Serviceteil finden Sie weitere Tipps hierzu. So sind Sie bestens gerüstet, wenn Sie über eine neue Investition in eine bestimmmte Firma nachdenken, den Geschäftsbericht vor sich haben und nun beurteilen wollen, ob dieses Unternehmen wirklich eine Investition wert ist. Anhand der Kennzahlen können Sie abschätzen, ob die Firma in Ihr Portfolio passt und Ihren Ansprüchen an den Konjunktur- und den Anlagezyklus gerecht wird.

Sind Sie allerdings der Meinung, dass dieser Stoff allzu trocken und zeitraubend ist, so geben Sie wahrscheinlich Ihrer Bank ein Vermögensverwaltungsmandat. Auch dann sollten Sie allerdings in dieses Thema hineinschnuppern, um im Gespräch mit Ihrem Anlageberater konkretere Fragen stellen zu können und besser nachzuvollziehen, was mit Ihrem anwachsenden Vermögen passiert.

Das Analysieren kann Spaß machen – besonders wenn Sie Ihr Vermögen selbst managen möchten.

Wichtige Kennzahlen

Bereich/Kennzahl	Einheit	Berechnungsweise
Liquidität		
Cash Ratio	Prozent	$\frac{\text{Flüssige Mittel}}{\text{Kurzfristiges Fremdkapital}}$
Quick Ratio	Prozent	$\frac{\text{Flüssige Mittel + Debitoren}}{\text{Kurzfristiges Fremdkapital}}$
Current Ratio	Prozent	$\frac{\text{Umlaufvermögen}}{\text{Kurzfristiges Fremdkapital}}$
Sicherheit		
Eigenkapitalquote	Prozent	$\frac{\text{Eigenkapital}}{\text{Bilanzsumme}}$
Anlagefinanzierung	Prozent	$\frac{\text{Eigenkapital + langfristiges Fremdkapital}}{\text{Anlagevermögen}}$
Debt/Equity-Ratio (Leverage)/(Hebel)	Prozent	$\frac{\text{Fremdkapital}}{\text{Eigenkapital}}$
Interest Coverage	Zahl	$\frac{\text{Betriebsgewinn (EBIT)}}{\text{Nettozinsaufwand}}$
Rentabilitätskennzahlen		
Bruttogewinn-Marge	Prozent	$\frac{\text{Bruttogewinn}}{\text{Umsatz}}$
Betriebsgewinn-Marge (EBIT-Marge)	Prozent	$\frac{\text{Betriebsgewinn (EBIT)}}{\text{Umsatz}}$
Reingewinn-Marge	Prozent	$\frac{\text{Reingewinn}}{\text{Umsatz}}$
Eigenkapitalrentabilität (ROE- Return on equity)	Prozent	$\frac{\text{Reingewinn}}{\text{Eigenkapital}}$
Return on total assets	Prozent	$\frac{\text{Reingewinn}}{\text{Bilanzsumme}}$
Cashflow-Kennzahlen		
Cashflow-Definition	EUR	Reingewinn + nicht liquiditätswirksamer Aufwand – nicht liquiditätswirksamer Ertrag
Selbstfinanzierungskraft	Prozent	$\frac{\text{Cashflow}}{\text{Investitionen}}$
Verschiedene Kennzahlen		
Vorrats-Umschlagshäufigkeit	Zahl	Umsatz/Vorräte
Personalkostenintensität	Prozent	Personalaufwand/Umsatz
Umsatz pro Mitarbeiter	Währung	Umsatz/Anzahl Mitarbeiter
Gewinn pro Kopf	Währung	Reingewinn/Anzahl Mitarbeiter
Abschreibungssatz	Prozent	Abschreibungen/Investitionen
Wachstumsraten	Prozent	Umsatz, Bruttogewinn, Betriebsergebnis und Reingewinn werden mit den Vorjahresergebnissen verglichen.

Qualitative Einzelanalyse

Hier stehen ganz andere Fragen im Vordergrund: Wie stehen die Unternehmen in ihrem Markt, wer sind die Konkurrenten, wie sind der Stand der Forschung und die zu erwartende zukünftige Entwicklung? (Zum Beispiel in der Pharmaindustrie: Wie viele wichtige Medikamente sind in der Entwicklung oder laufen demnächst Patente oder Lizenzen aus?) Wie stabil ist das Management, wie gut kommuniziert das Unternehmen nach außen? Alle diese und viele andere Fragen mehr stellen sich die Analysten bei der qualitativen Einzelanalyse.

Es kommt immer wieder vor, dass bei der quantitativen Analyse alles für die Attraktivität einer Firma spricht. Das Management ist jedoch so undurchsichtig, der Wahrheitsgehalt der spärlichen Informationen so unsicher, dass die Analysten dennoch von einem Kauf der Aktien abraten.

Banker und Anlageberater wundern sich nicht selten, dass gerade im Bereich der Kommunikation so viele Fehler gemacht werden. Durch das Weitergeben des Geschäftsberichts, der Halbjahres- oder Quartalszahlen (wie in den USA) und das Einflechten der Analystenmeinungen ergibt sich nicht selten ein Schneeballeffekt: Eine harmlose Veröffentlichung wird in einem Zeitungsbericht zu einer ungünstigen Prognose und mutiert im Börsen-TV zur absoluten Horrormeldung. Dann reagieren einige Anleger verschreckt – schon stürzen die jeweiligen Aktienkurse ab und nicht selten mit ihnen die Aktien aus der ganzen Branche.

So gehen jetzt auch in Europa vermehrt Unternehmen zu der in den USA geübten Praxis über, Warnungen zu veröffentlichen, sobald sie befürchten, die gesetzten und meistens auch vor längerer Zeit kommunizierten Gewinn- und Absatzziele nicht erreichen zu können. Getragen wird diese Praxis durch die Befürchtung von US-Unternehmen, andernfalls von Aktionären verklagt zu werden wegen Nicht- oder Falschinformation. Auch dies ist ein Grund, warum solche Prognosen mit Vorsicht zu genießen sind. Ein Beispiel für die komplizierte Börsenpsychologie: Eine Firma veröffentlicht Anfang 2002 die erwartete Gewinnsteigerung von 20 Prozent. Die Aktionäre sind happy, die Aktie steigt. Mitte 2002 korrigiert das Unternehmen diese Zahl auf 10 Prozent. Was passiert? Die Aktionäre geraten in Panik, die Aktien fallen. Warum eigentlich? 10 Prozent sind auch ein netter Zuwachs, der sich in Dividenden und eigentlich auch im Aktienwert niederschlagen sollte. Aber wegen der »schlechten« Nachrichten sinkt die Aktie, obwohl das Unternehmen gesund ist und auch weiterhin Gewinne einfährt.

Sie sehen, auch in diesem Bereich ist neben mathematischem Können viel Fingerspitzengefühl gefordert, was die Suche nach den richtigen Aktientiteln immer schwieriger macht. Clevere Anleger, die die Firma aus obigem Beispiel wirklich kennen und davon ausgehen, dass die Gewinne über Jahre halbwegs konstant bleiben, werden bei den sinkenden Notierungen zuschlagen und so ein nettes Schnäppchen machen.

Was sollte man also kaufen? Werfen wir mal einen Blick auf ein konkretes Beispiel. Die für Investitionen interessanten Aktien werden mit den im Rahmen der Finanzanalyse erarbeiteten Erkenntnissen verglichen und als mehr oder weniger kaufenswert gelistet. Wie Sie anhand des folgenden Research-Berichtes erkennen, wird diese Aktie von den Analysten zum Kauf empfohlen. In einer Kurzanalyse wird zuerst erklärt, was die Analysten dazu bewegt, den Titel so zu empfehlen, in der Fachsprache zu »raten« (englisch »to rate« = einschätzen, bewerten).

Darunter finden Sie unterschiedliche technische Angaben:

Beispiel Research-Bericht

Versicherung XYZ selbst unter pessimistischen Annahmen unterbewertet

Auch falls die Auslandsexpansion misslingen sollte, die Margen im Lebensversicherungsgeschäft massiv sinken und ein hoher Diskontierungsfaktor *(Abschlag, Disagio)* **von 13 Prozent gewählt wird, hat die Aktie ein Kurspotenzial von fast 40 Prozent.**

Angaben pro Titel

Kurs am 7.11.01	**73,8 Euro**
12 Monate Hoch / Tief:	**173 / 49,6 Euro**

(Das sind der Höchst- und der Tiefststand der letzten zwölf Monate, auch ersichtlich aus der Kurve)

Excess Performance vs.:	**3 Mon.**	**6 Mon.**	**12 Mon.**

(Das bedeutet, dass nun der Kurs der Aktie mit den Indizes verglichen wird)

DJ STOXX Insurance	**-9,4%**	**-23,9%**	**-24,9%**

(Sie sehen, dass diese Versicherung eine schlechtere Performance bringt als die Versicherungen aus dem Index)

Neuer Markt Deutschland	**-15,3%**	**+3,4%**	**+19,9%**

(Zeigt die positive Entwicklung gegenüber dem Neuen Markt, Anleger im Neuen Markt hätten also besser die XYZ gewählt, selbst wenn sie unter den Versicherungen in den letzten drei, sechs und zwölf Monaten vor dem 7.11.01 schlechter abschnitt. Noch besser wäre es natürlich gewesen, in andere Versicherer zu investieren.)

Nach diesen Angaben folgen Daten z. B. über die Anzahl aller von der Firma ausgegebenen Aktien, das Marktkapital und die Anzahl der an dem Tag gehandelten Aktien. Die Kursentwicklung wird nun in einer Grafik dargestellt:

selbsttest 2

Welche Auswirkungen haben die folgenden Schlagzeilen auf ein Unternehmen? Zeichnen Sie jeweils einen Pfeil nach oben, unten oder horizontal.

- ✔ Margen unter Druck
- ✔ Halbjahresergebnis über Erwartungen
- ✔ Restrukturierung, Stellenabbau
- ✔ Teure Akquisition
- ✔ Neues Produkt gegen Aids
- ✔ Übernahmeofferte
- ✔ Vorstand wird neu besetzt
- ✔ Aktiensplit
  (Wenn Aktien im Verlauf der Jahre stark gestiegen sind, werden sie »schwer«, das heißt, dass eine Aktie mehrere 100 Euro kostet. Oft werden diese Aktien gesplittet: Aus einer Aktie entstehen dann zum Beispiel 100 Aktien.)

Auflösung im Service, Seite 178

➔ Den aktuellen Kurs sowie den Höchst- beziehungsweise Tiefstkurs im Verlauf der vergangenen zwölf Monate.
➔ Wie sich der Titel im Vergleich zu anderen Märkten in bestimmten Zeiträumen verhalten hat (Europäische Versicherer werden unter dem Begriff »Dow Jones Stoxx Insurance« zusammengegriffen).
Anschließend werden (hier nicht dargestellt) die Anzahl ausstehender Aktien und die Marktkapitalisierung (was nichts anderes heißt als Anzahl Aktien mal Kurs) genannt sowie – in Prozenten – die Aufteilung des Aktienkapitals, also frei verkäufliche, Aktien der Angestellten des Unternehmens, Aktien in Familienbesitz. Dann folgen Angaben zur Anzahl der durchschnittlich gehandelten Aktien und zum Tagesvolumen. Die Erläuterungen finden Sie in kursiver Schrift direkt in der Tabelle. So können Sie das Wichtigste sofort nachvollziehen.
Die Analysten werden diese Firma ständig verfolgen und überprüfen, ob die Aktie nach wie vor kaufenswert ist. Besonders wichtig ist dies, wenn die Aktie vielleicht um 50 Prozent gestiegen ist: Ist die Branche nach wie vor interessant oder ausgereizt? Ist die Aktie nach dem starken Anstieg als teuer zu bewerten und sind andere, günstigere Aktien in der gleichen Branche zu bevorzugen? Gab es einen Wechsel im Management, der für die Zukunft des Unternehmens nicht überzeugt? Gegebenenfalls muss ein neues Rating dieser Aktie veröffentlicht werden.
Für Sie als Investor sind diese Ratings als Hilfestellung bei der Entscheidung zu verstehen,

ob Sie neu einsteigen oder eher den Gewinn mitnehmen und verkaufen sollten.
Neben dem Kaufen (buy), Halten (hold) und Verkaufen (sell) haben Sie sicherlich auch schon die Ausdrücke Underperformer, Marketperformer und Outperformer gehört oder gelesen. Ein Titel wird Marketperformer genannt, wenn die Analysten davon ausgehen, dass er sich wie der Markt bewegt. Bei deutschen Titeln bedeutet dies, dass sie sich wahrscheinlich so entwickeln werden wie der DAX. Wird die Aktie als Outperformer gesehen, so glauben die Analysten, dass sie stärker steigen wird als der DAX, bei einem Underperformer entsprechend weniger.

Chartanalyse

So, jetzt haben Sie sich also – allein oder mithilfe eines Beraters – erarbeitet, was genau Sie haben möchten. Eine große Frage ist noch zu beantworten: Wann soll ich nun die Aktie, die mir so erstrebenswert erscheint, kaufen? Ist sie vielleicht heute gerade sehr günstig und ab morgen beginnt der nächste Höhenflug, den ich natürlich nicht verpassen will? Oder hat dieses Papier so viel zugelegt, dass ich mit einer kleineren oder sogar größeren Korrektur nach unten rechnen muss?
Diese Fragen versucht – zumindest teilweise – die Chartanalyse, auch technische Analyse genannt, zu beantworten. Das Ziel ist das Erkennen von Trendänderungen, die dem fundamentalen Trend normalerweise vorausgehen. Die Chartisten befassen sich mit den Mechanismen der Finanzmärkte, also mit dem Verhalten der Aktienkurse an den Börsen – man könnte sagen, mit der Psyche der Börse, im Gegensatz zur Physis – also den Fundamentaldaten.
Mit grafischen Darstellungen (Charts) werden Kursveränderungen, die sich täglich, wöchentlich oder über länger festgelegte Zeiträume ergeben, untersucht. Daher kommt auch der Name Chartanalyse. Ein technischer Analyst geht davon aus, dass alle relevanten Marktinformationen bereits im Kurs enthalten sind, ausgenommen unerwartete Ereignisse wie Naturkatastrophen oder Terroranschläge. Diese Fakten werden jeweils sehr schnell von den Aktienkursen aufgenommen.
Warum verdienen nun nicht weit mehr Leute viel Geld an der Börse? Die Chartisten meinen – und die Vergangenheit bestätigt dies zumindest teilweise –, der Großteil der Anleger werde beim Kaufen von der Gier und beim Verkaufen von der Angst getrieben. Viele denken, dass ihr Handeln von objektiven Berechnungen geleitet wird, dabei erkennen sie nicht, dass die eigentliche Triebfeder dahinter die Gefühle sind, die im Unterbewusstsein dafür sorgen, dass sie nur auf die Daten achten, die zu ihrer jeweiligen Stimmung passen, und die übersehen, die ihren Gefühlen entgegenstehen. Mithilfe von Charts werden Ihnen Wendepunkte ins Auge springen, die Sie bisher nicht erkennen konnten oder wollten.

was ist was?

Die Globalanalyse definiert die Anlagepolitik, hilft also, sich über die jeweils angeratenen Anlageformen und Branchen klar zu werden.

Die Einzelanalyse hilft einem bei der Auswahl geeigneter Titel.

Die Chartanalyse zeigt den richtigen Zeitpunkt, auch Timing genannt.

Widerstand/Unterstützung

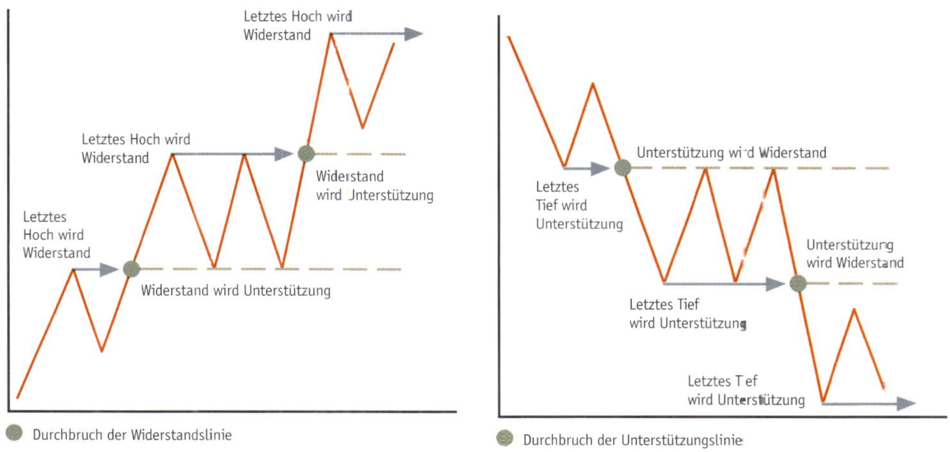

Widerstand

Widerstandslinien sind horizontale Linien. Der Anfang bildet jeweils ein kürzlich eingetretenes Kurshoch. Ein Aufwärtstrend dauert jeweils so lange an, bis das letzte Kurshoch überholt und somit der Widerstand durchbrochen ist. Fällt der Aktienkurs bei diesem Widerstand zurück, heißt das, dass er den Aufwärtstrend nicht bestätigen konnte. Durchbricht er jedoch diesen Widerstand, so wird dieser Kurs (beziehungsweise diese Linie) zur Unterstützung

Unterstützung

Unterstützungs- oder Supportlinien verlaufen ausgehend vom neuesten Kurstief ebenfalls horizontal. Ein Abwärtstrend dauert so lange an, bis der Tiefpunkt beziehungsweise die Unterstützung durchbrochen wird und ein neues Tief erreicht wird. Sie sehen, eine ehemalige Unterstützungslinie wird oft zur neuen Widerstandslinie und umgekehrt.

Trendlinien

Eine Trendlinie verbindet mindestens zwei Punkte miteinander. Um einen Aufwärtstrend darzulegen, werden zwei Tiefs miteinander verbunden, welche so eine nach oben gerichtete Linie ergeben. Bei einem Abwärtstrend werden die zwei Hochs durch eine nach unten gerichtete Linie verbunden. Die Trendlinie wird umso wichtiger und glaubwürdiger, je mehr extreme Kursausschläge durch eine einzige Linie miteinander verbunden werden können. Ein Trend wird gebrochen, wenn der Kurs unter die Aufwärtslinie absinkt oder die Abwärtslinie überschreitet. Neben dem Aufwärts- und Abwärtstrend gibt es auch noch den Seitwärts- oder Konsolidierungstrend. Hier liegen die Höchst- und Tiefstwerte über längere Zeit auf einer Horizontalen, der Kurs kann sich nicht so recht entscheiden, wohin er will. Aber ein kurzfristiger Abwärtstrend kann Teil eines mittelfristigen Aufwärtstrend sein. Auch bei der technischen

Trendlinien

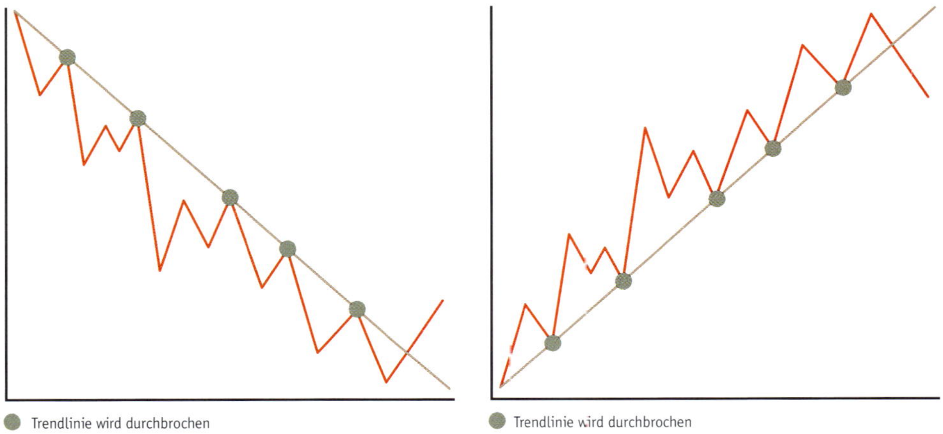

Analyse gibt es unterschiedliche Anlagehorizonte. Die besten Resultate erhalten Sie, wenn alle drei Trends (täglich, wöchentlich und monatlich) in die gleiche Richtung zeigen.

Trendkanal

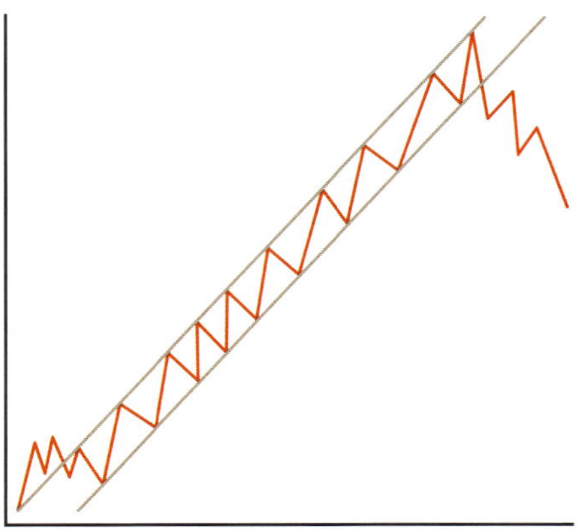

Trend

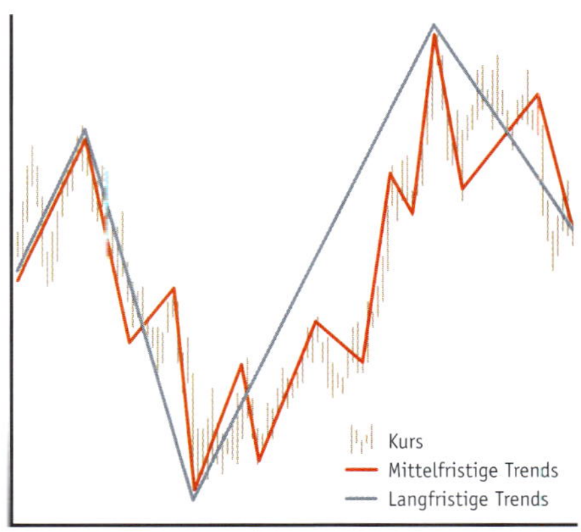

Gleitende Durchschnitte

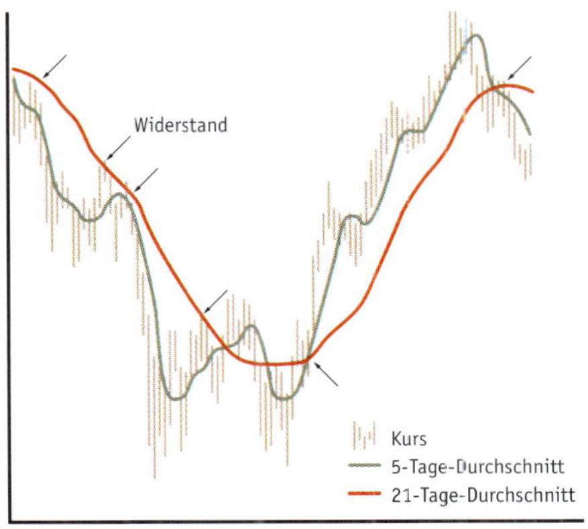

Kopf-Schulter-Trendwende

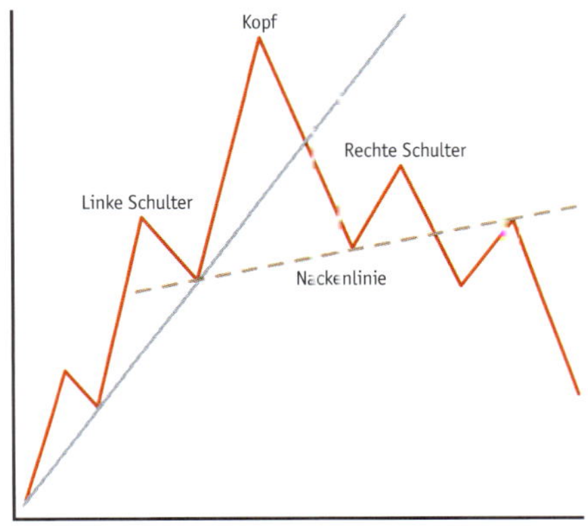

Gleitende Durchschnitte

Gleitende Durchschnitte oder Moving Averages (MA) sind eine bekannte Methode zur Feststellung von Kurstrends. Der verbreitetste ist der einfache gleitende Durchschnitt. Wie zu erkennen wird der Kursverlauf geglättet und es ist ein einfacher Trend zu erkennen. Um zum Beispiel den gleitenden Durchschnitt über fünf Tage auszurechnen, müssen die Schlusskurse der vergangenen fünf Tage summiert und durch fünf geteilt werden. Der gleitende Durchschnitt folgt natürlich der Kursentwicklung. Ein 5-Tage-MA reagiert viel schneller auf Kursveränderungen als ein 20-Tage-MA. Die Gefahr des kürzeren MA besteht darin, dass eher Fehlsignale gesehen werden (Zickzackbewegung). Der Nachteil bei den langen MA ist, dass Chancen möglicherweise nicht wahrgenommen werden.

Je weiter nach oben der aktuelle Kurs vom 21-Tage-MA abweicht, desto größer ist die Gefahr eines Kurssturzes: Ein Crash droht!

Korrekturwellenmuster

Solche Muster können sehr komplex und schwierig zu interpretieren sein. Ist jedoch eine solche Korrektur abgeschlossen, so wer-

tipps

- ✔ Entschließen Sie sich nicht zu früh für Gewinnmitnahmen. Halten Sie sich an einen Trend, bis er gebrochen ist.
- ✔ Lernen Sie zu kaufen, wenn Sie pessimistisch sind und zu verkaufen, wenn Sie euphorisch sind.
- ✔ Die technische Analyse macht nicht nur Spaß, mit ihrer Hilfe lassen sich auch gute Ergebnisse erzielen.

interview

Christoph Barkhalter ist Chartist bei der Bank Vontobel AG. Er verfügt über langjährige Erfahrungen vom Devisenhandel bis zur Chartanalyse.

Welchen Stellenwert hat die Chartanalyse bei den Portfoliomanagern?

Das Interesse wird deutlich größer, da in den schwierigen Märkten vermehrt neue Anhaltspunkte gesucht werden. Langsam, aber sicher hat die Charttechnik (CT) den ihr gebührenden Platz in der Analyse gefunden.

Warum hat die Bedeutung der Charttechnik in den vergangenen Jahren zugenommen?

Die Händler an den Börsen mussten sich schon immer möglichst genau um die Preisentwicklung der Aktien kümmern, da der richtige Zeitpunkt für den Kauf oder Verkauf eine große Rolle im Börsengeschäft spielt. Da immer mehr Anleger aktiv an der Börse mitmachen, mitentscheiden und nicht mehr alles dem Anlageberater überlassen wollen, steigt auch deren Interesse an der CT.

Ein Anlageberater muss in diesen schnellen und stark schwankenden Märkten Hilfs- und Orientierungsmittel zur Verfügung haben. Die CT gibt uns »Chartisten« die Möglichkeit, die Beurteilung besser in den Griff zu bekommen. Wir stecken üblicherweise einen Rahmen für unsere Aktivitäten wie Verkaufs-/Kauf-Limit, Stop-Loss etc. ab. Die CT ist hierfür das richtige Hilfsmittel, da sie dazu zwingt, diszipliniert und sachlich statt emotional zu handeln.

Was kann der Laie mit der Charttechnik anfangen?

Sie gibt dem privaten Anleger die Möglichkeit, Chancen zu nutzen. Und sie lehrt ihn, systematisch zu handeln, das heißt, nicht auf der Basis von Emotionen zu kaufen und zu verkaufen. So wird er motiviert, strukturell durchdacht zu entscheiden. Er lernt, sich an Trends zu orientieren – denn es heißt ja nicht umsonst: »The trend is your friend« – und Potenziale als solche zu erkennen. In jedem Fall wird der Laie mit dem Wissen um die Charttechnik und deren Umsetzung zu einem aufmerksamen Realisten. Und das hat schon so manchen Anleger vor großen Verlusten bewahrt.

Was raten Sie einem privaten Anleger?

Wenn Sie ein größeres Depot haben, können Sie nicht alle Titel ausreichend mittels der CT verfolgen. Entscheiden Sie sich besser, welcher Markt Sie interessiert. Das können Indizes sein (DAX, SMI, NASDAQ etc.), aber auch einzelne Titel. In diesem abgegrenzten Markt können Sie dann mittels Charts arbeiten. Und: Nur in liquide Märkte investieren, sonst finden Sie keinen Käufer/Verkäufer.

den wichtige Informationen im Zusammenhang mit der wahrscheinlichen Entwicklung der nächsten Welle geliefert. Ein bekanntes Muster ist das horizontale Dreieck. In unserem Beispiel bricht der Kurs nach Abschluss der letzten Welle nach oben aus. Gewisse Dreiecke sind fallend, andere steigend oder sie dehnen sich horizontal aus.

Kopf-Schulter-Trendwendeformation

Hier handelt es sich um die bekannteste Umkehrformation. Sie entsteht, wenn ein Aufwärtstrend sich verlangsamt, nicht weiter ansteigt und schließlich ein Abwärtstrend einsetzt. Die umgekehrte Kopf-Schulter-Formation verhält sich entsprechend genau in die andere Richtung, siehe Seite 103.

STEUERN SIE DEN ERFOLG!

Sie sehen, Aktienkurse werden durch eine Vielzahl unterschiedlicher Faktoren beeinflusst. Vorhersehbare, aber auch völlig überraschende Ereignisse können den Kurs Ihrer Aktien in kürzester Zeit steigen, aber auch fallen lassen – und im Normalfall kommen Sie als Anleger zu spät. Diesen Einflüssen sind Sie jedoch nicht ganz machtlos ausgeliefert. Sie haben mehrere Möglichkeiten, den Erfolg zu steuern.

Das Anlagevermögen streuen

Stellen Sie sich vor, Sie hätten vor x Jahren Ihr gesamtes Vermögen in Microsoft investiert und sonst gar nichts: Sie wären heute ein reicher Mensch. Oder aber Sie hätten Ihr gesamtes Vermögen vor zwei Jahren in einen der unbekannteren Titel vom Neuen Markt investiert. Dann hätten Sie heute womöglich keine Wohnung mehr und stünden auf der Straße.

Grundsätzlich kann man sagen: Je mehr Titel Sie in ihrem Depot haben, desto kleiner wird das Risiko. Die Theorie besagt, dass die Risikoverteilung ab 10 bis 15 Titeln wirkt. Denn ein Teil der Aktien wird sich hoffentlich positiv entwickeln, aber Sie müssen auch damit rechnen, dass sich ein Teil der Aktien negativ entwickelt.

Wenn Sie nun Aktien von zehn jungen Neuer-Markt-Unternehmen in Ihrem Depot haben, dann ist die Streuung (Diversifikation) natürlich äußerst gering. Besitzen Sie jedoch Aktien aus unterschiedlichen Branchen und Ländern und Obligationen in verschiedenen Währungen mit unterschiedlicher Laufzeit, dann sieht die Situation schon ganz anders aus. Bei der Diversifikation gilt es also nicht nur, die Anzahl von Investments zu vergrößern, sondern auch in unterschiedlichen Märkte, Branchen, Währungen, Länder, Unternehmensgrößen ... zu investieren und damit Aktien im Depot zu haben, die sich unterschiedlich gegenüber einem bestimmten Risiko verhalten. Fachleute sprechen hier von Aktien, die nicht oder nur gering korrelieren. Anleger, die kein großes Risiko auf sich nehmen wollen, müssen also Anlagen wählen, die negativ oder nur geringfügig miteinander korrelieren.

Titelrisiko

Wie der einzelne Titel sich entwickelt, lässt sich nie genau vorhersagen. Bei nur einer Aktie ist die Wahrscheinlichkeit, dass sie im Kurs steigt, sinkt oder sich nicht ändert, jeweils bei 33,33 Prozent. Die Wahrscheinlichkeit, dass zwei Aktien genau gleich steigen, fallen oder sich neutral entwickeln, ist für den Einzelfall schon niedriger: nur noch 11,11 Prozent. Bei drei Titeln liegt sie noch niedriger. Das Titelrisiko kann also durch Diversifi-

Diversifikation

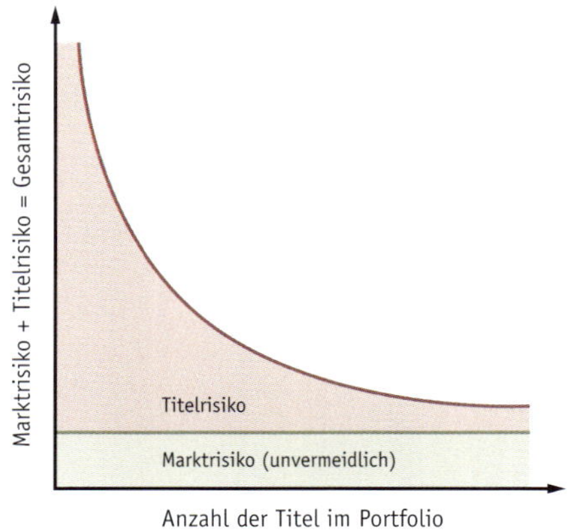

Quelle: Bank Vontobel AG

Die Grafik verdeutlicht: Das Verhältnis Titel-/Markt-Risiko wird bei steigender Titelanzahl immer ungefährlicher.

kation fast ausgeschlossen werden, das Marktrisiko bleibt jedoch bestehen.

Marktrisiko

Dieses wird auch systematisches oder nicht diversifizierbares Risiko genannt – auch die breitestmögliche Streuung des Anlagevermögens kann es nicht eliminieren. Meist handelt es sich um das Phänomen, dass einzelne Titel die ganze Börse mit sich ziehen. Aber auch unvorhergesehene Einflüsse politischer Art, Naturkatastrophen oder die psychologischen Marktrisiken können auf nicht vorhersehbare Weise auf die Börse einwirken.
Die beiden Grafiken auf der nächsten Seite zeigen, dass sich innerhalb einer Branche die einzelnen Titel oft ähnlich verhalten, wohingegen Titel unterschiedlicher Branchen gegenläufige Bewegungen zeigen.

Wie viel wovon? – Asset Allocation

Im ersten Kapitel haben Sie herausgefunden, welches Anlageziel für Sie am ehesten passt. Beispiel: ein Anleger mit dem Anlageziel »Ausgewogen mit Wachstum«. Es ist definiert, dass die Aktienquote bei diesem Anlageziel mindestens 45 und höchstens 75 Prozent des gesamten Vermögens betragen darf. Welche Höhe des Aktienanteils derzeit sinnvoll ist und in welche Länder und Währungen stärker oder weniger stark investiert werden soll, das entscheiden vor allem die anlagepolitischen Schlussfolgerungen aus der Finanzanalyse (Weltbild, Länderwahl, Wahl der Sektoren/Industrie, Titelwahl).
Im Rahmen der so genannten Asset Allocation wird konkret definiert, wie groß die Anteile Cash, Geldmarkt, Aktien, Obligationen und Edelmetall zu einem bestimmten Zeitpunkt sein sollten. Sprechen die Ergebnisse der Fundamentalanalyse eher dafür, den Anteil von Risikopapieren wie Aktien ganz auszuschöpfen, oder eher dafür, sich vorsichtig zu verhalten und nur einen minimalen Teil in Aktien zu investieren? Ebenfalls muss entschieden werden, welche Währungen und Länder zum aktuellen Zeitpunkt bevorzugt werden sollen.

Auf dem Laufenden bleiben

Diese Anteile müssen immer wieder (je nach Börsenbewegungen alle ein bis drei Monate) kritisch hinterfragt und gegebenenfalls angepasst werden. Man spricht dann zum Beispiel davon, dass die Aktienquote heruntergefahren wird, weil die Wahrscheinlichkeit, dass sich die Aktienmärkte in der nahen Zukunft eher nach unten bewegen, groß ist. Wenn Sie ein Vermögensverwaltungsmandat erteilt haben, erfolgen diese Anpassungen natürlich nur im Rahmen der Bandbreite, die Sie als

Entwicklung unterschiedlicher Branchen

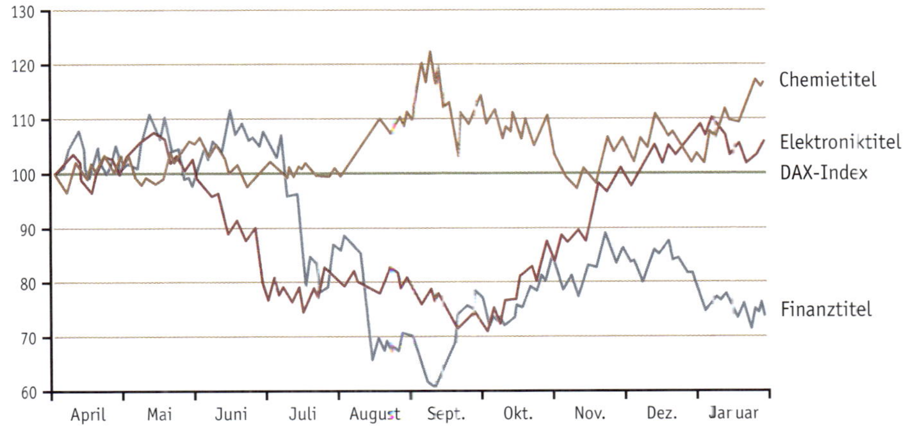

Quelle: Datastream

Kunde mit Ihrem Anlageziel definiert haben. Wenn Sie Ihren Vermögensaufbau selbst organisieren, können Sie natürlich die Quoten anders handhaben, vielleicht gelangen Sie ja an Informationen, die Ihnen raten, mit mehr als 75 Prozent im Aktienmarkt zu handeln, oder Sie steigen bei den Fremdwährungen auf 50 Prozent (70 wäre hier das Maxi-

Entwicklung innerhalb einer Branche

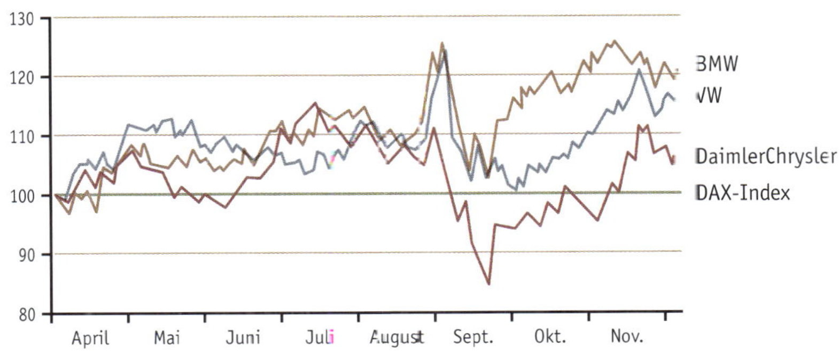

Quelle: Datastream

mum), wollen aber Ihren Anteil von 40 Prozent bei den Anleihen nicht reduzieren, so dass für kurzfristige Anlagen nichts mehr und für Aktien nur 10 Prozent blieben.
Ein solche Konstellation würde Ihr Vermögensbevollmächtiger wahrscheinlich nie herbeiführen. Er hält sich an die Vorgaben der Asset Allocation. Das Anlagekomitee der Bank, bestehend aus Geschäftsleitung, Analysten, Portfoliomanagern und Anlageberatern, ist verantwortlich dafür, dass die Asset Allocations den jeweiligen Marktverhältnissen angepasst werden und somit den Markterwartungen Rechnung getragen wird.
Fragen, die sich das Anlagekomitee jeweils einmal pro Monat (in Krisensituationen wie Crash oder Krieg natürlich sofort) stellt, sind zum Beispiel folgende:

→ Hat sich die Stimmung an den Märkten verändert?
→ Haben sich die Makro-Rahmenbedingungen verbessert/verschlechtert?
→ Wurden neue Konjunkturzahlen veröffentlicht, die sich negativ/positiv auf die Märkte auswirken?
→ Sind die Währungen stabil?

In der folgenden Grafik erkennen Sie, welche Empfehlung die Asset Allocation der Bank Vontobel im Januar 2002 für das Anlageziel »Ausgewogen mit Wachstum« gab. Hätte Musteranleger A also im Januar 2002 sein Geld investiert und sich für eine Vermögens-

Asset Allocation: Ausgewogen mit Wachstum

Währung	kurzfristige Anlagen	Anleihen	Aktien	Diverses	Total (EUR)
EUR	11	31	25		67
CHF			7		7
GBP			5		5
Dollar			21		21
YEN					
Total	11	31	58		100

Angaben in Prozent.

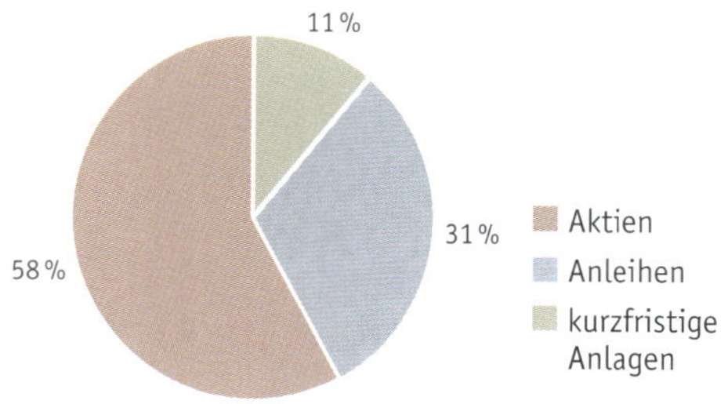

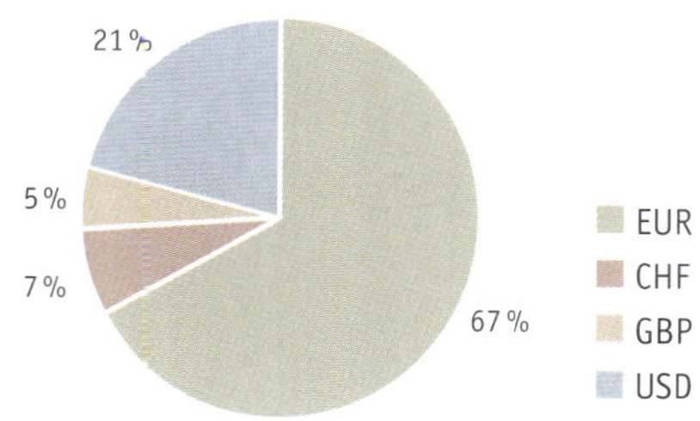

Quelle: Bank Vontobel AG

verwaltung entscheiden, so hätte die Aufteilung wie folgt ausgesehen: 31 Prozent in Anleihen, 58 Prozent in Aktien ...
Ziel sollte immer sein, den Status quo regelmäßig zu überprüfen und die Depotaufteilung entsprechend anzupassen.
Das bedeutet bei einer guten Entwicklung der Aktienmärkte, dass Gewinne mitgenommen werden und diese in sichere Anlagen wie Anleihen umgeschichtet werden. Wichtig ist, dass die vorgegebenen Bandbreiten nicht verlassen werden, da Sie sich als Anleger für ein bestimmtes Risiko entschieden haben und bei einem Anlageziel »Sicherheit mit Wachstum« nicht plötzlich einen Aktienanteil von über 40 Prozent akzeptieren können.
Bei einem Vermögensverwaltungsmandat wird Ihr Portfolio automatisch den aktuellen Asset Allocations angeglichen. Wenn Sie Ihr Bares selbst managen, werden Sie sich nach den Empfehlungen der Banken, der Analysten usw. richten. Hier bietet sich nicht nur der Gang zur Hausbank an, um Researchberichte zu bekommen oder mit dem Berater zu sprechen, auch im Internet werden viele Daten veröffentlicht. Bei den Direktbanken können Sie zum Teil ohne Einschränkungen surfen, viele stellen jedoch ihre Informationen nur den eigenen Kunden zur Verfügung. Auch bei anderen Quellen wie Online-Auftritten von Finanzmagazinen u. ä. wird zunehmend nach eine Registrierung gefragt, außerdem geht der Trend weg vom kostenlosen, allgemeinen Webangebot hin zum gebührenpflichtigen Abonnement.
Bei den Selbstdarstellungen der Firmen findet man ebenfalls Informationen, die man jedoch objektiv betrachten sollte: Werden nur solche Daten veröffentlicht, die gerade zur Unternehmensphilosophie passen, also solche, die den Kurs der Aktie so beeinflussen, wie es die Chefetage wünscht? Verlassen Sie sich daher nie allein auf die Aussagen der Firmen.

BASISWISSEN BÖRSE

Für viele ist die Börse ein Buch mit sieben Siegeln. So ganz falsch ist der Vergleich übrigens nicht, denn in die realen Börsenräume in Frankfurt, Tokio oder New York kommt nur ein ganz kleiner Kreis Eingeweihter hi-nein – wenn Sie so wollen, ein magischer Zirkel derer, die den Handel mit Aktien betreiben und dabei unter sich bleiben wollen. Dennoch: Hier regiert nicht ein geheimes Zauberbuch mit magischen Sprüchen, sondern lediglich der Weltmarkt. Und damit das alles für die Beteiligten überschaubar bleibt, gibt es viele Begriffe, die einen Überblick über das weltweite Geschehen ermöglichen.
So wird zum Beispiel vom Xetra oder vom Parkett gesprochen. Ersteres meint ein elektronisches Handelssystem, das 1997 von der Deutschen Börse eingeführt wurde. Parkett steht für den Handel im Börsensaal, wie wir ihn von Fernsehbildern her kennen.

Ihr Anlageberater wird genau durchrechnen, welche Asset Allocation für Sie zurzeit optimal ist.

die börse

Virtueller Handel

Unter Börse versteht man nichts anderes als regelmäßig abgehaltene, organisierte Märkte, an denen vertretbare Waren nach festgelegten Regeln gehandelt werden, und zwar ohne dass beim Abschluss der Geschäfte die Ware vorgezeigt wird. Mit anderen Worten: Da die Waren sich an einem völlig anderen Ort befinden, war die Börse eigentlich seit jeher eine Art virtueller Marktplatz – und das schon lange vor dem Computerzeitalter.

Folgende Börsenarten werden unterschieden:

- ✔ An der Warenbörse werden Rohstoffe wie Kaffee, Baumwolle ... gehandelt.
- ✔ An der Devisenbörse werden Devisen, also Euro, US-Dollar, CHF und andere gehandelt.
- ✔ Die Effektenbörse handelt mit Effekten – Wertpapieren, hauptsächlich Aktien und Obligationen, die in größerer Zahl inhaltlich gleicher Stücke, jedoch mit verschiedenen Nummern in den Verkehr gebracht wurden und somit austauschbar sind.

Kaufen und verkaufen

Bei einem Vermögensverwaltungsmandat müssen Sie sich nicht um die Frage kümmern, wo Sie kaufen sollen. Die Bank und das Händlerteam sind im regen Kontakt mit nahezu allen Börsenplätzen der Welt. Die Händler haben ihre Ansprechpartner für die unterschiedlichen Wertschriften und wissen am besten, wo die jeweiligen Aktien zu kaufen sind. Wenn Sie in Eigenregie vorgehen, sollten Sie jedoch die Wahl des Börsenplatzes in Ihre Überlegungen mit einbeziehen.

Für Sie als Investor ist es wichtig, dass Sie Ihre Aktien dort kaufen, wo das größte Volumen gehandelt wird. Dies garantiert Ihnen einen fairen Preis, da Angebot und Nachfrage groß sind und die Differenzen zwischen Ankauf und Verkauf – die so genannten Spreads – entsprechend klein gehalten werden. Auch die Größe des Börsenplatzes ist wichtig. Denn Aktien werden in vielen verschiedenen Städten, neben Frankfurt beispielsweise in Berlin, Stuttgart, Hamburg und München gehandelt. Diese Nebenbörsen haben einen schweren Stand in der Konkurrenz mit Frankfurt. Den kleineren Nebenbörsen blieb nur die Spezialisierung. So hat sich zum Beispiel die Berliner Börse auf osteuropäische Aktien konzentriert und Stuttgart gilt als Hauptumschlagplatz für Optionen in Deutschland. Bei Wachstumsaktien sollten Sie Frankfurt vorziehen, denn hier werden über 80 Prozent aller in Deutschland erhältlichen Aktien gehandelt.

Spielen Sie mit dem Gedanken, Aktien von BMW zu kaufen, wenden Sie sich sicherlich zuerst an die Frankfurter Börse. Möchten Sie jedoch Anteile von Microsoft, Dell oder Cisco erwerben, werden Sie wohl eher an eine amerikanische Börse denken. Die meisten internationalen Blue Chips können Sie jedoch auch in Deutschland als Euro-Zertifikat oder in der Schweiz als CHF-Zertifikat kaufen. Der Kauf im Ausland ist für Sie teurer, denn da will nicht nur Ihre Hausbank, sondern auch die Partnerbank vor Ort, die den Makler an der Börse stellt, Geld verdienen. Dies kann die zu zahlenden Gebühren fast verdoppeln.

Doch beachten Sie, dass der tägliche Handel, zum Beispiel mit Dell-Aktien, am NASDAQ

wichtige indizes

Europa

✔ DJ STOXX 50	die 50 größten Unternehmen (nach Marktkapitalisierung) in Europa (incl. Schweiz und GB)
✔ DJ EURO Stoxx 50	die 50 größten Unternehmen im Euroland (das heißt Europa ohne Dänemark, Norwegen, Schweiz und Großbritannien)
✔ DJ Euro Stoxx	die 660 größten Unternehmen aus 16 westeuropäischen Ländern
✔ DAX	die 30 größten Aktiengesellschaften in Deutschland
✔ MDAX	M steht für mid, Index repräsentiert die 70 auf den DAX folgenden nächstgrößeren Firmen.
✔ NEMAX	Neuer-Markt-Index, die 50 größten Titel des Neuen Marktes – Letzterer existiert seit 1977 und beinhaltet ausgewählte Unternehmen mit hohen Wachstumsperspektiven
✔ SMI	Swiss Market Index, die 22 größten und liquidesten Aktien an der Schweizer Börse
✔ SPI	Swiss Performance Index, die 100 wichtigsten Aktien
✔ FT-SE 100	Financial Times Stock Index, die 100 größten englischen Aktien
✔ MIB 30	Milano Inter Banc, die 30 größten italienischen Aktien
✔ CAC 40	Caqueron, die 40 größten französischen Aktien

USA

✔ Dow Jones Industrial Average	häufig einfach nur Dow Jones. Ältester Aktienindex der Welt (seit 1884). Ungewichteter Durchschnitt der 30 größten US-Industrieunternehmen, wird nur alle paar Jahre angepasst
✔ NASDAQ	hauptsächlich neuere, technologielastige Aktien

USA/Kanada

✔ Standard & Poor's 500 (S&P 500)	enthält die 500 größten nordamerikanischen Aktiengesellschaften

Fernost

✔ Nikkei Stock Average 225	repräsentiert die 225 größten Aktiengesellschaften Japans
✔ Hang Seng	Börsenplatz Hongkong

Welt

✔ MSCI-World	umfasst die 1000 größten Unternehmen der industrialisierten Welt. Wird in verschiedenen Währungen publiziert.

bei durchschnittlich 26 Millionen Stück liegt; in Frankfurt sind es gerade einmal 20000 Stück. Und hohe Volumen garantieren faire Preise. Außerdem kann es bei kleinem Volumen auch schon einmal passieren, dass sich der Kauf um einen Tag verzögert. Das heißt, Ihre Gebühren sind zwar auf den ersten Blick günstiger, aber durch die Kaufverzögerung und dadurch, dass bei geringem Volumen die Spreads breiter sind, werden Sie unter dem Strich doch mehr bezahlen müssen.

Börsenplätze und ihre Indizes

Börsenindizes sind statistische Größen, die in ihren zeitlichen, vor allem täglichen Veränderungen auf einfachste Weise die gesamte Börsentendenz und Kursschwankungen von bestimmten Aktien- und Obligationengruppen veranschaulichen.
Solche Indizes können nach vielen Gesichtspunkten zusammengesetzt sein und auf verschiedenen Berechnungsmethoden beruhen. Man unterscheidet in erster Linie zwischen dem Aktienindex und dem Obligationenindex, der die Entwicklung des Kapitalmarktes und des Zinsniveaus widerspiegelt. Einer der bekanntesten Aktienindizes ist der Dow-Jones-Industrial-Index der New Yorker Börse (siehe »Was ist ein Index«, Seite 158).
Für ein Unternehmen an der Börse ist es wichtig, ob es mit seinen Aktien in einen solchen Index aufgenommen wird. Da viele Fondsmanager in ihren Länderfonds den jeweiligen Landesindex abbilden, bedeutet dies, dass eine neu aufgenommene Aktie von vielen Fondsmanagern gekauft werden muss. Meistens hat dies – zumindest vorübergehend – eine positive Auswirkung auf den Aktienkurs.

Alles nur ein Glücksspiel?

Oft wird die Börse mit dem Casino verglichen und gilt als Tummelplatz für Kapitalisten und Spekulanten. Doch die Börse ist strikt reguliert, organisiert und gesetzlichen Bestimmungen (Börsengesetz) unterworfen. Dies macht die Börse auch für die privaten und kleineren Investoren attraktiv, da sie ihren Besitz an Wertpapieren jederzeit in Geld oder andere Wertpapiere umwandeln können. Ohne die Börse wäre die Bereitschaft zu Anlagen und Beteiligungen weit geringer und für Kleinanleger kaum möglich. Lernen Sie die wichtigsten Regeln an der Börse – die für Sie als Privatinvestor von Bedeutung sind – kennen.

Der Börsenauftrag

Wenn Sie mit Ihrem Anlageberater gesprochen und sich entschlossen haben, ein bestimmtes Wertpapier zu kaufen beziehungsweise zu verkaufen, dann sieht das auf dem Börsenauftrag zum Beispiel so aus:

Erläuterungen zum Börsenauftrag:
1. »A« steht für kaufen, acheter oder buy, »V« steht für verkaufen, vendre oder sell. Diese französischen beziehungsweise englischen Begriffe führen zu weniger Missverständnissen.
2. »B« heißt soviel wie börsengültig und bedeutet, dass der Auftrag nur für die Dauer einer Börsensitzung gilt. Der Eintrag eines bestimmten Datums bedeutet, dass der Auftrag bis zum erwähnten Zeitpunkt gilt (meistens bis Ende des Monats). Dieses Feld auszufüllen macht nur Sinn, wenn ein Limit eingegeben wird. Trifft dies nicht zu, so wird im Normalfall der Titel zum angebotenen Kurs gekauft beziehungsweise verkauft. Das Feld kann auch leer gelassen werden, was heißt, dass der nächste Kurs akzeptiert wird. Allerdings kann auch »bestens« explizit vorgeschrieben werden – dass also der bestmögliche Kurs gewählt werden soll.
3. Kauf/Verkauf zum angegebenen Preis oder besser (limitierter Auftrag). Beispiel: Stop-(loss)- Kauf/Verkauf bestens – wird ausge-

Die Formulierung eines Börsenauftrags

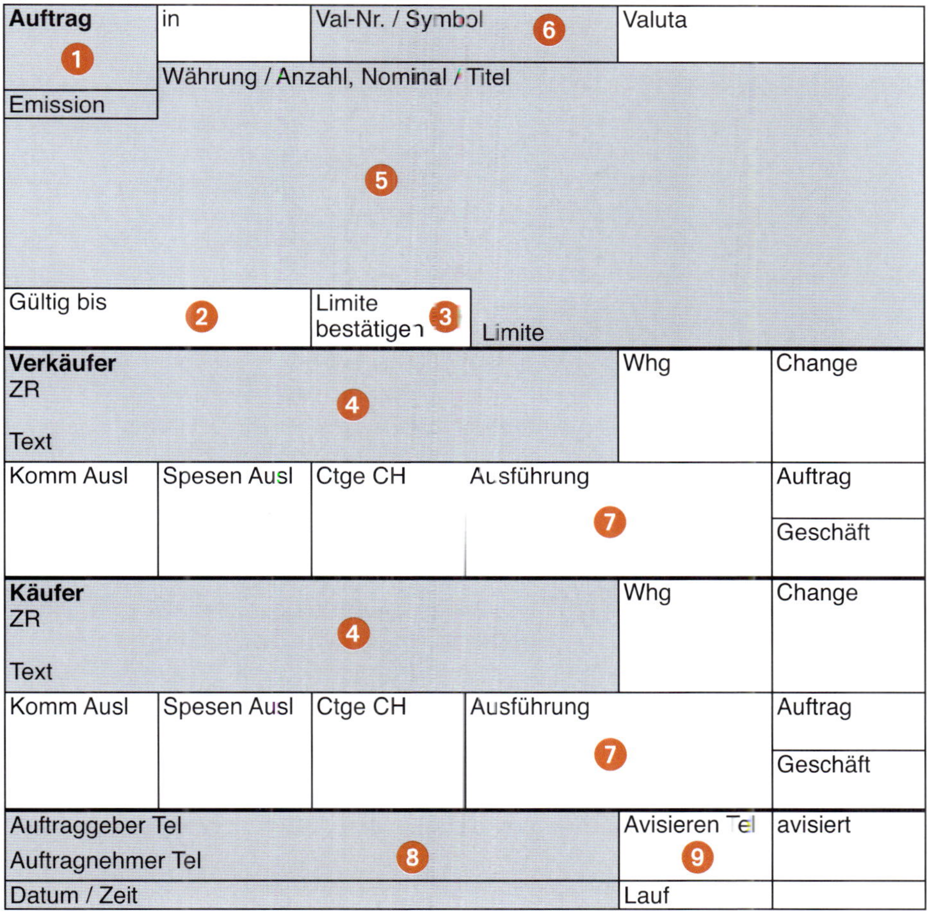

Quelle: Bank Vontobel AG

führt, sobald der Kurs das angegebene Limit erreicht hat. Dieser Auftrag kann auch mit einem zweiten Limit kombiniert werden, das heißt, der Verkauf wird bei einem abgemachten Limit veranlasst, aber nur bis zu einem bestimmten Preis. Fällt der Aktienkurs sehr schnell und hat zum Beispiel 22 Euro erreicht, was Sie als Stop-Limit festgelegt haben, und fällt der Preis gleich weiter auf 18 Euro und Sie haben als zweites Limit 20 Euro angegeben, so würde die Aktie doch nicht mehr verkauft. Bei »Fill or kill« wird der ganze Auftrag sofort ausgeführt. Ist dies nicht möglich, verfällt er.
4. Der Kunde muss in einem der beiden Felder zwingend angegeben werden, damit die Abrechnung verbucht werden kann.

Beim Ausfüllen des Börsenauftrags, bei der Erläuterung der Gebühren und bei allen anderen Fragen steht Ihnen Ihr Bankberater zur Verfügung.

5. Hier werden die Anzahl und der Name der Aktien beziehungsweise der Nominalbetrag und die Anleihe vermerkt. Je nach Titel ist es sinnvoll, zusätzlich die Währung anzugeben (zum Beispiel bei Aktien, die in US-Dollar, Euro oder CHF gehandelt werden).
6. Hier steht dann die Wertpapierkennnummer (Valorennummer) oder das Symbol, unter dem der Auftrag erfasst wurde.
7. Wenn der Titel an der Börse gehandelt wurde, wird hier der effektive Preis eingesetzt, der dem Kundenbetreuer durch das System gemeldet wurde (dient zur Kontrolle der Abrechnung und Buchung, die am nächsten Tag auf dem Konto des Kunden erfolgt).
8. Wann immer ein Auftrag im System erfasst wird, müssen das Datum und die Uhrzeit notiert werden, auch hier zur Kontrolle, ob der Auftrag im Sinne des Kunden abgewickelt wurde.
9. Manche Kunden möchten benachrichtigt werden, sobald der Auftrag ausgeführt wurde, andere möchten dies nicht.

tipps

- ✔ Bankeigene Produkte sind günstiger (zum Beispiel bei Fonds). Meist sind nicht nur die Börsenkommissionen, sondern auch die Depotgebühren reduziert.
- ✔ Fonds sind preiswerter, da Sie mit den gleichen Kommissionen einen ganzen Topf voller Titel bekommen und nicht alle teuer einzeln kaufen müssen. Dies ist eine Überlegung vor allem bei kleinen Depots wert.
- ✔ Die meisten Banken haben Minimumgebühren – klären Sie dies ab, bevor Sie eine hohe Kommission für einen einzelnen Aktienkauf bezahlen.
- ✔ Achtung bei Fremdgebühren. Oft besteht auch eine Möglichkeit – gerade bei Blue Chips –, den Titel bei wesentlich günstigeren Kommissionen an Ihrer Heimatbörse zu erstehen.

Je nach Gewicht einer Aktie werden jeweils Zehner-, Hunderter oder, bei sehr günstigen Aktien, Tausender-Einheiten gehandelt. Möchten Sie nun von einem Titel, der mit Hunderter-Einheiten handelt, 180 Stück kaufen, so wird Ihr limitierter Auftrag (falls Sie einen solchen eingegeben haben) nur für 100 Stück angenommen. Die restlichen 80 Stück werden automatisch zu einer so genannten

Fraktion. Diese werden nach festen Regeln zu Schlusseinheiten zusammengefasst und meistens kurz bevor die Börse schließt (so genanntes Closing) zum bestmöglichen Kurs ausgeführt.

Preisbildung und Gebührenstruktur

Bei Wertpapieren gelten dieselben Regeln wie bei allen anderen frei handelbaren Waren – der Preis resultiert aus Angebot und Nachfrage. Auch hier werden an der Börse Spezialausdrücke verwendet, um Verwechslungen zu vermeiden.

→ Der **Geldkurs** ist der Kurs, zu dem Wertpapiere nachgefragt, also gekauft werden möchten. Geld oder Bid (aus dem Englischen) bedeutet Markt beherrschend und steht für die Nachfrage. »Geld« bietet derjenige, der kaufen will. Er hat das Geld.
→ Der **Briefkurs** ist der Kurs, zu dem Wertpapiere angeboten, also verkauft werden möchten. Brief oder Ask (aus dem Englischen) stellen das Angebot dar. Sie werden auch als marktbelebend bezeichnet. »Brief« bietet derjenige, der Papiere zu verkaufen hat. Er hat den Brief.

Beispiele für die Abrechnung von Börsenaufträgen

Kaufen		**Verkaufen**	
Bank XY		Bank XY	
Kunde: Hans Muster		Kunde: Hans Muster	
Auftragsnummer AAA-1234567-890		Auftragsnummer BBB-234567-8901	
Wertpapierkennnummer: 012345-67890123		Wertpapierkennnummer: 67890-012345-678	
FIRMA XYZ		FIRMA ABC	
Kauf: 6.2.2002		Verkauf: 6.2.2002	
Börsenplatz: Helsinki		Börsenplatz: New York	
Anzahl	370	Anzahl	400
Durchschn. Kurs	26,45 €	Durchschn. Kurs	106,86 $
Kurswert	9786,50 €	Kurswert	42744,00 $
Courtage	122,33 €	Courtage	479,68 $
Auslandskomission	58,72 €	Auslandskomission	72,00 $
		Auslandsspesen	0,65 $
Spesen total	181,05 €	Spesen total	552,33 $
Change		Change	
Konto total	9967,55 €	Konto total	42191,67 $
Zu Ihren Lasten	**9967,55 €**	**Zu Ihren Gunsten**	**42191,67 $**

1000 & 1 frage

Wie kündigt sich für mich als Laien ein Börsencrash an?

Es gibt unter den Börsianern ein Sprichwort: Wenn auch der letzte Mohikaner am Aktienmarkt ist, wird es Zeit für einen Crash. Wenn an der Börse fast jeder einsteigt – obwohl nur die wenigsten etwas davon verstehen –, wenn die allgemeine Euphorie ihren Höhepunkt erreicht, also die Aktienkurse in unbekannte Höhen klettern und jeder etwas von diesen astronomischen Gewinnen abhaben möchte, wird es kritisch. Fast zwangsläufig fallen die Kurse dann in den Keller – wann genau, lässt sich natürlich nicht vorhersagen, aber besonnene Anleger beobachten den Markt und reagieren rechtzeitig. Es bringt mehr, Gewinne beizeiten zu realisieren, als die Gewinnkurven verzückt zu betrachten, auf noch mehr Wachstum zu warten und dabei den Kursabsturz zu verschlafen.

Wie informiere ich mich und was muss ich tun, wenn ich in Aktien indischer oder russischer Unternehmen investieren will, weil ich an die Wirtschaft in diesen Ländern glaube?

Der beste Rat für jemanden, der in schwierige, unbekannte Märkte investieren will: Wählen Sie entsprechende Fonds. Lassen Sie sich von Ihrer Bank eine Liste solcher Fonds geben und vergleichen Sie die Ergebnisse der letzten Jahre miteinander. Stellen Sie sich ergänzend Informationen aus dem Internet zusammen.

Die deutsche Hauptbörse: Frankfurt am Main.

Warum korrelieren die europäischen Börsen so stark mit den Börsen der USA?

Da die Wirtschaft Europas nach wie vor sehr stark vom Verlauf der amerikanischen Wirtschaft abhängig ist (Export/Import), gilt die amerikanische Börse als so genannte Leitbörse. Im Normalfall ist der Verlauf der europäischen Börsen ein Spiegelbild der amerikanischen. An Tagen, an denen die amerikanischen Börsen geschlossen sind, sind die Umsätze und die Volatilität in Europa meist sehr gering.

Bieten die Geschäftsberichte zuverlässige Informationen über die Geschäftsentwicklung?

Ja. Doch Sie brauchen Expertenwissen, um Geschäftsberichte und Bilanzen richtig zu lesen beziehungsweise aus den Aussagen und Zahlen die richtigen Schlussfolgerungen für die gegenwärtige und die zukünftige Lage des Unternehmens zu ziehen – und diese Interpretation lässt sich nicht im Handumdrehen vornehmen.

Sind Analysten tatsächlich unabhängig und objektiv, kann ich deren Empfehlungen wirklich vertrauen?

Wenn Sie sich auf Empfehlungen verlassen wollen, sollten Sie in jedem Fall mehrere Analysten unterschiedlicher Finanzinstitute konsultieren. Vergleichen Sie deren Aussagen auch mit Meldungen in seriösen Publikationen sowie in den Finanzseiten im Internet, und entscheiden Sie dann selbst.

Wie kann es passieren, dass Analysten den Kauf einer Aktie empfehlen, diese jedoch in den Keller sinkt?

Auch Analysten wissen nicht alles. Einerseits gibt es immer wieder böse Überraschungen, die auch von den besten Spezialisten nicht vorausgesagt werden können (etwa Nebenwirkungen eines Medikaments, unlautere Machenschaften eines Topmanagers ...). Auf der anderen Seite gibt es leider nach wie vor Unternehmen, die keine offene Kommunikation mit den Analysten pflegen und Probleme bewusst vor der Öffentlichkeit verbergen. Dies zahlt sich allerdings für die Unternehmen auf lange Sicht nicht aus.

Können Laien lernen, wie Charts gelesen werden?

Charts im Detail zu verstehen ist eine hohe Kunst und wird bei den Chartisten heute durch ausgeklügelte Software unterstützt. Die relativ einfachen Techniken, die in diesem Buch vorgestellt wurden, geben erste Hinweise, die Ihnen bei der Entscheidung eines Kaufs beziehungsweise Verkaufs helfen können. Weiterführende Literatur finden Sie im Anhang.

Ich sehe eine Aktie am Morgen steigen und möchte sie kaufen. Wie schnell erfolgt der Kauf nach meinem Anruf bei der Bank?

Viele Kundenberater können den Auftrag direkt am Arbeitsplatz eingeben. Je nachdem, an welcher Börse der Titel gehandelt wird, geht der Auftrag direkt in die Auftragsschlange und wird in zeitlicher Reihenfolge gehandelt. Ist Ihre Bank nicht selbst an der entsprechenden Börse Teilnehmer, so muss sie über einen Broker gehen und ihm den Auftrag per Telefon oder über das System weiterleiten. Betonen Sie, dass Ihr Auftrag sofort gehandelt werden soll und Sie eine Ausführungsmeldung möchten.

Was passiert, wenn mein Börsenauftrag nicht richtig oder verspätet ausgeführt wurde und ich dadurch mehr für die Aktie zahlen muss?

Falls Sie nachweisen können, dass Sie Ihren Auftrag zu einem bestimmten Zeitpunkt geordert haben und dieser verschlampt wurde, haben Sie das Recht auf den Kurs zum Zeitpunkt Ihrer Order. Die Zeitliste mit den gehandelten Kursen können Sie bei der Börse erfragen, falls Ihnen die Bank diese Information nicht gibt.

Welche Gebühren fallen bei einer Börsentransaktion an?

Haben Sie sich entschlossen ein Wertpapier zu kaufen, so sind neben den eigentlichen Kosten für die Aktien auch noch Gebühren – einerseits der Banken, andererseits des Staats – fällig. Die folgenden Ansätze gelten jeweils für den Kurswert (Preis der Aktie beziehungsweise Anleihe) inklusive Stückzinsen. Kaufen Sie also Anleihen mit einem hohen aufgelaufenen Stückzins, so kann das schon einmal ein paar zusätzliche Euro kosten. Die Börsenabrechnungen der einzelnen Finanzinstitute sehen natürlich unterschiedlich aus. Grundsätzlich ist es für Sie jedoch wichtig herauslesen zu können, was Sie für Ihr Investment bezahlt haben und wie dieser Preis zustande gekommen ist.

1. Im Kopfteil finden Sie Ihre Bankbeziehung, den Namen oder die Nummer, auf die das Depot lautet. Ebenfalls finden Sie hier den Namen des Titels, welchen Sie gekauft oder verkauft haben, und sehr oft auch die Wertpapierkennnummer. Teilweise wird Ihnen auch aufgezeigt, auf welchem Börsenplatz der Titel gekauft wurde. Für Sie ebenfalls wichtig: das Datum der Transaktion – so können Sie sicherstellen, dass Ihr Auftrag auch wirklich börsengültig ausgeführt wurde. Haben Sie einen limitierten Auftrag erteilt, so können Sie anhand des Datums sehen, wann das Limit erreicht und der Auftrag ausgeführt wurde.
2. Aufgelistet finden Sie die Anzahl der Titel, die gehandelt wurden. Stehen hier mehrere Positionen untereinander, so sehen Sie, dass nicht der ganze Auftrag en bloc, sondern einzelne kleine Blöcke gehandelt wurden. Dies passiert oft bei Titeln, bei denen das Volumen nicht sehr groß ist, sowie bei limitierten Aufträgen.
3. Des Weiteren finden Sie den durchschnittlichen Kurs mit dem resultierenden Kurswert. Zusätzlich werden hier die Kommissionen (Courtage) verrechnet, falls es sich um einen ausländischen Titel handelt: einerseits die Courtage der eigenen Bank und zusätzlich die Auslandskommission.

AKTIEN UND OPTIONEN

Aktien sind Wertpapiere, die einen bestimmten Anteil am Grundkapital einer Aktiengesellschaft verkörpern. Als Aktionär werden Sie also Mitinhaber der entsprechenden AG.
Warum ist nicht jede Firma eine AG? Ursprünglich wurde der Aktienmarkt eingerichtet, um den Firmen die Möglichkeit zu geben, außerhalb des Kreditwesens Geld zu beschaffen – etwa für neue Investitionen, ein neue Maschine, eine neue Niederlassung ... Die Börse war also ein Geldbeschaffungsmarkt für die Firmen, die sich weiterentwickeln wollten und dafür Geld benötigten. Heute ist – wohl auch wegen der Zockermentalität mancher Neuer-Markt-Investoren – die Börse ein eigenständiger Moloch mit eigener psychologischer Dynamik.
Wie bereits dargestellt ist das rasante Wachstum mancher Aktien zum Selbstläufer geworden, und hat nichts mehr mit dem tatsächlichen Geschäftsverlauf der jeweiligen Firma zu tun. Und daraus resultiert auch die Gefahr, dass Aktien so stark überwertet werden wie im Neuen Markt geschehen, mit all den Gefahren und Abstürzen.

Rechte und Pflichten der Aktionäre

Als Aktionär haben Sie eine Pflicht und mehrere Rechte. Diese eine Pflicht besteht darin, die gekaufte Aktie auch zu bezahlen – wie beim alltäglichen Einkaufen, das auch erst mit der Bezahlung abgeschlossen ist.

Ihre vermögensorientierten Rechte

→ Das wichtigste Recht für Sie als Investor ist das Recht auf **Dividende**. Im Normalfall richtet sich die Höhe der Dividende nach dem erarbeiteten Reingewinn des Unternehmens. In einem schlechten Jahr mit rückläufigen Gewinnen und sinkenden Aktienkursen neigen besonders größere Firmen oder Konzerne dazu, die Höhe der Dividende nicht zu verändern – vor allem, um die Aktionäre trotz schlechterer Geschäfte bei Laune zu halten.

→ Als Aktionär haben Sie das Recht auf Bezug neuer Aktien bei Kapitalerhöhungen, das heißt, Sie erhalten pro Aktie ein **Bezugsrecht**. Eine bestimmte Anzahl von Bezugsrechten ermöglicht es Ihnen, eine neue Aktie zu kaufen. Im Normalfall haben Sie die Wahl, entweder die neuen Aktien zu beziehen oder aber die Bezugsrechte zu verkaufen. Ab Seite 124 finden Sie ein konkretes Beispiel dazu.

→ Des Weiteren haben Sie das Recht auf einen **Anteil am Liquidationserlös**. Ich wünsche Ihnen, dass Sie niemals in den Genuss dieses Rechts kommen. Denn wird »Ihre« Aktiengesellschaft zahlungsunfähig und muss aufgelöst werden, so erhalten Sie als Aktionär – nach Abgeltung aller anderen Verbindlichkeiten, allem voran Steuern und Sozialversicherung – Ihren Anteil am verbleibenden Vermögen. Die Chance, dass Sie in diesem Fall noch Geld sehen, ist sehr gering.

Ihre Mitwirkungs- und Schutzrechte

Mit Ihrer Aktie haben Sie ein Stimmrecht und damit das Recht auf Teilnahme an der Hauptversammlung (in der Schweiz: Generalversammlung) erworben. Können oder wollen Sie jedoch nicht selber teilnehmen, so lassen Sie sich durch eine Drittperson oder Ihre Bank per Vollmacht vertreten. Sie haben ein Wahlrecht, wenn es um Entlastung und Besetzung des Aufsichtsrates der Gesellschaft geht.

Das Kontroll- und Informationsrecht der Aktionäre verpflichtet die Gesellschaft, den Aktionären spätestens 20 Tage vor der Hauptversammlung die Bilanz und Erfolgsrechnung zur Verfügung zu stellen. Damit haben die Aktionäre die Möglichkeit, sich ein Bild über die finanzielle Situation der Gesellschaft zu machen und sich auf die Hauptversammlung vorzubereiten.

Von der Macht der Aktionäre

Fast schon legendär ist die Hauptversammlung der BMW-Aktionäre vom 9.12.1959. Zu dieser Zeit ging es der Münchner Firma schlecht: Die großen Limousinen waren für die Zeit zu teuer und erwirtschafteten nur große Verluste. Auch der Absatz beim Motorradsektor brach ein, denn mit Autos ließ sich vom Kind über die Oma bis hin zu Hund und Hausrat alles besser transportieren als mit den Zweirädern – Motorräder waren bis dahin, wir können es uns kaum vorstellen, Transportmittel und nicht Freizeit- oder Lifestyle-Objekte wie heute. Die Unternehmensleitung hatte nun tiefrote Zahlen und ein befristetes Kaufangebot der DaimlerBenz AG vor sich liegen und berief eine außerordentliche Versammlung der Aktionäre ein.

Auf dieser zeigten zwei Aktionärsvertreter, dass für den neu entwickelten BMW 700 bereits mehr als 30 000 Bestellungen vorlagen und somit die Basis für einen guten Markterfolg gegeben war. Und sie konnten einen Fehler in der Bilanz nachweisen: Die Entwicklungskosten für genau dieses Fahrzeug waren in nur einem Jahr abgeschrieben worden, was den Verdacht erweckte, dass die roten Zahlen insgesamt nicht stimmten.

Bei der Abstimmung wurde es dann spannend: Waren genügend Aktionäre von der Zukunft des Unternehmens überzeugt worden? Konnte die verkaufswillige Unterneh-

Eine Hauptversammlung der Aktionäre gibt Aufschluss über das abgelaufene Geschäftsjahr, die Planung für das nächste, Abstimmungen etwa über die Besetzung des Aufsichtsrates und und und …

mensführung mit der notwendigen Sperrminorität von 10 Prozent des Aktienkapitals gestoppt werden?
Sie konnte. Dieses Engagement der Aktionäre veranlasste Investoren, einen größeren Teil des Aktienkapitals zu übernehmen und so die Firma in ihrer Eigenständigkeit zu unterstützen. Was zeigt uns diese Geschichte? Aktionäre können weit mehr als nur mit Kurssteigerungen Gewinne machen und Dividenden einstreichen – sie können sich aktiv am Unternehmenserfolg beteiligen.

Wichtige Begriffe

Yield, Rendite, Performance – bei diesen Schlagwörtern brummt einem der Schädel. Einige der Fachausdrücke kennen Sie ja bereits aus dem vorigen Kapitel. Ein paar neue lernen Sie hier. Sie werden feststellen: Eigentlich ist alles ganz einfach, wenn man sich nur ein wenig damit beschäftigt. Diese Begriffe sind inzwischen gewissermaßen in aller Munde, ob beim Smalltalk oder in angeregter Börsen-Diskussion unter selbst ernannten oder tatsächlichen Experten. Sie wollen mitreden können? Also nichts wie los. Hier das Wichtigste in Kürze.

Rendite

Die Unternehmen zahlen bei den meisten Aktien in der Regel nach der jährlichen Hauptversammlung eine Dividende an ihre Aktionäre. Hat ein Unternehmen einen großen Reingewinn erwirtschaftet, so kann dementsprechend eine höhere Dividende ausgeschüttet werden. Wenn nun diese bezahlte Dividende in ein Verhältnis zum aktuellen

Kurs der Aktie gebracht wird, so erhalten Sie eine Kennzahl: die Dividendenrendite oder auch Yield genannt. Anleger, die an einer hohen Rendite interessiert sind, suchen sich also Aktien, die hohe Dividenden zahlen. Denken Sie daran, dass Dividenden als Erträge versteuert werden müssen.

Kurs-Gewinn-Verhältnis (KGV)

Das KGV oder auch PE (Price-Earning-Ratio) setzt den Reingewinn, den eine Aktiengesellschaft erwirtschaftet, ins Verhältnis zum aktuellen Aktienkurs. Ein hohes KGV weist normalerweise auf eine teure Aktie hin, da der erwirtschaftete Gewinn im Vergleich zum Kurs der Aktie gering ist. Als die New Economy 1999/2000 noch in voller Blüte stand und sich die Anleger die Aktien am Neuen Markt nur so aus der Hand rissen, war ein KGV von über 100 duchaus normal. Diese Aktienkurse entstanden eben nicht durch fundamentale Unternehmeskennzahlen, sondern aus Erwartungen, Hoffnungen und Visionen heraus. Teilweise waren diese Unternehmen noch tief in den roten Zahlen – doch die Aktienkurse stiegen und stiegen. Bis diese Hoffnungs- und Erwartungblase im Frühjahr 2000 platzte.

Gesamtrendite (Performance)

Interessant ist für den Anleger letzten Endes das Geld, das er gewonnen oder vielleicht verloren hat. Gewinn nennt man positive, Verlust eine negative Performance. Sie errechnet sich aus dem Unterschied zwischen Ankaufpreis und Verkaufspreis, inklusive Zinsen (bei festverzinslichen Papieren), Dividenden etc. in einer bestimmten Zeitperiode, und wird in Prozent gemessen.
Wenn Sie an einem bestimmten Tag wissen möchten, wie groß der Gewinn beziehungsweise der Verlust auf Ihrer Aktienposition ist, setzen Sie den Kaufkurs (Einstandskurs) ins Verhältnis zum aktuellen Aktienkurs. Beim Anblick der Zahlen frohlocken Sie: Mein Gewinn auf Nokia ist schon bei 40 Prozent! Aber halt: Solange Sie Ihre Aktie noch nicht verkaufen, steht der Gewinn nur auf dem Papier (Buchgewinn), der sich in Kürze wieder in einen Verlust verwandeln kann. Erst nach dem Verkauf haben Sie einen realisierten Gewinn. Daher gilt einmal mehr: Wer in Aktien investieren will, braucht Zeit, Geduld und gute Nerven.

Payout Ratio

Diese Zahl ist wichtig, um herleiten zu können, wie stark die Aktionäre am erwirtschafteten Gewinn in Gestalt einer Dividende beteiligt wurden. Falls der ganze Gewinn pro Aktie als Dividende ausgeschüttet, wird, beträgt diese Zahl 1. Wurde mehr ausgeschüttet, als in der Realität verdient wurde, so wird die Zahl größer als 1. Bei einer Ausschüttung nur eines Teils des Gewinns hat die Zahl eine Null vor dem Komma.
Vielleicht geht es Ihnen wie vielen Aktionären, die sich im ersten Moment über eine

tipp

KGV

Das Kurs-Gewinn-Verhältnis ist eine wichtige Kennzahl, um unterschiedliche Aktien auf ihre Kaufwürdigkeit hin zu vergleichen. Zu beachten ist, dass diese Vergleiche nur innerhalb derselben Branche gemacht werden sollten, da beispielsweise Unternehmen aus der Telekommunikationsbranche generell weit höhere KGVs aufweisen als die von Maschinenbauunternehmen.

Christine Bortenlänger ist Geschäftsführerin der Münchner Börse. Sie ist nicht nur das jüngste Geschäftsführungsmitglied einer deutschen Börse, sondern auch die erste Frau in einem solchen Amt.

»Wann sich der Anleger informiert, hängt häufig davon ab, für welche Aktien er sich interessiert.«

Wie darf man sich Ihren Arbeitstag vorstellen?

Einen typischen Tagesablauf gibt es an der Börse nicht. Jeder Tag ist anders. Morgens lese ich zuerst die wichtigsten Zeitungen, danach informiere ich mich über laufende Projekte, gebe Interviews, schreibe Presseartikel und bereite Präsentationen vor. Selbstverständlich hält man auch Kontakt zu anderen Börsen, Banken und Wertpapierhäusern.

Läuft es an der Börse wirklich so, wie oft im Fernsehen gezeigt: hektisch?

Eine laute Betriebsamkeit, wie man sie aus Berichten vom New Yorker Parkett kennt, gibt es an Deutschlands Börsen nicht mehr. Sie gleichen vielmehr Großraumbüros, in denen mehr oder weniger geräuschlos am Computer gearbeitet wird. Die Orders erreichen den Makler online, Preisbildung und Orderausführung finden nicht mehr per Zuruf statt.

Welche Papiere werden hauptsächlich an der Münchner Börse gehandelt?

An der Bayerischen Börse werden rund 6900 Wertpapiere gehandelt. Davon sind zirka 4500 Aktien aus 55 Ländern. Der Schwerpunkt liegt bei deutschen, amerikanischen und asiatischen Aktien.

Man hört oft, dass im Laufe des Börsentages ganz automatisch die Kurse gewisse Bewegungen zeigen. Hat die Börse einen eigenen »Biorhythmus«?

Ja, man könnte es fast so nennen. Morgens bestimmen die Vorgaben aus Asien den deutschen Handel und nachmittags ab 15.30 Uhr orientieren sich die Kurse an der amerikanischen Marktentwicklung. Feste Größen wie zum Beispiel Konjunkturdaten, Arbeitsmarktzahlen und Hauptversammlungen beeinflussen die Kursbewegung an der Börse – fast so, wie das Wetter einen Einfluss auf die Menschen hat.

Und was bedeutet das zum Beispiel für den PC-Trader, der seine Geschäfte per Internet tätigt?

Egal ob PC-Trader oder ein anderer Börsenkunde, jeder sollte sich zeitnah über das Geschehen rund um das gewünschte Papier informieren, damit es später nicht zu Überraschungen kommt. Wann sich der Anleger informiert, hängt davon ab, für welche Aktien er sich interessiert. Falls es amerikanische Werte der Top-US130-Liste der Bayerischen Börse sind, so geben wir darauf eine Garantie, dass die maximale Geld-Brief-Spanne 0,5 Prozent zu der des Heimatmarktes liegt. Diese Garantie gilt, dem Rhythmus des amerikanischen Handels folgend, erst ab 15.30 Uhr.

Ist es einem Börsianer eigentlich egal, woher die Aufträge kommen – von »kleineren« oder größeren Bankkunden?

Ja und nein. Ja, weil sich die Börse als Marktplatz versteht, an dem Angebot und Nachfrage zusammenkommen, egal ob es sich um »kleine« oder »große« Aufträge handelt. Nein, weil große Aufträge andere Auswirkungen auf den Markt haben als kleine. Angebot und Nachfrage bestimmen den Preis, das muss man sich immer bewusst machen. Große Nachfrage und kleines Angebot lassen den Preis steigen, großes Angebot und kleine Nachfrage den Preis fallen.

Wie punktgenau kommen eigentlich Aufträge eines Bankkunden bei der Börse an? Wie muss sich der Laie einen solchen Ablauf vorstellen?

Die Order ist sekundenschnell an der Börse. Sobald der Wertpapierberater die Order elektronisch an die Börse weitergeleitet hat, geben die Makler an der Bayerischen Börse dem Kunden die Garantie, dass sie innerhalb von 120 Sekunden ausgeführt wird. Der Wertpapierberater erhält sofort eine Bestätigung im System, wenn die Order ausgeführt wurde. Diese Abwicklungsgarantie wie auch alle anderen Garantien der Bayerischen Börse werden durch die Handelsüberwachung geprüft.

Es kommt ja auch auf die Handelbarkeit eines Papiers an: Ein Verkäufer braucht einen Käufer und umgekehrt. Was passiert, wenn dieses Verhältnis nicht ausgewogen ist? Bleiben die Aufträge dann einfach liegen? Gibt es eine »Zwischenstation« etwa für verkaufte, aber nicht gekaufte Papiere?

Stimmen Angebot und Nachfrage nicht überein, kann der Makler die Gegenseite bilden. Er nimmt das Geschäft »an Aufgabe«. Der Makler hat zwei Tage Zeit, diese Aufgabe zu schließen, das heißt, eine Gegenseite zu suchen. Der Kunde bekommt somit sofort eine Ausführung. Das Risiko trägt der Makler. Kein Auftrag bleibt einfach liegen.

Bei wenig liquiden Papieren, von denen der Makler glaubt, innerhalb dieser zwei Tage keine Gegenseite zu finden, kann es zu Teilausführungen kommen. Die Order bleibt so lange auf dem Bildschirm des Maklers, bis das Geschäft vollständig abgearbeitet ist.

Haben Sie für unsere Leser einen abschließenden Tipp?

Verlassen Sie sich nicht auf so genannte Börsengurus. Informieren Sie sich immer gründlich und selbst. Diversifizieren Sie Ihr Depot, legen Sie sich eine Anlagestrategie zurecht und nehmen Sie niemals einen Kredit für Ihre Börsengeschäfte auf. Noch eine positive Bemerkung: Die Aktie ist nach wie vor das renditestärkste Investment.

hohe Dividende freuen? Doch bedenken Sie folgende Punkte:

→ Wird der ganze Gewinn ausgeschüttet: Was bleibt dem Unternehmen dann noch für Zukunftsinvestitionen?

→ Ist die Payout Ratio größer als 1: Muss diese Firma die Aktionäre mit hohen Dividenden beruhigen, weil es vielleicht doch größere Probleme gibt, die überspielt werden sollen?

Börsenkapitalisierung

Gerade in schlechten Börsenzeiten gilt es, sich als Investor an Aktien von Unternehmen mit einer hohen Börsenkapitalisierung zu halten. Wenn Sie die Formel dazu anschauen, sehen Sie, wie einfach die Rechnung ist: Die Anzahl der ausgegebenen Aktien wird mit dem aktuellen Börsenkurs multipliziert. Diese Börsenkapitalisierung ist selbst bei großen Konzernen wie IBM, Microsoft, Siemens ... wegen der sinkenden Kurse innerhalb der vergangenen zwei Jahre stark geschrumpft und beträgt teilweise nur noch einen Bruchteil der Werte von vor drei Jahren.

Kapitalerhöhung

Wenn ein Unternehmen sein Geschäftsfeld erweitern will, benötigt es neues Kapital zum Investieren, sei es für eine geplante Akquisition, ein großes Forschungsprojekt oder für die Rückzahlung von Schulden. Eine Möglichkeit für eine Aktiengesellschaft, zu diesem Geld zu kommen, ist die Kapitalerhöhung, da über Kredite allein größere Ausgaben meist nicht zu schaffen sind – also werden neue Aktien herausgegeben, und zwar entweder zum gleichen Preis wie der aktuelle Kurs der bereits bestehenden Aktien (teurer dürfen die neuen Aktien nach dem Aktiengesetz nicht sein) oder zu einem Preis, der unter dem aktuellen Börsenkurs liegt (auch hier gibt es im Aktiengesetz eine Grenze, und zwar den Mindestnennwert). In letzterem Falle genießen Sie als Aktionär das Bezugsrecht für die neuen Aktien. Die AG muss die neuen Papiere zuerst den Aktionären anbieten – und zwar ohne zusätzliche Gebühren.

Wie entstand nun dieses Vorrecht? Werden neue Aktien ausgegeben, verlieren die bereits vorhandenen einen Teil ihres Wertes. Den

Börsenkennzahlen

Kennzahl	Einheit	Berechnungsweise
Price-Earning-Ratio (P/E) **Kurs-Gewinn-Verhältnis (KGV)**		$\frac{\text{Aktienkurs}}{\text{Gewinn pro Aktie}}$
Rendite	Prozent	$\frac{\text{Dividende} \times 100}{\text{Aktienkurs}}$
Börsenkapitalisierung	Währung	Anzahl Aktien × Aktienkurs
Payout Ratio **(Ausschüttungsquote)**	Prozent	$\frac{\text{Dividende}}{\text{Gewinn pro Aktie}}$
Gesamtrendite **(Performance)**	Prozent	$\frac{(\text{Verkaufspreis} - \text{Kaufpreis}) + \text{Zinsen/Dividenden/etc.}}{\text{Ankaufpreis}}$

Aktionären wurde daher mit dem Bezugsrecht ein Ausgleich dieses Vermögensverlustes angeboten. Allerdings ist dieses Recht an eine Frist gebunden, mit anderen Worten: Wenn Sie bis zu einem bestimmten Zeitpunkt davon keinen Gebrauch machen, darf die Firma die neuen Aktien an der Börse anbieten.
Der Neuausgabe der Aktien muss in der Hauptversammlung zugestimmt worden sein und die Aktionäre müssen über die Bezugsbedingungen der neuen Aktien informiert werden. Als glücklicher Aktionär flattert Ihnen also entsprechende Post ins Haus.
Einer der wichtigsten Aspekte dabei ist nun das Bezugsverhältnis. Ist dieses zum Beispiel 10 : 1, so bedeutet das, dass Sie als Besitzer von zehn Aktien zehn Bezugsrechte erhalten, die Sie in eine neue Aktie wandeln dürfen. Wenn Sie nun fünf Aktien haben, erhalten Sie entsprechend fünf Bezugsrechte. Da Sie keine halbe Aktie bekommen, werden Sie wahrscheinlich Ihre Bezugsrechte verkaufen.
Als Eigentümer von elf Aktien kann sich ein Problem ergeben: Derart krumme Stückzahlen lassen sich nur bei liquiden Titeln gut verkaufen. Vielleicht entscheiden Sie sich deshalb gegen den Kauf der elften Aktie und für den Verkauf des Wandlungsrechts, denn illiquide Titel werden oft zu größeren Einheiten zusammengefasst und kurz vor Börsenschluss en bloc gehandelt und das bedeutet, dass Sie mit einem Preis vorlieb nehmen müssen, auf den Sie keinen Einfluss haben. Manche Aktiengesellschaften offerieren ihren Aktionären die Möglichkeit, zwischen einer Bar- und einer Stock-Dividende zu wählen (siehe Seite 120, »Rendite«). Diese Wahl wird meist zeitlich begrenzt und dann automatisch als Bardividende ausgegeben – wenn Sie sich also nicht entscheiden können, landet im Allgemeinen die Dividende als Bares auf Ihrem Girokonto.
Stock – auf englisch Aktie – verdeutlicht also, dass Sie als Aktionär die Dividende wie üblich

Nicht nur ein netter Anblick, sondern auch Zeichen einer guten Diversifikation: verschiedene Wertpapiere.

in Form von Bargeld oder aber als neue Aktien beziehen können. Auch hier ergeben beide Varianten im Endergebnis das gleiche Kapital. Ihre Entscheidung hängt also davon ab, ob Sie gerade ein bisschen Bares gebrauchen könnten oder zu neuen Aktien kommen möchten, ohne Courtage bezahlen zu müssen. Auch hier ist zu bedenken, dass der Bezug als Stock-Dividende oft eine ungerade Zahl an Aktien mit sich bringt.

Welche Aktien gibt es?

Vielleicht sind Sie nicht der Anlegertyp, der sich bis ins Detail mit den unterschiedlichen Kennziffern auseinander setzen will. Sie sind eher der Typ, der – wie viele andere auch –

beispiel

Kapitalerhöhung/Bezugsrechte

Die Gesellschaft XY entschließt sich zu einer Kapitalerhöhung:

Bezugsverhältnis	10 (=N) : 1 (=M)
Bezugspreis	1000 €
Börsenkurs alte Aktie	2000 €
Frist	15.3.02 – 1.4.02

Aktienkurs nach Kapitalerhöhung

$$\frac{\text{N x Kurs alte Aktie + Bezugspreis}}{\text{N + M}}$$

In unserem Beispiel:

$$\frac{10 \times 2000 + 1000}{10 + 1} = 1909\ €$$

Theoretischer Wert des Anrechts

Kurs alte Aktie – Kurs nach Kapitalerhöhung

In unserem Beispiel:

2000 € – 1909 € = 91 €

1. Verkauf aller 15 Anrechte

Ausgangslage:	
15 Aktien à 2000 €	30000 €
Nach Kapitalerhöhung:	
15 Aktien à 1909 €	28635 €
15 Anrechte à 91 €	1365 €
Summe	30000 €

2. Zeichnung einer Aktie, Verkauf von fünf Anrechten

Ausgangslage:	
15 Aktien à 2000 €	30000 €
Nach Kapitalerhöhung:	
16 Aktien à 1909 €	30544 €
– Bezugspreis einer Aktie	– 1000 €
5 Anrechte à 91 €	455 €
Summe	29999 €

Unter dem Strich bleibt das Kapitalergebnis bei beiden Varianten gleich.

wenn überhaupt in Aktien, dann nur in die großen Standardwerte (Blue Chips) investiert. Oder aber Sie haben soeben in der Zeitung von einem interessanten Fond gelesen, der in kleinere europäische Unternehmen (Small Caps und Mid Caps) investiert.
Was steckt hinter all diesen Schlagwörtern? Die deutschen Börsianer bedienen sich oftmals des Händlerjargons der Wall Street. So wird auch auf dem deutschen Börsenparkett nach dem US-Vorbild unterschieden:

- Zu den **Large Caps Blue** oder **Blue Chips** zählen die großen etablierten DAX-Unternehmen mit einer Börsenkapitalisierung über 14 Milliarden Euro. Cap steht für capitalization.
- Als **Mid Caps** bezeichnen die Analysten die 70 Unternehmen aus der zweiten Reihe, die im Index MDAX vertreten sind und eine Börsenkapitalisierung von 1,4 bis 14 Milliarden Euro aufweisen.
- Zu den **Small Caps** werden die kleinen Aktiengesellschaften gezählt (Börsenkapitalisierung unter 11,4 Milliarden Euro). Ein Teil dieser Unternehmen ist im SMAX zusammengefasst.

Inhaberaktien

Diese stellen die Mehrheit der an deutschen Börsen notierten Aktien – etwa 90 Prozent. Inhaberaktien gehören dem, der sie gerade besitzt, und können problemlos jederzeit wieder verkauft werden. Der Nachteil für die Unternehmen besteht darin, dass die Aktionäre der Gesellschaft unbekannt sind. In Zeiten von feindlichen Übernahmen (»unfriendly takeovers«) besteht die Gefahr, dass ohne Wissen der Gesellschaft eine größere Aktienposition in »falsche Hände« kommt.

Namensaktien

Im Gegensatz zu den Inhaberaktien lauten Namensaktien auf den Namen des Aktionärs. Die Eigentümer sind im Aktienregister einge-

tragen, das von der Gesellschaft geführt wird. Aktionäre, die nicht namentlich genannt werden wollen, können sich durch ihre Bank vertreten lassen (diese ist dafür verantwortlich, dass ein Kunde nicht mehr als einen bestimmten Prozentsatz einer Aktie in seinem Besitz hat – so wird die Problematik der feindlichen Übernahme gelöst). Verkauft der Inhaber das Papier, muss das auf der Namensaktie und im Namensregister vermerkt werden.
Dank der Eintragung im Aktienbuch kennt die Gesellschaft die aktuelle Zusammensetzung ihrer Aktionäre. Manche Gesellschaften bieten ihren Aktionären auch die Möglichkeit, kostenlos die Aktien zu verwalten. Dabei entfallen für Sie die Depotgebühren, die bei einer Bank zu bezahlen sind. Die Dividenden werden automatisch auf das Konto Ihrer Wahl vergütet. Hierbei ist jedoch zu bedenken: Wann immer Sie eine Aktienposition aus dem Firmendepot verkaufen wollen, muss diese wieder bei einer Bank eingeliefert werden, was wiederum mit Kosten verbunden ist. Das Einlagern von Aktien bei der Gesellschaft lohnt sich also nur für Positionen, die lange gehalten werden.

Vinkulierte Aktie

Nach dem Aktiengesetz (§ 68) müssen vinkulierte Aktien immer Namensaktien sein. Name, Wohnort und Beruf des Aktienbesitzers müssen in das Aktienbuch der Gesellschaft eingetragen werden. Eine Übertragung der vinkulierten Aktie ist – bei entsprechender Bestimmung in der Satzung – von der Zustimmung der Gesellschaft abhängig. Im Gegensatz zu den Inhaberaktien ist der Handel mit vinkulierten Aktien schwerer und daher mit höheren Kosten verbunden. Die Gesellschaft hat dadurch die Möglichkeit, zum Beispiel unerwünschte Aktionäre fernzuhalten, oder kann darauf Einfluss nehmen, wer die Aktien besitzt.

Manche Unternehmen müssen per Gesetz vinkulierte Aktien ausgeben: etwa gemeinnützige Wohnungsbaugesellschaften, Kapitalanlagegesellschaften und als AG geführte Wirtschaftsprüfungs- und Steuerberatungsgesellschaften.

Vorzugsaktien

Neben bisher beschriebenen voll stimmberechtigten Stammaktienarten (= Stämme, abgekürzt St) gibt es noch die Vorzugsaktien, auch Vorzüge genannt und Vz abgekürzt. In der Schweiz heißen die Vorzugsaktien Genussscheine. Vorzugsaktien sind ebenfalls Beteiligungspapiere, aber meist ohne Stimm- und Wahlrecht. Als Ausgleich dazu werden mehr vermögensorientierte Vorrechte geboten. Diese können sich auf die Gewinnverteilung, den Liquidationsanteil oder auf ein Vorrecht bei der Neuausgabe von Aktien beziehen. Vorzugsaktien werden oft bei Sanierungen ausgegeben, um neues Eigenkapital zu erhalten. Sie werden aber auch als Gründeranteil an Personen abgegeben, die sich um das Unternehmen verdient gemacht haben, oder als Nebenpapiere zu Aktien, um die Dividende auf mehrere Beteiligungspapiere zu verteilen. Außerdem sind sie typisch für mehrheitlich im Familienbesitz befindliche Unternehmen, da durch Emission von Vorzugsaktien die Eigenkapitalbasis vergrößert wird, ohne Entscheidungsbefugnisse aus der Hand zu geben.
Bei manchen Aktien werden Stämme und Vorzugsaktien an der Börse gehandelt, oft wird das fehlende Stimmrecht jedoch mit Kursabschlägen quittiert, daher sind Vorzüge bei den Aktionären meist nicht so beliebt.
Was sollen Sie nun kaufen, wenn Sie zum Beispiel in VW, BMW oder Henkel investieren möchten? Schauen Sie das Kursblatt etwa der *FAZ* an und suchen dort unter den DAX-

Titeln. Sie erkennen an den Abkürzungen hinter dem Firmennamen, ob Stammaktien (St) oder Vorzugsaktien (Vz) im Dax sind. Gibt es nur eine von den Aktienarten im DAX, so brauchen Sie keine Entscheidung treffen: Gekauft wird, was im DAX gehandelt wird. Sind Stämme und Vorzüge derselben Firma im Index, so halten Sie sich an die Regel, jenen Titel zu kaufen, der das größere Volumen aufweist. Sollten Sie sich diese Information nicht selber beschaffen können, so wird Ihnen Ihr Anlageberater helfen.

Volksaktien und Belegschaftsaktien

Im Rahmen der Privatisierung von Bundesvermögen werden Volksaktien zu einem günstigen Kurs den Privatanlegern angeboten. Ziel ist, breite Bevölkerungsschichten zu erreichen – daher der Name.

Manche Firmen verkaufen Anteile deutlich unter Kurswert an ihre Mitarbeiter, um sie verstärkt ans Unternehmen zu binden und um sie zu höheren Leistungen zu motivieren. Schließlich werden die Mitarbeiter auf diese Weise am Gewinn beteiligt. Der Grundgedanke ist hier, dass ein solcher Mitinhaber folgerichtig an höheren Gewinnen interessiert sein muss und also auch etwas dafür tut – nämlich mehr leisten. In Deutschland gibt es übrigens bereits mehr als 1 Million Belegschaftsaktionäre.

Derivative Instrumente – ein Buch mit sieben Siegeln?

Derivate sind Anlageprodukte, die von einem Grundprodukt – in der Regel Aktien, Börsenindizes oder Rohstoffe – abgeleitet werden. Man nennt sie auch synthetische Produkte. Wenn die Börsen steigen, denkt der Mensch üblicherweise an den Kauf von Aktien oder Aktienfonds. Risikofreudigere Investoren setzen hingegen auch auf Optionen, mit denen sie von steigenden Aktienkursen überproportional profitieren können. Ängstlichere Naturen nutzen Optionen als eine Art Versicherung gegen fallende Kurse.

→ Ein Beispiel: Sie besitzen 100 Aktien mit einem Kurs von 45 Euro. Sie befürchten, dass die Börse stark fallen könnte, doch wollen Sie Ihre Aktien behalten, weil Sie an das Unternehmen glauben. In diesem Fall kaufen Sie für einen relativ geringen Betrag so genannte **Put-Optionen** und mit diesen das Recht, Ihre Aktien zu einem heute festgelegten Kurs – zum

Produktkompass Aktien

Für welche Aktienart – etwa Blue Chips, Mid Caps oder Wertaktien – Sie sich auch entscheiden, eigentlich sind alle gleich, denn die Entwicklung lässt sich nie genau vorhersagen. Auf lange Sicht werden Verluste erfahrungsgemäß ausgeglichen, so dass Aktien das ideale Investment für den Anleger mit langem Atem sind.

Renditechance	Risiko	Aufwand	Kosten
↑	↑	→	→

Beispiel 43 Euro – zu einem bestimmten Datum zu verkaufen. Glück für Sie, wenn die Aktie an diesem Tag weniger als 43 Euro wert ist. Pech für Sie, wenn die Aktie teurer als 43 Euro ist. Eine Put-Option ist also Ihre Versicherung bei sinkenden Aktienkursen.

➔ Ganz anders schaut es natürlich aus, wenn Sie diese 100 Aktien mit einem Kurs von 45 Euro besitzen und Sie auf steigende Börsen setzen. Sie wollen nicht auf den Aktien sitzen bleiben, sondern vom Anstieg zusätzlich profitieren. Sie verkaufen eine **Call-Option**, mit der Sie sich verpflichten, in einer bestimmten Laufzeit Ihre Aktien zu einem heute festgelegten Strike-Preis von beispielsweise 50 Euro zu verkaufen. Glück für Sie, wenn die Aktie diese 50 Euro in der Laufzeit nicht erreicht. Pech für Sie, wenn Sie Ihre Aktien am Stichtag für 50 Euro verkaufen müssen und der aktuelle Aktienkurs wesentlich höher als 50 Euro liegt.

Sie sehen: Auch hier steht dem größeren Gewinnpotenzial ein größeres Risiko entgegen. Und welcher Privatanleger weiß schon, wann genau die Wende am Aktienmarkt allgemein oder bei einer bestimmten Unternehmensaktie nach oben oder nach unten kommen wird – in ein paar Wochen, Monaten oder dauert es doch noch länger?
Welche Beweggründe sprechen nun dafür, einen Teil seines Geldes in Optionen zu investieren? Vorrangig geht es oft um Spekulation – aber es gibt auch noch andere Gründe. Durch den gezielten Kauf von Optionen können Sie Ihr Depot gegen einen möglichen Börsencrash versichern. Kommt der Crash, so lohnt sich der Kauf von Put-Optionen mehrfach. Trifft der befürchtete Crash nicht ein, so ist allerdings das in die Put-Optionen investierte Geld weg – so wie bei einer Autoversicherung. Sie sehen von Ihren Beiträgen nichts wieder, egal ob Sie einen Unfall hatten oder nicht.

Auf lange Sicht bieten Aktien sehr gute Renditeaussichten.

Traded Options

Für einen Einsteiger klingt das nun Folgende sicher sehr kompliziert – und das ist es auch. Von Optionen ist abzuraten, wenn Sie noch keinerlei Erfahrung auf dem Börsenparkett haben. Falls Sie dennoch mitspekulieren möchten, sollten Sie zu Anfang unbedingt einen erfahrenen Vermögensverwalter konsultieren und der Anteil in Ihrem Portfolio sollte 5 Prozent nicht übersteigen.
Der Handel von standardisierten Optionen wird über die EUREX abgewickelt. Standardisiert heißt: Alle dort gehandelten Optionen unterliegen einem gewissen Muster, um sicherzustellen, dass alle Marktteilnehmer genau wissen, welche Eigenschaften diese Optionen haben. EUREX wurde 1998 gegründet und hatte schon damals mehr als 260 Börsenmitglieder aus elf Ländern in Europa und Übersee. Wenn Sie einen Blick auf die aktuelle Börsenseite Ihrer Zeitung werfen, können Sie Spalten mit Optionen finden: Genannt werden hier zuerst die Aktien, für die Optionen gehandelt werden. Darunter folgen Angaben zu den unterschiedlichen Optionen, zum Beispiel der jeweilige Verfall.

Derivative Instrumente

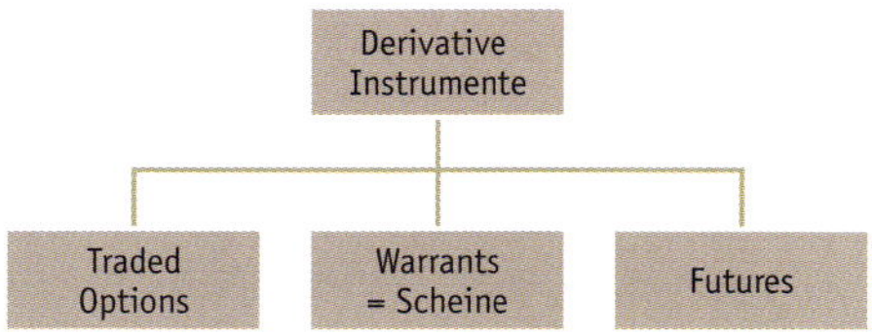

Pro Monat werden bei größeren Titeln immer drei Ausübungspreise (Strike-Preise) gehandelt:
1. »at the money« (am Geld), Aktienkurs und Ausübungspreis sind in etwa gleich.
2. »out of the money« (aus dem Geld), der Ausübungspreis ist höher als die Aktie zurzeit.
3. »in the money« (im Geld), der Ausübungspreis ist unter dem Aktienkurs.

Bei kleineren Titeln wird jeweils nur ein Preis gehandelt.
Wichtig sind die Angaben zur Kontraktgröße: Einer EUREX-Option auf Schweizer Aktien liegen im Normalfall 10 Aktien zugrunde, bei deutschen Aktien sind es 50 oder 100 Aktien. Sie kaufen beziehungsweise verkaufen also mit einer Option jeweils indirekt das Recht oder die Pflicht für 10, 50 oder 100 Aktien. Fragen Sie immer zuerst an, wie viele Optionen ein Kontrakt enthält, sonst kommt mit der Abrechnung das böse Erwachen.
Die Laufzeiten der Optionen sind unterschiedlich, jedoch höchstens sechs Monate. In der Regel werden vier Monate gehandelt. Wer Call-Optionen kauft, rechnet mit steigenden Aktienkursen – oder anders gesagt, er oder sie ist »bullish« auf einen Titel. Kaufen Sie hingegen eine Put-Option, so rechnen Sie mit Kursrückgängen, sind also »bearish«. Ebenso wie bei den Call-Optionen ist auch hier Vorsicht geboten. Trifft nämlich der erwartete Abschwung nicht ein, so verlieren die Put-Optionen sehr schnell an Wert.
Sie erkennen anhand der folgenden Grafik auch, dass der Umgang mit Optionen seine eigene Sprache hat. Sehr oft wird das Wort »Schreiben« an Stelle von »Verkaufen« verwendet – ich schreibe zum Beispiel fünf Puts auf Siemens, was bedeutet, dass ich heute fünf Optionen verkaufe und mich damit verpflichte, in der Zukunft 500 Siemens-Aktien (100 =

Calls & Puts

Buy = Call		Sell = Put	
Inhaber (Käufer)	Schreiber (Verkäufer)	Inhaber (Käufer)	Schreiber (Verkäufer)
Recht zu kaufen	Pflicht zu verkaufen	Recht zu verkaufen	Pflicht zu kaufen
Long Call	Short Call	Long Put	Short Put

Kontraktgröße × 5 = Puts) zum heute festgelegten Ausübungspreis zu kaufen. Falls ich dieses Investment eingehe, glaube ich, dass Siemens weit über den Ausübungspreis steigen wird. Das bedeutet, dass ich die Aktien in der Zukunft günstig kaufen und teuer wiederverkaufen kann. Ein Anleger, der solche Geschäfte öfter macht, wird Ihnen ganz einfach sagen, er sei »short put«.

Der sanfte Einstieg: Warrants

Klingt das alles recht spannend, aber auch ziemlich kompliziert? Haben Sie trotzdem Lust bekommen, auch einmal dabei zu sein, dann versuchen Sie es doch ein bisschen einfacher mit Warrants. Diese sind ebenfalls Optionen, sie werden jedoch von einem Institut – meistens Banken – bezüglich Kontraktgröße, Laufzeit und Ausübungspreis festgelegt. Da die Laufzeit im Normalfall länger ist als bei standardisierten Optionen, sind die Schwankungen und damit das Risiko etwas geringer – aber auch hier gilt: Wenn Sie Glück haben, wird aus wenig sehr schnell ziemlich viel, wenn Sie Pech haben (und das ist leider auch öfters der Fall), haben Sie schnell nichts mehr.

Bei einem Blick in die Börseninfos Ihrer Zeitung finden Sie »außerbörsliche Optionsscheine«, mit den bereits bekannten Hinweisen zu Wertpapierkennziffer und Kursen. Puts und Calls erkennen Sie an den Kürzeln C oder P, mit Basis wird der Strike-Preis bezeichnet, und »Bez.Verh.« heißt nichts anderes als Bezugsverhältnis. Wenn Sie zehn Warrants bei einem Bezugsverhältnis von 10 : 1 haben, können Sie damit eine Aktie erwerben. »Geld« und »Brief« kennen Sie bereits!

übersicht

Optionen und Warrants

Standardisierte Optionen	Warrants
Standardisierte Kontraktgrößen, Laufzeiten, Ausübungspreise, Margen	Nicht standardisiert
Gegenseite ist die Börse	Verlustrisiko (Gegenparteirisiko) liegt beim Emittenten (Herausgeber)
Handel nur an der Börse erlaubt	Müssen nicht an der Börse gehandelt werden
Vorschriften bezüglich der Preisstellung	Keine Vorschriften zum Spread (Differenz zwischen Geld-und Briefkurs)
Es sind auch Leerverkäufe (Shorts) möglich, das heißt, der Anleger verkauft Papiere, die er gar nicht hat und die er später günstig kaufen will (»bearish«).	Keine Leerposition möglich

Jeder Schein hat eine Laufzeit von wenigen Monaten bis zu zwei Jahren. Und genau in dieser Laufzeit muss die gewünschte Kursentwicklung eintreffen. Wenn nicht, ist Ihr Geld verloren. Die Optionsscheine werden genau am Verfalltag wertlos ausgebucht. Der erhoffte Kurssprung eine Woche danach bringt nichts mehr, nur noch Frust und Ärger. Hätten Sie dagegen direkt die Aktie gekauft, wäre die Freude groß.

Der Preis für Optionen

Auch die Preisgestaltung ist hier komplexer als bei herkömmlichen Wertpapieren. Grundsätzlich lässt sich der Preis in zwei Komponenten unterteilen – in den inneren Wert und in den Zeitwert.
Sie vergleichen den aktuellen Aktienkurs der zugrunde liegenden Aktie mit dem Ausübungspreis der Option. Je nachdem, ob der aktuelle Kurs unter, beim oder über dem Ausübungspreis liegt, ist die Option wie eingangs geschildert »in the money«, »at the money« oder aber »out of the money«. Nur Optionen, die in the money liegen, haben einen inneren Wert.
Nehmen wir an, unser Musteranleger D hat einen Teil seines Geldes in SAP-Optionen investiert. Er hat vor ein paar Wochen die SAP-Aktie bei einem Kurs von 150 Euro unter die Lupe genommen. Von unterschiedlichen Analysten hat er gelesen und gehört, dass SAP gute Chancen für eine Kurserholung hat. So hat sich Musteranleger Hans Weber voller Freude ins Abenteuer gestürzt und eine Call-Option auf SAP gekauft. Da der Kurs der Aktie bei 150 Euro stand und die Aussichten sehr positiv waren, hat er sich eine Option mit einem Ausübungspreis von 160 Euro gekauft. Zum Zeitpunkt des Kaufs war die Option also out of the money. Bei einem Aktienkurs von 166 Euro wäre die Option in the money und hätte einen inneren Wert von 6 Euro.

Der innere Wert

Bestimmung des Optionspreises

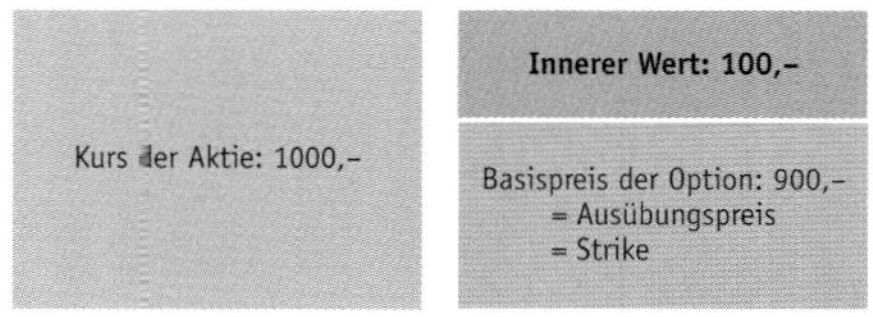

Quelle: Bank Vontobel AG

Der Zeitwert hingegen ist der kritische Punkt bei Optionen, denn sehr oft läuft die Zeit davon. Er setzt die Chance, dass während der noch verbleibenden Laufzeit die Entwicklung des Basiswertes (in unserem Fall der SAP-Aktie) den Hoffnungen des Investors entspricht, in konkrete Zahlen um. Je näher das Verfalldatum kommt, desto kleiner wird der Zeitwert, bis er schließlich am Verfalltag auf null sinkt. Allerdings: Nicht nur die verbleibende Laufzeit bestimmt den Zeitwert, denn je stärker eine Call-Option out of the money ist, desto geringer ist die Chance, dass der Aktienkurs im Laufe der verbleibenden Zeit über den Ausübungspreis steigt und die Option so einen inneren Wert bekommt.
Wenn Sie eine Option oder einen Warrant gekauft haben, erhalten Sie von Ihrem Vermögensverwalter etwa vier Wochen vor Verfall des Scheins Post. Er weist Sie auf das konkrete Datum hin, zählt Ihre Papiere sowie weitere Info (Börsenkurse, Mindestausübungsmengen ...) auf und bietet Ihnen – im Allgemeinen – an, bis spätestens kurz vor Verfall die Option bestens zu verkaufen, falls er nichts von Ihnen hört. Allerdings sollten Sie hier bedenken, dass bereits etwa drei Monate vor Verfall der Zeitwert schrumpft, Sie also ans Verkaufen denken sollten.

In den vergangenen Jahren wurden immer wieder neu strukturierte Finanzprodukte entwickelt. Produkte wie GOAL, BLOC oder TORO haben in der Regel eine bestimmte Laufzeit und bieten Ihnen eine Rendite, die deutlich über dem heutigen Zinsertrag von Sparkonten und Anleihen liegt.
Diese Produkte sind mit dem gleichen Risiko wie Aktienanlagen behaftet. Den höchsten Ertrag erzielen Sie, wenn beim Verfall die zugrunde liegende Aktien wenigstens ihr Niveau halten konnten. Sollten die Märkte jedoch plötzlich anziehen, so ist das Gewinnpotenzial nach oben begrenzt. Hier gilt das Gleiche wie für Derivate allgemein: Sammeln Sie Ihre Erfahrungen erst mal mit anderen Papieren.

Futures

Unter einem Future versteht man einen Vertrag, der beide Vertragsparteien verpflichtet, eine bestimmte Menge eines Basiswertes zu einem festgelegten Preis an einem vereinbarten Abwicklungsdatum zu liefern beziehungsweise zu übernehmen. Unterschieden werden:

→ Commodity Futures (physische Ware wie zum Beispiel Sojabohnen, Kaffee, Öl ...)
→ Financial Futures (diese basieren auf Finanzinstrumenten, meistens Indizes wie zum Beispiel Dow Jones, S&P, DAX, SMI ...)

Wer ein Future-Geschäft abschließt, geht also eine Terminverpflichtung ein. Gehandelt werden standardisierte Kontrakte mit festgelegten

Selbsttest 3

Ordnen Sie die Begriffe zu:

	Aktien	Anleihen	Derivate
Rating			
Rendite			
Preis			
Emittent			
Laufzeit			
Risiko			
Performance			
KGV			
Pari			
Kurs			
Moody's			
Stimmrecht			
Small Cap			
At the money			
short			

Auflösung im Service, Seite 179

Beträgen für das einzelne Finanzinstrument (bei Financial Futures). Das Besondere bei den Futures ist, dass nicht der volle Kontraktbetrag gezahlt werden muss, sondern nur ein anfänglicher Kapitaleinschuss, auch »initial margin« genannt. Diese Initial Margin dient als Sicherheit, falls sich der Basiswert in die falsche Richtung entwickelt.

Die Gewinne beziehungsweise Verluste werden täglich auf einem gesonderten Konto des Kunden verrechnet. Bei schlechter Kursentwicklung besteht eine Nachschusspflicht. Das bedeutet: Der Investor, der die Futures gekauft hat, muss seine Kapitaleinlage erhöhen. Die Bank will sich so absichern, wenn der Future sich schlecht entwickelt, sprich immer mehr ins Minus rutscht.

Mit anderen Worten: Wenn der Future in den Verlustbereich kommt, wird dies jeweils von dem Einschuss abgebucht, reicht er nicht mehr, so muss der Kunde nachlegen. Ist der Future im Plus, bleibt der Einschuss einfach als Sicherheit liegen, bis das Geschäft geschlossen wird. Dann bekommt ihn der Kunde mitsamt dem Gewinn zurück.

Der Kontrakt muss bei Verfall erfüllt werden. Käufer wie Verkäufer haben jedoch jederzeit die Möglichkeit, das Geschäft zu den aktuellen Bedingungen zu schließen (»glattzustellen«). Dabei macht man eben Gewinne – oder Verluste.

Ein Beispiel: Musteranleger D hat am 3.3.2002 einen SMI-Future (Swiss Market Index) gekauft, ein solcher enthält zehn Kontrakte. Der Preis betrug 6500 Schweizer Franken (CHF). Neben den normalen Börsenkomissionen musste er einen Kapitaleinschuss hinterlegen. Diese ist je nach Bank unterschiedlich. Gehen wir einmal von 10000 CHF aus.

→ Am Kauftag entsprach der P/L (Profit and Loss) 0.

→ Am 4.3. lag der Wert bei 6420 CHF, da der SMI gesunken ist. Der P/L entsprach somit –800 (die Differenz von 80 multipliziert mit 10, da ein SMI-Future zehn Kontrakte enthält).

→ Am 5.3. lag der Wert bei 6300 CHF. Der P/L betrug also –1200.

→ Am 6.3. stieg der Wert auf 6400 CHF und der P/L somit auf +1000.

Verkauft unser Musteranleger den Future am 6.3. bei 6400 CHF, so hat er einen Verlust von 1000 CHF (–800 –1200 +1000). Die Einschussmarge von 10000 CHF erhält er zurück. 6500 – 6400 ist doch nur 100, werden Sie jetzt vielleicht einwenden: Vergessen Sie nie das Multiplizieren mit der Kontraktgröße, also hier: 100 × 10 = 1000.

Das Beispiel zeigt: Sie sollten immer damit rechnen, das eingesetzte Kapital zu verlieren!

Produktkompass Derivate

Die hohe Risikoeinschätzung kommt zustande, weil viele Anleger keinerlei Erfahrung auf diesem Gebiet haben. Arbeiten Sie sich langsam und ohne Übertreibung ein.

Renditechance	Risiko	Aufwand	Kosten
↑	↑	↗	↘

1000 & 1frage

Bei Anleihen weiß ich, dass ich eine möglichst hohe Rendite anstrebe, ist das bei Aktien auch so?

Nein, im Gegenteil. Bei Aktien versteht man unter Rendite das Verhältnis der ausbezahlten Dividende zum Aktienkurs. Die Dividende muss als Kapitalertrag versteuert werden. Da viele Anleger ungern hohe Steuern zahlen, werden im Allgemeinen Aktien mit einer tiefen Rendite bevorzugt. Aktionäre verfolgen mehrheitlich das Ziel, im Rahmen der Performance (Kapitalgewinn) das Vermögen zu mehren. Und wenn Sie sich an die Spekulationsfrist von zwölf Monaten halten, ist dieser Kapitalgewinn steuerfrei – das heißt im Umkehrschluss, dass Sie Gewinne bei Verkäufen innerhalb dieser Frist als Spekulationsgewinne versteuern müssen.

Welche Möglichkeiten habe ich, meine Aktionärsrechte einzuklagen, wenn ich mich betrogen fühle?

Es gibt Organisationen wie die Schutzgemeinschaft der Kleinaktionäre e.V. (SdK) im Internet unter *sdk.org* oder *anlageschutzarchiv.de* und die Deutsche Schutzgemeinschaft für Wertpapierbesitz e.V. (DSW) unter *dsw-info.de*, an die sie sich wenden können.

Woran erkenne ich Dividenden ausschüttende Unternehmen?

Infoquellen sind zum Beispiel Ihre Hausbank, der Geschäftsbericht der Unternehmen, Researchlisten und die Wirtschaftspresse. Die Bank, bei der Sie Ihr Depot haben, ist verantwortlich dafür, dass Sie darüber informiert werden.

Für welche Art von Aktien muss ich mich entscheiden, wenn ich risikoarm investieren möchte?

Grundsätzlich sind Large Caps, also Unternehmen mit einer großen Marktkapitalisierung, sicherer als kleine Firmen (Small Caps), da sie schlechte Börsenzeiten und Unvorhergesehenes im Allgemeinen besser überstehen. Die Vergangenheit zeigt jedoch, dass auch solche Unternehmen nicht vor dem Untergang gefeit sind – denken Sie an den Skandal um Enron sowie den Kursverlauf vieler großer Unternehmen zwischen 2000 und 2002. Eine Aktienkauf ist immer ein Risikoinvestment.

Was gewinne ich, wenn ich bei einer Kapitalerhöhung mitmache?

Wie unser Beispiel (Seite 126) zeigt, geht die Rechnung letztlich für beide Möglichkeiten (mitmachen oder Bezugsrechte verkaufen) gleich aus. Ihre Entscheidung muss also von der Überlegung geleitet werden, ob Sie gerne weitere Aktien dieses Unternehmens haben möchten, weil Sie an dessen Zukunft glauben. Der Vorteil ist, dass Sie bei der Wahl für neue Aktien keine Wertschriftenkomission bezahlen müssen. Ein Nachteil kann sein, dass Sie anschließend eine »krumme« Anzahl Aktien in Ihrem Depot haben (zum Beispiel 103).

Sind Optionen-Investments ausschließlich etwas für Insider?

Optionen sollten nur Investoren kaufen, die sich das große Risiko leisten können und auch damit umzugehen wissen.

INVESTMENTFONDS

Der erste Fonds wurde 1868 von einer Gruppe britischer Investoren herausgebracht: dem Foreign & Colonial Trust. Seit damals ist das Ziel von Fonds das gleiche geblieben. Es geht darum, auch kleineren Anlegern die Möglichkeit zu geben, so zu investieren wie Profis und Großanleger. Während in der angelsächsischen Welt der Investmentfonds innerhalb kurzer Zeit zahlreiche Anhänger fand, ließ der Erfolg in Europa viele Jahre auf sich warten. In Deutschland wurde der erste Fonds von der heute noch existierenden Fondsgesellschaft »Allgemeine Deutsche Investment GmbH« (ADIG) aufgelegt, die heute zur Commerzbank gehört.
Lange Zeit sah man in Fonds nur ein zweitklassiges Produkt für die weniger Begüterten. Erst in den 90er Jahren kam es auch in Europa zu einem regelrechten Boom. Die Fondsvermögen der Kontinentaleuropäer sind in der zweiten Hälfte der 90er Jahre kontinuierlich gewachsen und betragen rund 3000 Milliarden US-Dollar. Allein in Deutschland waren es im Jahr 2000 zirka 420 Milliarden Euro. Die meisten Experten erwarten auch für die nächsten zehn Jahre weitere Steigerungen.
Der Fonds-Markt wird von drei Hauptfaktoren getrieben: dem vermehrten Alterssparen beziehungsweise den Rentenreformen in verschiedenen Ländern, den gesunkenen Renditen der festverzinslichen Anlagen sowie dem Bestreben der Banken, neue Produkte verstärkt anzubieten, die die sinkenden Margen im Kreditgeschäft ausgleichen können.

Was versteht man unter einem Fonds?

Ein Investmentfonds ist ein Portfolio, das beispielsweise Aktien, festverzinsliche Anlagen oder auch Immobilien enthält und dank der Einlagen zahlreicher voneinander unabhängiger Investoren zustande kommt. Die Verwaltung dieses Portfolios wird Experten des Finanzbereichs anvertraut, den Fonds- oder Portfoliomanagern, die zu einer Investmentgesellschaft gehören. Diese Fondsverwalter

Auswahl renommierter Investmentgesellschaften

Anbieter aus Deutschland, Schweiz, USA und aus anderen Ländern, deren Fonds in Deutschland vertrieben werden (in alphabetischer Reihenfolge)

Deutschland	Schweiz	USA	Andere Länder
ADIG/Commerzinvest (Commerzbank)	CS Group	Pioneer	ABN Amro
Deka (Sparkassen)	Julius Baer	Merril Lynch	HSBC
DIT (Allianz/ Dresdner Bank)	Lombard Odier & Cie	JP Morgan Flemming	Invesco
DWS (Deutsche Bank)	UBS	Morgan Stanley	Schroders
Union Invest (Raiffeisenbanken)	Vontobel	Fidelity	Threadneedle

investieren die verfügbaren Mittel in Übereinstimmung mit der im Fondsprospekt festgelegten Anlagepolitik (zum Beispiel deutsche Aktien, die im DAX vertreten sind). Kaufen Sie nun einen Anteil an diesem Fond, so kaufen Sie ein winziges Stückchen von vielen verschiedenen Aktien.
Für Ihre Einzahlung erhalten Sie als Anleger eine Anzahl von Anteilen, die Ihrer Beteiligung am Fondsvermögen entspricht. Im Verhältnis Ihrer Beteiligung haben Sie auch ein Anrecht auf einen Anteil der Fondserträge. Eine Depotbank verwahrt das Fondsvermögen (siehe Grafik auf Seite 139).
Die Wertentwicklung eines Fondsanteils hängt von dem Ertrag aller im Portfolio enthaltenen Anlagen ab. Die Größe einer Fondsgesellschaft ist noch keine Garantie für Qualität, aber das Renommee und die Ressourcen einer Gesellschaft sind zwei von mehreren wichtigen Entscheidungskriterien. Die Erfahrung zeigt, dass der Schutz von Investoren bei großen, bekannten Gesellschaften sehr gut ist.

tipps

Fonds für wenig Geld

✔ Wenn Sie regelmäßig geringere Beträge investieren möchten, bietet sich zum Beispiel das Fondssparen an. Mit regelmäßigen monatlichen Beiträgen ab 50 Euro sind Sie dabei – im Einzelfall kann der Mindestbetrag sogar noch darunter liegen. Ein Vorteil des Fondssparens ist die Flexibilität. Sie können jederzeit Fondsanteile verkaufen.

✔ Es ist auch möglich, vermögenswirksame Leistungen Ihres Arbeitgebers in Fonds zu investieren. Viele Fondsgesellschaften, von A wie ADIG bis Z wie Zürich Invest, bieten solche Produkte speziell nach dem Vermögensbildungsgesetz an. Fragen Sie Ihre Bank oder Ihren Berater danach.

Die Vorteile von Investmentfonds

→ **Kleines »Einsteigerkapital«:** Die meisten Anleger verfügen nicht über genügend Vermögen, um es in vielen verschiedenen Aktien und Wertpapieren anzulegen. Die Streuung des Anlagevermögens (Diversifikation) ist aber sehr wichtig, um bei einem minimalen Risiko die höchstmöglichen Erträge zu erzielen. Fonds gibt es schon für kleine Beträge.

→ **Professionelles Portfoliomanagement:** Kein Investmentprofi kann sämtliche der über 50 000 Aktien kennen und die besten Titel dieses Spektrums auswählen. Wie auch in anderen Bereichen der Wirtschaft muss man sich zunehmend auf Spezialisten verlassen, um erfolgreich in den verschiedenen Regionen der Welt und den unzähligen Branchen Vermögen aufzubauen. Wenn Sie weltweit investieren wollen, bieten Fonds daher eine echte Alternative.

→ **Risikobegrenzung:** Eine internationale Streuung Ihrer Geldanlagen ist bei Vermögen unter 1 Million Euro nur mit Investmentfonds zu erreichen. Diversifizierung heißt also Risikobegrenzung. Ihr Risiko ist wesentlich besser verteilt, wenn Sie zum Beispiel einem Investmentfonds in den USA Ihr Geld anvertrauen, als wenn Sie nur fünf bis zehn amerikanische Aktien halten. Da Fonds jeweils eine große Anzahl verschiedener Vermögenswerte enthalten, profitieren Sie selbst bei einer kleinen Beteiligung von den Vorteilen der Risikostreuung.

→ **Transparenz:** Als Anleger erhalten Sie von den professionellen und großen Fondsverwaltungsgesellschaften Monatsberichte und Informationsbriefe. So wissen Sie immer, wie sich der Wert Ihrer Anteile entwickelt. Hinzu kommt, dass der Preis eines Fondsanteils, der Nettoinventarwert (auch: Net Asset Value, kurz NAV) an jedem Arbeitstag berechnet und in der Finanzpresse oder im Internet publiziert wird. Dies macht Fonds leicht vergleichbar. Wird Ihr Vermögen durch Sie selbst, eine Bank oder einen Vermögensverwalter betreut, so ist es sehr schwierig, die Wertentwicklung mit den Ergebnissen anderer individuell verwalteter Vermögen zu vergleichen.

→ **Anlegerschutz:** In allen Ländern der Europäischen Union und in der Schweiz unterstehen Investmentfonds Gesetzen zum Schutz der Anleger sowie einer Aufsichtsbehörde, die die Anwendung der entsprechenden Rechtsvorschriften überwacht. Ein Fonds muss mindestens Halb- und Jahresberichte publizieren. Eine externe Revisionsstelle überprüft die administrativen Aspekte sowie den Jahresabschluss.

→ **Kostenminimierung:** Fonds haben dank ihrer Größe (Tausende von Anleger investieren darin) niedrigere Gebühren für die Abwicklung von Geschäften. Oft wird kritisiert, dass die Kosten für Fondsanlagen in Deutschland besonders hoch sind. Dies ist nur zum Teil richtig: Anleger scheinen bei Einzelanlagen weit weniger preisempfindlich zu sein. Dies ist erstaunlich, da – über einen längeren Zeitraum betrachtet – Fondsanlagen in den meisten Fällen günstiger sind als Einzelanlagen.

→ **Einfacher Zugang zu Branchen** (zum Beispiel Biotechnologie, Technologie) oder **Regionen** (zum Beispiel Osteuropa-Fonds, China-Fonds ...): Für den Einzelnen ist es schwierig, Anteile von Firmen in bestimmten Sektoren oder Regionen zu kaufen. Welcher Privatanleger kennt sich schon in Biotechnologie genügend aus, um aus der Vielzahl der Firmen die zukunftsträchtigsten zu identifizieren? Und wenn Sie in bestimmte Regionen investieren wollen, weil Sie an den Aufschwung glauben, etwa in China, bieten deutsche Banken und Effektenhändler zum Teil nur einen beschränkten oder sehr teuren Zugang zu den jeweiligen Börsen. In beiden Fällen ist es daher besser, sich auf Experten zu stützen, die entsprechende Fonds zusammenstellen.

→ **Komfort:** Alle Anlageentscheidungen in einem Fonds werden von den Portfoliomanagern getroffen. Sie als Anleger brauchen sich keine Gedanken über Analyse und Auswahl der Titel machen, müssen nicht die Kursentwicklungen verfolgen, keine Börsenaufträge geben und Fälligkeiten überwachen. Natürlich gibt es Privatanleger, die gerne an der Börse investieren, alle Nachrichten aufmerksam studieren und wesentlich besser informiert sind

tipp

Klein, aber oho

Luxemburg, das sich als erstes Mitglied der Europäischen Union (EU) den EU-Vorschriften angepasst hat, ist nach wie vor das beliebteste Fondsdomizil und damit der größte europäische Markt für Investmentfonds. Da die luxemburgischen Fonds die EU-Norm erfüllen, sind die meisten auch in Deutschland zugelassen.

Wie funktioniert die Fondsverwaltung?

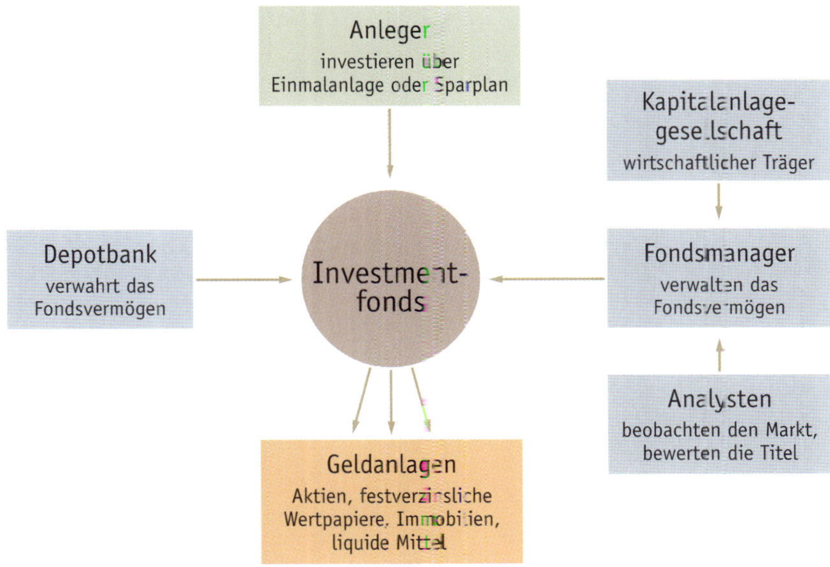

als manche Bankberater. Bedenken Sie aber, dass Sie als Privatperson nur dann eine Chance haben, besser abzuschneiden als die Vermögensverwaltungsprofis, wenn Sie sich mehr als nur ein paar Minuten am Tag damit beschäftigen – und das ergibt dann schnell einen Full-Time-Job.

→ **Liquidität:** Investmentfonds gewährleisten in der Regel eine hohe Liquidität, Sie können also flexibel über Ihr Geld verfügen und nicht nur an jedem Werktag Fondsanteile zeichnen, sondern auch deren Rückgabe verlangen. Allerdings erfolgt die Abwicklung der Zeichnungs- und Rücknahmeanträge erst ein oder mehrere Tage später. Durch diese Frist werden andere Anteilsinhaber vor nachteiligen Auswirkungen im Zusammenhang mit Zeichnungs- beziehungsweise Rücknahmewellen geschützt.

Gibt es auch Nachteile?

Mit der großen Beliebtheit der Fonds nimmt deren Vielfalt zu. Zwar sind innovative Fondsprodukte und eine große Auswahl für Kunden positiv, aber die Entwicklung kann auch negative Folgen mit sich bringen.

→ Viele neue Produkte bieten eine vergleichsweise geringe Transparenz (zum Beispiel Dachfonds, Garantiefonds).

→ Ausgefallene Fondsprodukte sind schwer zu vergleichen und daher meist teurer als klassische Produkte.

→ Neue Produkte sind vielfach von Marketing-Experten gestaltet worden, es fehlt aber (noch) der Beweis, dass es sich wirklich um gute Anlageideen handelt. Vielfach spiegeln diese Fonds nur kurzfristige Moden wider (zum Beispiel NEMAX-und andere Neue-Märkte-Fonds).

Auswahl und Kauf – die Beurteilung von Fonds

In Deutschland sind heute über 4000 Fonds zum Vertrieb zugelassen und jede Woche kommen neue hinzu. Nicht mal Investmentprofis behalten die Übersicht – wie sollen Sie als Laie den richtigen Fonds finden?
Fondslisten in Fachzeitschriften und die Werbung der Fondsgesellschaften vermitteln häufig den Eindruck, dass Fonds mit der besten Wertentwicklung in der Vergangenheit auch die besten für die Zukunft sein sollten. Wie die Erfahrung zeigt, funktioniert diese Auswahlmethode nur sehr beschränkt. Medienwirksame Fondsauszeichnungen wie »Bester Fonds des Jahres« sind daher keine große Hilfe bei der Auslese der zukunftsträchtigsten Fonds. Wer dem rentabelsten Fonds der Vergangenheit hinterherspringt, greift mit großer Wahrscheinlichkeit daneben.
Ranglisten sind Momentaufnahmen. Je nach Wahl der Vergleichsperiode schwingt der eine oder der andere Fonds nach oben aus. Eine Erfolg versprechende Fondsauswahl ist wesentlich anspruchsvoller und orientiert sich an den im Kasten auf Seite 141 erläuterten Kriterien.

Was die Profis beachten

→ Die **Wertentwicklung** innerhalb längerer Zeiträume: meist ein, drei und fünf Jahre.
→ Die **Größe** des Fonds ist ein wichtiges Kriterium: Zu kleine (unter 20 Millionen Euro) sind genauso verdächtig wie zu große (über fünf Milliarden Euro), die sich – vergleichbar einem schwerfälligen Supertanker – kaum noch bewegen lassen.
→ Die **Laufzeit** des Fonds: Ist sie zu kurz (unter zwei Jahren), kann keine Aussage über die Qualität eines Fonds gemacht werden.
→ Die **Kontinuität** des Fondsmanagers: Vorsicht bei Fonds, bei denen häufig der Fondsmanager wechselt oder gerade ein besonders erfolgreicher die Firma verlassen hat.
→ Das **Rendite-Risiko-Verhältnis** gemessen am so genannten Sharp Ratio: Es handelt sich dabei um eine Formel, die den Anlageerfolg (Performance) ins Verhältnis zum eingegangenen Risiko setzt und die berücksichtigt, dass es in jeder Situation eine risikolos zu erzielende Rendite gibt. Beurteilung: Hohe Werte sind gut, niedrige schlecht.
→ **Ertrags-Risiko-Diagramme** für vergleichbare Fonds: Ein solches Diagramm stellt auf einen Blick die wichtigsten Vergangenheitsdaten eines Fonds im Vergleich zur Konkurrenz derselben Fondsgruppe dar.
→ Die Entwicklung im **Vergleich zur Benchmark**: Hier gilt es aufzupassen, damit nicht Birnen mit Äpfeln verglichen werden. Es ist beispielsweise unseriös, einen Deutschland-Fonds mit einem Europäischen Aktienindex zu vergleichen.
→ Den definierten **Investmentstil** und ob sich der Fondsmanager daran hält.

Vorsicht Falle!

Die Werbung für Fonds wird immer aggressiver. Seien Sie vorsichtig: Schönfärberei ist leider gängige Praxis. Einige mögliche Fallen:
→ Wenn die Wertsteigerung nur für einen kurzen Zeitraum angegeben wird (unter ein bis zwei Jahren), ist die Aussagekraft sehr gering. Oft wird mit Fonds geworben, die gerade ein sehr gutes Jahr hatten. Wenn ein Fonds erst seit kurzer Zeit existiert, kann natürlich nur ein kurzfristiges Ergebnis veröffentlicht werden. Es ist ratsam, vor allem Fonds zu kaufen, die schon länger existieren und sich bewährt haben.
→ Wenn die Performance ausschließlich für einen sehr langen Zeitraum (mehr als drei bis fünf Jahre) angegeben wird, waren vielleicht die weit zurück liegenden Jahre sehr gut. In der Zwischenzeit sind die Ergebnisse aber

checkliste fondsauswahl

Analyse der persönlichen Anlageziele

- ✔ Welches Risiko möchte ich eingehen?
- ✔ Welche Anlagedauer strebe ich an?
- ✔ Kümmere ich mich selbst um mein Depot, oder erteile ich meinem Berater ein Mandat?
- ✔ Geht es um einen Einmalbetrag oder regelmäßiges Sparen?

Vorauswahl aus den Fondsgruppen

- ✔ Welche Angebote stimmen am ehesten mit meinen Anlagezielen überein?

Marktbeobachtung

- ✔ Wie war die Zinsentwicklung in der Vergangenheit und wie lauten die Prognosen?
- ✔ Welche Märkte, Branchen, Regionen und Währungen versprechen Gewinn?

Engere Auswahl

- ✔ Wie war die Performance des Fonds in der Vergangenheit?
- ✔ Wie sieht das Chance-Risiko-Verhältnis aus?
- ✔ War die Leistung des Fondsmanagements gleich bleibend gut?
- ✔ Existiert der Fonds bereits länger oder ist er neu aufgelegt?
- ✔ Handelt es sich um eine erfahrene Fondsgesellschaft oder um Neueinsteiger?
- ✔ Ist das Anlagespektrum breit gewählt (Diversifikation)?
- ✔ Bietet der Fonds Vorteile gegenüber einer Direktanlage im jeweiligen Markt?

Zusammenstellung des Depots

- ✔ Passt der Fonds in mein Depot?
- ✔ Entsprechen Umfang und Streuung des insgesamt investierten Vermögens meinen Vorstellungen?

Überwachung des Depots

- ✔ Muss ich mein Anlagevermögen aufgrund von Veränderungen umschichten?

eventuell schlecht geworden. (Vielleicht hat der Fondsmanager gewechselt, aber auch andere Kriterien wie zum Beispiel die Marktentwicklung haben Einfluss.)

→ Achten Sie in der Werbung und bei den Prospekten auch auf die Vergleichbarkeit zwischen dem Fonds und dem Vergleichsindex (Benchmark). Häufig werden Äpfel mit Birnen verglichen.

→ Wenn die Wertsteigerung in einer Fremdwährung angegeben wird, sollten Sie besonders aufpassen. In Euro kann alles ganz anders aussehen.

→ Geschickte Werbung kann aus fast jedem mittelmäßigen Fonds einen Star machen. Seien Sie deshalb sehr kritisch, wenn Ihnen bei einem Fonds jährliche Renditen von 20 bis 30 Prozent garantiert oder versprochen werden. Es handelt es sich mit großer Wahrscheinlichkeit um ein unseriöses Angebot. Hohe Renditen kann man nur mit hohem Risiko erreichen und dann gibt es auch keine Garantie.

Gebühren

Bankgebühren sind ein leidiges Thema. Das Hauptproblem sind mangelnde Transparenz und Vergleichbarkeit. Kein Bankkunde weiß, was die Bank an ihm verdient. Die Abrechnungen sind oft kompliziert; für den Laien ist die Tarifgestaltung der reinste Dschungel. Bei Fonds ist es leider oft nicht anders. Hier die verschiedenen Kosten im Überblick:

Da ist zunächst der **Ausgabeaufschlag**, auch Agio genannt. Er ergibt sich aus der Differenz zwischen Ausgabepreis und Anteilswert, die Sie beim Erwerb von Investmentanteilen zahlen. Die Gebühr dient in erster Linie zur Deckung der Vertriebskosten der Fondsgesellschaft. Gebühren um 5 Prozent sind in Deutschland immer noch üblich.

Die gängige Abrechnungspraxis funktioniert wie folgt: Im Preis für den Fondsanteil ist der Ausgabeaufschlag schon enthalten, das heißt, Sie zahlen den Netto-Inventarwert plus Aufgabeaufschlag (was Sie auf der Abrechnung nicht sehen können) und zahlen zusätzlich eine Bankkommission. Banken erklären häufig, dass sie selbst diesen Ausgabeaufschlag an die Fondsgesellschaft zahlen müssen, und empfehlen aus Kostengründen ihre eigenen Fonds. Lassen Sie sich nicht täuschen, 50 bis 100 Prozent dieses Aufgabeaufschlags auf bankfremde Fonds landen per Reprozession wieder in den Taschen der Banken.

Die laufende **Verwaltungs-** oder **Managementgebühr** wird direkt dem Fondsvermögen belastet und fällt daher dem Anleger nicht auf. Sie ist aber immer in den Performancezahlen enthalten (das heißt, sie wurde schon abgezogen). Je nach Anlageklasse und Fondsgesellschaft kann sie sehr unterschiedlich sein. Geldmarkt- und Rentenfonds haben die niedrigsten Gebühren, während

tipp

Je mehr Sie investieren können, desto besser ist Ihre Verhandlungsposition. Gerade bezüglich der Ausgabeaufschläge spricht vieles dafür, dass sich die Konditionen in den nächsten Jahren zugunsten der Anleger verbessern werden. Investieren Sie nicht in Fonds mit Ausgabeaufschlägen über 5 Prozent oder in Fonds mit »Total Expense Ratios« (diese umfassen alle im Fonds anfallenden Kosten) über 2 Prozent.

Aktien- und Spezialitätenfonds (zum Beispiel Emerging Market Funds) die höchsten haben. Eine generelle Aussage, welche Gebühren akzeptabel sind, ist nicht einfach, da ein guter Fonds auch eine hohe Gebühr wieder herausholt. Dennoch sollte eine Gebühr von 1,5 Prozent bei Aktienfonds die Obergrenze darstellen. Gebühren über 2 Prozent sind oft unseriös.
Zusätzlich zu den Verwaltungsgebühren erheben einige Fondsgesellschaften **Depot-** und andere **administrative Gebühren**. Der Fondsprospekt oder Ihr Berater müssen darüber detailliert berichten können. Seit einiger Zeit beginnt sich auch das Konzept der **Pauschalgebühr** (All-in-Fee) zu verbreiten. Mit dieser werden alle laufenden Kosten in einer einzigen Jahresgebühr in Prozent des Anlagevolumens abgegolten. Dies bietet dem Anleger den Vorteil einer größeren Transparenz und besseren Vergleichbarkeit. **Erfolgsabhängige Gebühren** hingegen werden oft als eine faire Alternative dargestellt – dies trifft jedoch nicht immer zu, denn meist werden mit dieser Verrechnungsweise die Gebühren genau dann erhöht, wenn es Ihnen weniger ausmacht – nämlich wenn Sie ein gutes Jahr hatten und daher vielleicht gerne bereit sind, mehr zu bezahlen.
Wenn Sie von einem Fonds eines Anbieters in einen anderen Fonds derselben Gesellschaft wechseln wollen, bieten einige Fondsgesellschaften dafür günstige Tauschkonditionen an (**Switch-Gebühren**). Dies ist meist dann möglich, wenn Sie Ihr Depot bei der Fondsgesellschaft führen. Anstatt beim Wechsel erneut einen Ausgabeaufschlag zu zahlen, wird nur eine niedrigere Switch-Gebühr erhoben (manche Gesellschaften verzichten ganz darauf). Beachten Sie jedoch: Häufige Fondswechsel bringen meist nicht viel. Langfristig orientierte Investoren schneiden im Allgemeinen besser ab.

checkliste

Fondskosten

- ✔ Wie hoch ist der Ausgabeaufschlag?
- ✔ Gibt es eine Rücknahmekommission?
- ✔ Wie hoch sind die laufenden Kosten im Fonds?
  Fragen Sie am besten nach dem »Total Expense Ratio«, das alle im Fonds anfallenden Kosten umfasst. Damit haben Sie eine Vergleichsgrundlage.
- ✔ Werden bei diesem Fonds performanceabhängige Gebühren verlangt?
- ✔ Bietet ein Discount-Broker den von mir gewählten Fonds günstiger an?
  Die Wahrscheinlichkeit ist recht groß.

Gebühren sind »ortsabhängig«: Hauseigene Produkte Ihrer Bank sind dort natürlich günstiger zu haben als Konkurrenzprodukte. Wenn Sie also genau den Fonds der XY-Bank haben möchten, werden Sie ihn nirgends anders zu einem besseren Preis bekommen. Falls Sie Ihren Vermögensaufbau über das Internet machen, bieten sich die Direktbanken an, die mit Rabatten beim Ausgabeaufschlag locken. Ebenfalls kostengünstig ist der Weg direkt über die Fondsgesellschaften, allerdings verlangen diese höchst unterschiedliche Mindestbeträge für die Einmalanlage. Sie reichen von etwa 250 Euro bis zu 25000 Euro.

Rechtliche Aspekte

1957 wurde das »Gesetz über Kapitalanlagegesellschaften« (KAAG) erlassen. Es ist im

internationalen Vergleich streng und man kann davon ausgehen, dass die Rechte der Anleger gut gesichert sind. Natürlich kann auch ein Gesetz nicht vor Kursverlusten schützen. Aber generell schreibt es einen hohen Standard an Transparenz und Sicherheit vor. Unter anderem müssen ein Emissionsprospekt sowie ein Jahres- und Halbjahresbericht publiziert werden und am Fondsdomizil sowie bei den Vertretern in allen Vertriebsländern zur Verfügung des Anlegers stehen. Im Prospekt sind die Rechte und Pflichten der Fondsorgane und des Anlegers genau beschrieben.
Wie einige Betrugsfälle in England gezeigt haben, sind auch zugelassene Fonds nicht gegen jeden Missbrauch geschützt. Beruhigend ist immerhin, dass in allen bisherigen Fällen die entstandenen Schäden von den verantwortlichen Fondsgesellschaften ersetzt wurden. Vor allem große, renommierte Gesellschaften können es sich jedoch nicht leisten, in Skandale verwickelt zu werden oder eine schlechte Presse zu haben, daher können Sie davon ausgehen, dass die Großen am Markt ihre Produkte genau prüfen und die Belange der Anleger verantwortungsbewusst in ihre Strategien mit einbeziehen.
Grundsätzlich sollten Sie zwei Grundsätze nicht aus den Augen verlieren:

→ Trotz aller administrativen Sicherheiten, die Fonds bieten – vor Wertverlust sind Sie nie ganz sicher. Deshalb gilt wie bei anderen Anlagen auch: Legen Sie nicht alle Eier in einen Korb.

→ Für Ihre Geldanlage sollten Sie nur Fonds kaufen, die eine öffentliche Vertriebszulassung in Deutschland haben. Es gibt zwar auch interessante Fonds, die nicht in Deutschland zugelassen sind (zum Beispiel Hedge-Fonds), aus Steuer- und Sicherheitsüberlegungen sollten Sie solche Anlagen aber nur Profis überlassen.

Steuern

Kursgewinne sind bei in Deutschland zugelassenen Investmentfonds steuerfrei. Leider ist das Steuerrecht bei ausgeschütteten Zinsen und Dividenden nicht eindeutig. Wir können an dieser Stelle nur die Grundprinzipien erläutern. Fragen Sie im Zweifelsfall unbedingt Ihren Steuerberater.
Bei einer festverzinslichen Anlage müssen Sie die Zinsen versteuern. Dafür ist der Ertrag sicher. Für eine Aufstellung der steuerpflichtigen Erträge eines deutschen Investmentfonds oder eines in Deutschland zum Vertrieb zugelassenen Auslandsfonds erhalten Anleger jedes Jahr eine Aufstellung der jeweiligen Kapitalanlagegesellschaft. Außerdem gibt der Bundesverband der Investmentgesellschaften (BVI) jährlich eine Broschüre über Investment-Steuern heraus, in der die steuerpflichtigen Erträge aller zugelassenen Fonds aufgeführt sind.

Steuern bei ausländischen Fonds

Für ausländische Fonds gibt es in Deutschland drei Stufen der Vertriebserlaubnis:

→ **Fonds, die zum öffentlichen Vertrieb in Deutschland zugelassen** sind, werden steuerlich den deutschen Fonds gleichgestellt. Dazu gehören Fonds, die in einem anderen EU-Land öffentlich vertrieben werden dürfen sowie in Deutschland eine Depotbank haben und beim Bundesaufsichtsamt für das Kreditwesen registriert sind. Verschiedene Fonds amerikanischer und Schweizer Herkunft haben auch Zulassungen für Deutschland. Die Auflagen sind dabei (a) ein deutscher Repräsentant, (b) eine inländische Zahlstelle sowie (c) Unterlagen und Verkaufsprospekt in Deutsch. Aber Achtung: Wenn ein Fonds einer Gesellschaft die Zulassung für Deutschland hat, heißt das nicht, dass automatisch auch die anderen Fonds derselben Gesellschaft zugelassen sind.

→ **Fonds mit einem deutschen Repräsentanten, aber ohne Registrierung zum öffentlichen Vertrieb** sind steuerlich nicht den deutschen Fonds gleichgestellt. Bei diesen Fonds müssen Sie am Ende des Geschäftsjahres die gesamten Kursgewinne und Dividenden des Fonds abzüglich der Kosten versteuern.
→ **Fonds ohne deutschen Repräsentanten und ohne Registrierung zum öffentlichen Vertrieb** werden von den Steuerbehörden drakonisch bestraft. Es müssen am Ende des Jahres neben den Ausschüttungen auch 90 Prozent des Wertzuwachses des Fonds versteuert werden. Kosten können nicht geltend gemacht werden. Da auch mindestens 10 Prozent des Rücknahmepreises versteuert werden müssen, erleiden Sie einen besonderen Nachteil, wenn der Wertzuwachs unter 10 Prozent liegt oder wenn die Wertentwicklung sogar negativ ist. Fonds der Stufe drei sind häufig Off-shore-Fonds (zugelassen nur in Steueroasen), die einen alternativen Investmentstil verfolgen (zum Beispiel Hedge-Fonds) und daher nicht in Deutschland zugelassen werden können.

Der Gesetzgeber will über die steuerlichen Regelungen sicherstellen, dass nur in Deutschland zum Vertrieb zugelassene Fonds von Privatanlegern gekauft werden. Fonds der Stufe 1 unterliegen einer gewissen Prüfung und bieten so für den Anleger mehr Sicherheiten als Fonds der Stufe 2 und 3.

Hier finden Sie Informationen zu Fonds

Fondspreise werden in den Tageszeitungen veröffentlicht, Fondsranglisten in Finanzzeitungen. Doch Achtung: Bei Letzteren werden oft nicht vergleichbare Fonds miteinander in einer Kategorie vermischt. Die Listen sind oft auch nicht vollständig.

Fondsmanagement ist Teamarbeit, anders lässt sich die Informationsflut nicht bewältigen.

Bei den Fondsgesellschaften und bei Banken und Sparkassen gibt es Broschüren, des öfteren auch von der Konkurrenz. Da die Unternehmen meist nur zu den hauseigenen Fonds raten, bietet sich für kritische Anleger die Möglichkeit, bei der Stiftung Warentest eine Fondsanalyse einzusehen. Unter www.*warentest.de* geben Sie das Suchwort »Fondsanalyse« ein und klicken den Link zu der aktuellen Übersicht an. Die Seiten sind gut aufgebaut und man findet schnell das Gesuchte.

tipps

✔ Steuern sparen ist zu einem Sport geworden. Vergessen Sie aber nicht, dass der Anlageerfolg abzüglich der Steuern im Vordergrund stehen muss. Wirtschaftlich unsinnige Anlagen, die angeblich Steuern sparen, bringen nichts.

✔ Besondere Vorsicht ist bei Strukturvertrieben gegeben: Die Berater denken unter Umständen mehr an die Provision als an den Nutzen für den Kunden.

Wo bekomme ich Fonds?

Obwohl Fonds in den vergangenen Jahren einen Boom erlebt haben, ist es heute immer noch schwierig, gute Beratung zu bekommen. Und so weisen alle Stellen, bei denen Sie Fonds kaufen können, immer noch Schwachpunkte auf. Allen voran den, dass der Berater die hauseigenen Produkte oft besonders rosig darstellt.

Wo Sie Fonds kaufen sollen, hängt daher sehr davon ab, wie gut Sie sich auskennen, welche Erfahrung Sie mit Banken haben und welche Fonds Sie kaufen möchten. Hier die gängigsten Möglichkeiten:

→ **Banken und Sparkassen** sind in Deutschland immer noch der Hauptvertriebsweg für Fonds. Allerdings bieten noch nicht alle Geldinstitute Fondssparpläne oder aktiv verwaltete Fondsportfolios an. Vergleichen Sie die Konditionen. Größere Banken haben Fondsspezialisten. Lassen Sie sich einen Termin geben und informieren Sie sich ohne Zeitdruck. Wenn Sie das Gefühl haben, dass man Sie nicht gut und unabhängig berät, gehen Sie lieber noch zu einer anderen Bank.

→ **Strukturvertriebe**. Diese Anbieter operieren mit einem Netz von Beratern, das ähnlich organisiert ist wie das der Versicherungsvertreter. Dieser Vertrieb ist aufwändig und viele dieser Strukturvertriebe erheben hohe Kommissionen, meist in Form von Ausgabeaufschlägen. Einige der Anbieter haben allerdings gut ausgebildete Berater und kennen sich im Fondsbereich gut aus.

→ **Versicherungen** versuchen zunehmend, über das Lebensversicherungsgeschäft auch im Fondsgeschäft aktiv zu werden. Das Thema Altersvorsorge wird immer wichtiger und die Versicherungen haben erkannt, dass Fonds eine sinnvolle Ergänzung zu den traditionellen Lebensversicherungen darstellen. Die meisten großen Versicherungen haben heute Kapitalanlagegesellschaften, die immer mehr Fonds auflegen und fondsgebundene Lebensversicherungen anbieten. Einige Gesellschaften bemühen sich auch um eine unabhängige Beratung und bieten Fonds von Dritten an, dennoch ist das Angebot meist beschränkt. Ein weiteres Problem kann die mangelnde Kostentransparenz sein, wenn Sie ein Paket aus Risikoversicherung und Fondssparen kaufen. Vergleichen Sie, ob Sie nicht kostengünstiger wegkommen, wenn Sie die beiden Bereiche trennen. Auch das Argument, dass eine fondsgebundene Lebensversicherung steuerlich attraktiver sei, ist nicht sehr stichhaltig, da die Steuerbelastung bei einem Sparplan mit Aktienfonds unter Umständen niedriger ist. Hinzu kommt, dass viele Sparer mit ihren Einkünften aus Kapitalerträgen unter den Freibeträgen von rund 1500 Euro bei Ledigen und 3100 bei Verheirateten liegen.

→ **Unabhängige Anlageberater und Vermögensverwalter** spezialisieren sich zunehmend auch auf Fonds und nennen sich viel versprechend Fonds-Shops. Diese Fondsexperten haben einen Marktüberblick und kennen die Stärken und Schwächen der einzelnen Fonds. Informieren Sie sich, wer in Ihrer Nähe einen guten Ruf besitzt, denn es gibt auch in diesem Bereich schwarze Schafe. Leider gibt es in Deutschland bisher keine nennenswerten Zulassungsbedingungen für den Vertrieb von Fondsanteilen. Jedoch wurde die Aufsichtsreglung für Finanzdienstleister, die nicht nur Fondsanteile vertreiben, erheblich verschärft. Kaum ein Berater kennt alle Fondsgesellschaften – um als gut eingestuft zu werden, sollte er jedoch das Angebot von rund 15 guten Fondsgesellschaften überblicken können. Damit kann er Ihnen eine Auswahl anbieten, die fast alle Ihre Bedürfnisse abdecken wird.

→ Sie können auch direkt bei den **Fondsgesellschaften** ein Konto eröffnen und Fonds kaufen. Dies ist oft günstiger als zum Beispiel über eine Bank, hat aber den Nachteil, dass Sie fast immer auf die Fonds der einen Gesellschaft beschränkt sind. Dafür werden attraktive Sparpläne angeboten und im Allgemeinen entfallen beim Tausch zwischen den Fonds die so genannten Switch-Gebühren. Wollen Sie Anteile mehrerer Gesellschaften kaufen, müssten Sie bei jeder ein Konto eröffnen, was aus praktischen Überlegungen wenig sinnvoll sein dürfte. Leider erheben heute die Fondsgesellschaften immer noch Ausgabeaufschläge.

→ **Discount-Broker und Internetbanken** bieten über das Internet eine Vielzahl von Informationen und oft attraktive Konditionen für den Erwerb von Fonds. Manchmal entfallen bis zu 100 Prozent des Ausgabeaufschlages. Nachteil: Sie haben im Netz keinerlei persönliche Beratung. Wenn Sie jedoch bereits genau wissen, was Sie wollen, ist dies eine der günstigsten Methoden, um Fondsanteile verschiedener Anbieter zu kaufen. Leider gibt es bisher erst wenige Sparpläne oder aktiv verwaltete Fondsmandate. Auch werden Ausschüttungen nicht automatisch gebührenfrei wieder angelegt.

In den Bankenzentralen werden ständig neue Fondsprodukte ausgetüftelt. Sie müssen aber nicht nach Frankfurt fahren, um gute Fonds zu bekommen.

Vom Sparen zum Investieren

Einmaleinlagen

Wie auch bei anderen Anlagen an Wertpapiermärkten ist es nicht einfach, den richtigen Zeitpunkt für einen Einstieg zu wählen. Wie schon bei den Aktien gilt auch für Aktienfonds, dass diese überwiegend als langfristige Anlage geeignet sind. Wenn Sie einen Anlagehorizont von mehr als fünf Jahren haben, ist das so genannte Markt-Timing auch nicht so wesentlich, da über einen längeren Horizont die Kurse der Aktien und die Wertentwicklung der Fonds positiv sein sollten (leider gibt

tipps

- Kaufen Sie keine Fonds aufgrund gut gemeinter oder »heißer« Tipps. Nur zu oft handelt es sich um Halbwahrheiten oder Gerüchte.
- Lassen Sie sich nicht mit Traumrenditen ködern.
- Kaufen Sie keine Fonds, die nicht in Deutschland zugelassen sind.
- Bei einem kleineren Vermögen erreichen Sie mit einem Fonds eine vernünftige Diversifikation.
- Mit einem Fonds (zum Beispiel Strategiefonds) können Sie die Asset Allocation abdecken und der Fondsmanager arbeitet für Sie!

es Ausnahmen wie zum Beispiel Japan von 1987 bis 2001).
In der Regel ist es sinnvoller, eine Einmaleinlage in Fonds zu tätigen, nachdem die Aktienkurse sich eine Zeit lang schlecht entwickelt haben, als in einer Boomphase. Die Entwicklung des Neuen Marktes in Deutschland zwischen 1999 und 2001 ist ein gutes Beispiel dafür, dass es an den Märkten immer wieder zu maßlosen Übertreibungen kommen kann.

Fondssparen

Fondssparen ersetzt immer mehr das Sparbuch. Dabei wird regelmäßig ein bestimmter Betrag – ab 50 Euro – zum Kauf von Investmentanteilen benutzt. Sie legen einen bestimmten Tag fest, zu dem Sie jeden Monat den gleichen Betrag investieren. So bauen Sie nicht nur Ihr Vermögen Schritt für Schritt aus, sondern Sie nutzen auch den so genannten Cost-Average-Effekt. Über eine längere Zeit führt dieser Effekt zu durchschnittlich attraktiven Einstandskosten für Fondsanlagen.

Auszahlungspläne

Ab einem gewissen Zeitpunkt möchte man auch in den Genuss seiner Investitionen kommen. Wenn Sie Ihr Geld nicht auf einen Schlag brauchen, ist vielleicht die regelmäßige Auszahlung in Form eines Auszahlungs- und Entnahmeplans die geeignete Vorgehensweise. Fondsgesellschaften, aber auch Banken bieten diese Dienstleistung an.
Sie können vierteljährlich oder auch monatlich festlegen, welcher Betrag an Sie zurückgezahlt werden soll. Je nach Größe Ihres Vermögens und Höhe der Entnahmen können Ihnen Banken und Berater Modelle berechnen, bei denen sich über einen längeren Zeitraum ein Gleichgewicht zwischen Entnahmen und Wertzuwachs ergeben sollte. Man spricht dann von Auszahlungsplänen ohne Kapitalverzehr.

Fondsverwaltungsmandate und »Top of Class«-Portfolios

Strategiefonds haben den Nachteil, dass ein Fondsmanager nicht in jedem Sektor und jeder Anlagekategorie über überdurchschnittliche Kompetenz verfügt. Kleinanleger haben kaum die Möglichkeit, in verschiedene Fonds zu investieren
Dafür gibt es den »Top of Class«- oder »Best in Class«-Portfolioansatz. Dabei wird aus jeder Kategorie der klassenbeste Fonds zu einem Portfolio kombiniert – man spricht hier von Fonds Picking. Gegenüber Strategiefonds hat dies den entscheidenden Vorteil, dass mehrere Spezialisten besser sein sollten als ein Generalist.

interview

Schroders Plc, London, ist mit 130 Fondsmanagern, 129 Analysten und 37 Niederlassungen in 27 Ländern und Regionen einer der großen, renommierten internationalen Investmentgesellschaften. Olaf Siedler ist Fondsmanager und Leiter des kontinentaleuropäischen Aktienteams.

»Persönlich kaufe ich meistens Investmentfonds mit Schwerpunkt auf europäischen Aktien.«

Was zeichnet einen guten Fondsmanager aus?

Eine Faustregel ist: »Information ist Macht« – gute Fondsmanager müssen die Aktien in- und auswendig kennen, intellektuell flexibel sein, aus Fehlern lernen und eine gute Nase haben, um vor allem die großen Probleme im Voraus aufzuspüren.

Beschreiben Sie bitte den Anlageprozess.

Wir bauen auf die Qualität unserer hausinternen Analysten. Deren Erkenntnisse setzen wir durch einen disziplinierten Portfolioaufbau in eine hochwertige Investment-Performance um. Bei diesem Prozess gibt es keine Hierachie: Fondsmanager und Analysten arbeiten eng zusammen. Die Risikokontrolle spielt hierbei eine sehr große Rolle, wir nehmen die Verantwortung, die Gelder unserer Kunden zu verwalten, sehr ernst.

Ist Größe ein wichtiges Merkmal für eine Fondsgesellschaft beziehungsweise für einen Fonds?

Das ist sogar ein sehr wichtiges Kriterium. Als eine der weltweit führenden globalen Investmentgesellschaften können wir den direkten permanenten Kontakt zu den Führungskräften in den Unternehmen halten – das wäre einer kleineren Fondsgesellchaft wohl kaum in diesem Umfang möglich. Wir sind außerdem in der Lage, Sektor- und Firmen-Researches auf weltweiter Basis auszuführen. Dies hat einen direkten Einfluss auf die Performance unserer Fonds.

Welche Trends sehen Sie bei Investmentfonds in Deutschland?

Folgende Trends zeichnen sich ab: Konsolidierung der mehreren tausend Fonds, Konzentration auf die Spezialisten als auch auf die überdurchschnittlichen Performers und wachsende Transparenz bei Managementstil und Fondskosten.

Was unterscheidet einen englischen von einem deutschen Fondsanbieter?

Englische und amerikanische Anbieter haben einen entscheidenden Know-how-Vorsprung. Deutsche Fondsgesellschaften haben ihre Stärken im lokalen Markt, primär auf der Vertriebsseite. In der Regel verfügen deutsche Gesellschaften über einen hauseigenen Kanal, über den dann – oftmals exklusiv – die eigenen Produkte vertrieben werden.

Wie beurteilen Sie die Zukunftsaussichten für Sektorfonds und Themenfonds, zum Beispiel Freizeit, Wasser, Luxusgüter?

Investmenttrends wechseln ständig. Sektorenfonds und Themenfonds wird es immer geben. Man muss sich allerdings bewusst sein, dass solche Fonds ein höheres Risikoprofil haben, als allgemein angenommen wird.

High-Yield-Fonds gekauft und schon ist das Traumauto da? Glück gehabt. Aber es geht auch ohne Fortunas Hilfe.

Rentenfonds

Diese investieren bis zu 100 Prozent des Fondsvermögens in festverzinsliche Anlagen. Es gibt Fonds mit langer, mittlerer oder kurzer Laufzeit, wobei solche mit kurzen Laufzeiten den Geldmarktfonds sehr ähnlich sind. Rentenfonds unterscheiden sich von der Anlage in zum Beispiel Bundesschuldverschreibungen dadurch, dass Papiere mit verschiedenen Laufzeiten kombiniert werden. Obwohl diese Fonds viel weniger starke Kursschwankungen zeigen (also weniger volatil sind) als Aktienfonds, kann der Wert bei starken Zinsbewegungen deutlich variieren. In Zeiten fallender Zinsen entwickeln sich Rentenfonds positiv und verlieren wieder an Wert, wenn die Zinsen steigen.

Generell kann gesagt werden, dass ein Privatanleger auch mit dem direkten Kauf von Papieren, etwa von Bundesobligationen, nicht viel schlechter fahren wird als mit einem heimischen Rentenfonds. Die bessere Wertentwicklung, die ein professioneller Fondsmanager erzielen kann, wird häufig durch die wesentlich höheren Kosten eines Fonds wieder ausgeglichen. Anders verhält es sich bei internationalen Rentenfonds. In diesem Fall hat auch die Währungsentwicklung einen bedeutenden Einfluss auf die Performance. Internationale Rentenfonds haben ein höheres Risiko als nationale Fonds, können aber auch höhere Erträge bringen, daher sollten Sie auf die Währung des Fonds achten.

Standardfonds

Investiert wird oft ausschließlich in Staatsanleihen erster Qualität. Im Vordergrund steht eine marktgerechte Gesamtrendite, Werterhaltung hat oberste Priorität. Regelmäßige Erträge und Wertsteigerungen stehen erst an zweiter Stelle. Diese Fonds sind also etwas für Sicherheitsbedürftige.

Produktkompass Rentenfonds

Bei inländisch orientierten Fonds fährt man nicht besser als mit Bundeswertpapieren und Ähnlichem, High-Yield-Fonds bieten höhere Renditen bei höherem Risiko.

Renditechance	Risiko	Aufwand	Kosten
→	→	↓	↓

High-Yield-Fonds

Gerne auch als Junk-Bond-Fonds bezeichnet. Diese legen einen wesentlichen Teil des Fondsvermögens in Anleihen privater Emittenten an oder in Staatsanleihen von Ländern mit geringerer Bonität, die ein höheres Schuldnerrisiko aufweisen und gleichzeitig einen höheren Zinssatz zahlen. Diese Fonds weisen ein Risikoprofil aus, das Aktienfonds sehr nahe kommt. In Zeiten einer wirtschaftlichen Krise sind sie entsprechend anfällig, da der Appetit der Investoren meist schlagartig abnimmt. Beispiele sind die Krisen in Mexiko 1994, Asien 1997 und Russland 1998, in denen diese Fonds stark gelitten haben. Allerdings können sie in Perioden einer stabilen Weltwirtschaft sehr gute Ergebnisse aufweisen. Sie sollten High-Yield-Fonds mit Vorsicht genießen und höchstens einen kleinen Teil Ihres Vermögens darin anlegen.

Laufzeitfonds

Hier wird nur in festverzinsliche Wertpapiere investiert, die alle bis zu einem bestimmten Zeitpunkt fällig werden. Nach dieser Fälligkeit wird das Fondsvermögen an die Anleger zurückgezahlt und der Fonds geschlossen. Laufzeitfonds sind nur während der Zeichnungsfrist für Anleger offen. Danach können die Anteile nur auf dem freien Markt ge- und verkauft werden. Die Fondsgesellschaft hat keine Verpflichtung, Anteile vorzeitig zurückzunehmen.

Geldmarktfonds (Money Market Funds)

Es gibt sie in Deutschland erst seit 1994. Im Ausland sind sie allerdings schon seit Jahrzehnten gebräuchlich und ersetzen oft sogar das Girokonto.
Diese Fonds investieren üblicherweise nur in Anleihen und andere Geldmarktanlagen (Festgeld, Callgeld) einer festgelegten Währung mit einer maximalen Restlaufzeit von zwölf Monaten. Geldmarktfonds haben meist keinen oder nur einen geringen Ausgabeaufschlag und bieten eine hohe Liquidität, da sie werktäglich zurückgegeben werden können. Außerdem werden anfallende Zinsen automatisch wiederangelegt (thesauriert), somit bieten sie annehmbare Renditen und stellen eine Konkurrenz für Festgelder dar. Richtig interessant werden die Renditen aber erst in Hochzinsphasen. Achtung: Geldmarktfonds haben im Gegensatz zum Sparbuch keinen festen Zinssatz und sind je nach Sitz der Fondsgesellschaft nicht durch ein Einlagensicherungssystem geschützt. Achten Sie unbedingt darauf, dass der Fonds von einer renommierten Fondsverwaltungsgesellschaft oder Bank aufgelegt wurde

Produktkompass Geldmarktfonds

Die Rendite kann nur so hoch sein wie das jeweilige Zinsniveau.

Renditechance	Risiko	Aufwand	Kosten
↘	↓	↓	↓

Geldmarktfonds eigenen sich vor allem als Ersatz für das Sparbuch und um Geld kurzfristig anzulegen, denn Liqidität, niedrige Mindestanlagesummen und niedrige Kosten sind für diesen Zweck durchaus attraktiv. Längerfristig sind sie kein besonders gutes Investment, da nach Abzug von Steuern und Inflation keine nennenswerte Geldwerterhaltung möglich ist. Fallen die Zinssätze, werden auch die Geldmarktfonds unattraktiv.
Es gibt auch spezielle Varianten, die kurzfristig auf fremde Währungen spekulieren. Dies sind naturgemäß hoch riskante Papiere und nur für Anleger mit Wagniskapital geeignet.

Aktienfonds (Equity Funds)

Die Anleger in Kontinentaleuropa kaufen immer mehr Fonds, die international investieren. Der Marktanteil von Länderfonds wird immer kleiner. Ein Grund dafür ist das wirtschaftliche Zusammenwachsen des Euro-Raumes: Die Anleger nehmen Europa dank der einheitlichen Währung vermehrt als ihren Heimatmarkt wahr.

Länderfonds

Dies waren bis vor einigen Jahren die gängigsten Fonds. Vor allem in Zeiten stark unterschiedlicher Börsenentwicklungen und Währungsschwankungen war es sinnvoll, den größten Teil seiner Anlagen im eigenen Land und in der eigenen Währung zu haben. Mit dem Zusammenwachsen der EU wurde ein Wirtschaftsraum mit einer einheitlichen Währung geschaffen. Europäische Länderfonds haben daher stark an Bedeutung verloren. Ausnahmen sind vielleicht Länder mit einem großen Wertpapiermarkt, solche, die sich nicht dem Euro angeschlossen haben (zum Beispiel Großbritannien) oder außereuropäische Länder mit sehr großen Märkten wie die USA oder Japan. Für deutsche Anleger kann es aber dennoch sinnvoll sein, einen Deutschlandfonds zu kaufen, nämlich dann, wenn man der Überzeugung ist, dass Deutschland und deutsche Unternehmen sich wirtschaftlich besser entwickeln als der Rest Europas, oder wenn man glaubt, der Euro könne immer noch scheitern.

Regionenfonds

Der Anteil der Länderfonds sinkt deutlich zugunsten der Regionenfonds. Ein wesentlicher Katalysator dafür war die Einführung des Euro. Aus diesem Grund ist es auch für einen in Deutschland ansässigen Investor sinnvoll, ganz Europa als Heimatmarkt zu betrachten. Dementsprechend sollte man beispielsweise auch einen Fonds auswählen, der in ganz Südamerika investiert, statt in einzelnen Ländern Südamerikas.

Branchen- und Themenfonds

Viele Anleger wählen die Möglichkeit, regional ausgerichtete Produkte gezielt mit einzelnen Branchenprodukten zu ergänzen. Damit lässt sich das Rendite/Risiko-Profil des Portfolios in Abhängigkeit von individuellen Vorlieben steuern. Beispielsweise könnte ein Anleger Wertpapiere aus dem Bereich Technologie/Medien/Telekom (TMT) heranziehen, um die langfristig erwartete Rendite – allerdings bei gleichzeitig höherem Preisrisiko – zu steigern. Umgekehrt lassen sich mit defensiven Branchenprodukten (zum Beispiel aus den Bereichen Lebensmittel oder Pharma) bei niedrigeren Renditeerwartungen Risiken abbauen.
Betrachten Sie Branchenfonds als interessante Beimischung zu Ihrem traditionellen Portfolio. Es kann durchaus Sinn machen, eine etwas höhere Gewichtung in zukunftsträchtigen Branchen wie der Biotechnologie oder Technologie zu haben. Es ist aber nicht ratsam, nur auf wenige riskante Branchen zu set-

zen. Skepsis ist gegenüber besonders ausgefallenen Fonds wie Freizeitfonds oder Wasserfonds angebracht.

Blue-Chip-Fonds

Dies sind Aktienfonds, die nur in Standardwerte mit großer Marktkapitalisierung investieren. In Deutschland werden die 30 Werte des DAX – und dies sind fast ausnahmlos sehr große Unternehmen – zu den Blue Chips gerechnet. Daher gelten sie als besonders sicher. Dies schützt aber auch sie nicht vor einer schlechten Marktentwicklung. Lassen Sie sich daher nicht einreden, dass ein Blue-Chip-Fonds viel sicherer wäre als ein vergleichbarer Länder- oder Regionenfonds.

Nebenwertefonds (Small Cap Funds)

Gemessen an der Marktkapitalisierung wird hier lediglich in kleine Aktiengesellschaften investiert (zum Beispiel kleiner als 1 Milliarde US-Dollar Umsatz). Small Cap steht für small capitalization. In der Theorie sollten kleinere Firmen ein stärkeres Gewinnwachstum aufweisen als große. Dass dies nicht immer zutrifft, haben kleinere Unternehmen in Deutschland bewiesen, die über viele Jahre ein niedrigeres Gewinnwachstum hatten als große Firmen. Hinzu kommt, dass solche Unternehmen in wirtschaftlich schwierigen Phasen weniger breit aufgestellt (diversifiziert) sind, kleinere finanzielle Polster haben und daher ihre Kurse oft stärker pendeln als die der großen Unternehmen. Traurige Berühmtheit haben auch die Firmen am Neuen Markt erlangt. Dennoch können seriöse Nebenwertefonds eine interessante Beimischung für ein Portfolio darstellen.

Emerging Market Funds

Diese Fonds investieren in Schwellenländer, die gerade vom Entwicklungs- zum Industrieland wachsen. Die Investmentidee hinter diesen Fonds ist die Annahme, dass diese Länder im Durchschnitt ein höheres Wachstum des Bruttosozialprodukts haben und die dort heimischen Unternehmen daher ein höheres Gewinnwachstum aufweisen als Unternehmen in gesättigten und schon weit entwickelten Märkten. Diese Fonds investieren zum Beispiel in Unternehmen in Südamerika, Mittel- und Osteuropa oder in Südostasien. Während die Theorie einleuchtet, hat die Praxis gezeigt, dass viele dieser Länder sehr krisenanfällig waren oder sind (Mexiko 1994, Asien 1997, Russland 1998, Argentinien 2002) und die hohen Erwartung bisher nicht erfüllen konnten. Es sollte besser nur ein kleiner Teil des Vermögens in diese Fonds investiert werden.

Öko- und Ethikfonds

Erneuerbare Energien, nachhaltige Entwicklung, qualitatives Wachstum und ethisches Investieren sind alles Schlagworte, die durch ein zunehmendes Umweltschutzbewusstsein

tipps

- ✔ Lassen Sie sich nicht von allzu ausgefallenen Fondsideen ködern. Nicht jede kreative Idee hilft Ihnen, Wertsteigerungen zu erzielen. Legen Sie den größten Teil Ihres Vermögens in traditionelle Fonds an.
- ✔ Die Namen der Fonds sind oft nicht identisch mit der Anlagestrategie. Informieren Sie sich daher, in welche Titel ein Fonds anlegt, und lassen Sie sich nicht von der Bezeichnung des Fonds in die Irre führen.

ethik

Kompliziert wird es, wenn nicht allein der Umweltschutzgedanke der Unternehmen bewertet werden soll – obwohl auch das schon schwierig genug ist. Sobald es um den gesellschaftlichen und sozialen Ruf der Firma geht, scheiden sich die Geister. Ein Beispiel: In den USA gelten unter den Abtreibungsgegnern Unternehmen als verabscheuungswürdig, die Medikamente zur Geburtenkontrolle entwickeln und verkaufen. Gerade solche Firmen erscheinen anderen Interessengruppen besonders förderungswürdig. So kann ein und derselbe Unternehmensgegenstand von verschiedenen Seiten völlig unterschiedliche ethische Bewertungen erfahren.

in großen Teilen der Bevölkerung an Bedeutung gewonnen haben. Um diese Entwicklung zu nutzen, haben einige Fondsgesellschaften ökologisch orientierte Fonds aufgelegt. Trotz verschiedener Schwerpunkte werden sie oft unter der Bezeichnung Ökofonds zusammengefasst. Diese Fonds investieren vorwiegend in Unternehmen, die aus ökologischer Sicht unbedenklich sind oder die sich verpflichtet haben, erneuerbare Energien zu erschließen und eine nachhaltige Entwicklung in ihre Investitionsentscheidungen mit einzubeziehen. Anleger werden auch damit geworben, dass Unternehmen, die auf nachhaltiges Wachstum setzen, langfristig besser abschneiden als Unternehmen, die Ressourcen vergeuden. Auch ist der Umweltschutzgedanke weltweit auf dem Vormarsch, so dass Unternehmen in diesen Bereichen schneller wachsen müssten als andere. So viel zur Theorie dieser Fonds.

In der Praxis ist es oft schwierig, Unternehmen eindeutig zu klassifizieren, und gerade sehr große Unternehmen haben oft einerseits ökologisch sinnvolle Strategien, andererseits jedoch auch Bereiche, die eher als problematisch eingestuft werden müssen. Leider besteht der Verdacht, dass die Auswahl der Unternehmen oft eine Alibi-Übung darstellt und so der gute Grundgedanke der Ökofonds ad absurdum geführt wird. Auch ist es bisher nicht erwiesen, dass ökologisch orientierte Unternehmen besser abschneiden als andere. Realistisch ist hingegen die Annahme, dass durch diese Fonds ein gewisser Druck auf das Management von Unternehmen ausgeübt wird, sich transparenter zu verhalten.

Produktkompass Aktienfonds

Vergleichbar den Aktien. Vorteil gegenüber dem Erwerb einzelner Papieren ist die breite Diversifikation der Fonds.

Renditechance	Risiko	Aufwand	Kosten
↑	↑	↘	↘

Aktienfonds mit Risikobegrenzung

Diese wurden kreiert, um sicherheitsorientierten Anlegern die Möglichkeit zu bieten, problemlos in Aktien zu investieren. Unter Profis sind sie umstritten, denn je kleiner das Risiko, desto kleiner der Gewinn, da die Kosten relativ hoch sind. Private Anleger sind dennoch oft begeistert: Sie sind an der Börse, ohne das volle Risiko tragen zu müssen. Schauen Sie sich diese Fonds genau an. Besonderes Augenmerk sollten Sie auf die Erträge richten; vergleichen Sie die Rendite der letzten zwölf Monate mit der durchschnittlichen Entwicklung an den Aktienmärkten.

Misch- und Spezialfonds

Anlageziel-, Strategie- oder Portfoliofonds sind weitere Bezeichnungen. Je nach Klassifizierung werden diese unter verschiedenen Risikoaspekten angeboten. Eine klassische Unterteilung könnte so aussehen:

→ **Income**: nur festverzinsliche Anlagen für risikoscheue Investoren
→ **Defensiv**: Beimischung von bis zu 25 Prozent Aktien ohne übermäßige Risiken
→ **Balanced**: ausgewogenes Verhältnis zwischen Aktien und Festverzinslichen
→ **Dynamisch**: deutlich über 50 Prozent Aktien
→ **Equities**: nur Aktien

Diese Fonds haben den Vorteil, dass ein Anleger nur sein Anlageziel formulieren und einen dazu passenden Fonds auszuwählen braucht. Für Banken hat dies den Vorteil, dass der Beratungsaufwand pro Kunde relativ knapp gehalten werden kann. Ein großer Nachteil dieser Fonds liegt darin, dass die Performance häufig weniger gut ist, als wenn man die verschiedenen Anlagekategorien in separate Fonds aufteilen würde. Dies hat damit zu tun, dass die Fonds eher von Generalisten verwaltet werden und nicht von Spezialisten.

Garantierte Fonds und Absicherungsfonds

Anleger sind immer auf der Suche nach hohen Renditen, aber oft nicht bereit, das entsprechende Risiko zu tragen. Dieses Bedürfnis wurde von Fondsgesellschaften aufgenommen, die zahlreiche Fonds mit einer Absicherungsstrategie aufgelegt haben. Hauptziel: die Wertuntergrenze (Floor) abzusichern. Dies geschieht oft über den Einsatz von Derivaten (siehe Seite 128). Auch wenn Absicherungsfonds ein jährliches maximales Verlustpotenzial angeben, zum Beispiel 5 oder 10 Prozent, besteht keine formelle Garantie, dass bei einem Crash nicht doch größere Verluste eintreten. Dieses Risiko ist besonders dann gegeben, wenn die Börse über eine längere Zeit schwach ist.
Garantiefonds legen den größten Teil des Vermögens in festverzinslichen Papieren an. Sie haben meist eine feste Laufzeit und investieren nur die Summe der zukünftigen Zinszahlungen in Optionen. Daher können sie garantieren, dass die Fondsanteile nach Ablauf der Laufzeit zum Ausgabepreis zurückgenommen werden. Während der Laufzeit jedoch kann der Wert des Fonds unter den Ausgabepreis fallen. Sie sollten einen solchen Fonds daher auf jeden Fall bis ans Ende seiner Laufzeit halten. Im schlimmsten Fall hätten Sie dann für fünf Jahre keine Zinsen erhalten.
Diese Absicherung kostet Geld und daher ist auch das Gewinnpotenzial nach oben begrenzt. Ein weiteres Problem stellt die mangelnde Transparenz hinsichtlich der Strategie dar: Passt der Fonds zu Ihrem Anlegertyp? Insgesamt sollten Sie überlegen, das Risiko über die Aufteilung Ihres Vermögens zu steuern. Wenn Sie risikoscheu sind, bietet es sich an, weniger in Aktien und mehr in Festverzinsliche zu investieren. Durch diese Aufteilung erzielen Sie einen ähnlichen Schutz wie bei einem Garantiefonds.

Wer die Wahl hat ... Fonds können sehr verschieden zugeschnitten sein. Wählen Sie einen, der zu Ihrer persönlichen Anlagestrategie passt.

Altersvorsorge-Fonds (AS-Fonds)

Seit 1998 werden diese speziellen Fonds für die Altersversorgung in Deutschland angeboten. Sie sollen den Aufbau eines Zusatzeinkommens für das Rentenalter ermöglichen. Dabei setzen sie nicht nur auf Aktien, sondern legen auch in Rentenpapieren und Anteilen an offenen Immobilienfonds an. Ähnlich den Strategiefonds sind AS-Fonds gemischte Fonds mit unterschiedlichen Gewichtungen in Aktien (maximal 75 Prozent).
Mindestens 51 Prozent des Fondsvermögens müssen in Substanzwerte wie Aktien oder Immobilien angelegt werden. Höchstens 30 Prozent des Fonds dürfen in fremden Währungen investiert sein. Es gibt keine Ausschüttungen, sondern eine Thesaurierung der Erträge – das hat den großen Vorteil, dass Sie die Erträge erst dann versteuern müssen, wenn der Vertrag abläuft. Hier ergibt sich ein gewisser Spielraum: Wenn Sie jetzt schon wissen, dass Sie in ein paar Jahren eine günstigere Steuerklasse haben werden als heute (zum Beispiel wenn Sie in Rente gehen, daher ja auch der Name der Fonds), können Sie auf diese Weise dem Fiskus ein – ganz legales – Schnippchen schlagen. Ein Sparplan über mindestens 18 Jahre oder bis zum 60. Lebensjahr des Anlegers muss von der Fondsgesellschaft angeboten werden, ist aber für den Käufer freiwillig. Gleichzeitig muss ein Auszahlplan für die Entnahmephase mit oder ohne Kapitalverzehr angeboten werden. Und nach drei viertel der Vertragsdauer muss dem Anleger das Recht eingeräumt werden, kostenlos in andere Fonds zu wechseln.
Da AS-Fonds für mitten im Arbeitsleben Stehende mit keinerlei besonderen steuerlichen Anreizen ausgestattet sind (Ausnahme Steuerverschiebung ins Rentenalter), gibt es kaum einen Grund, weshalb sie anderen Fonds vorgezogen werden sollten. Für einen kurzen Anlagehorizont ist der Aktienanteil eher zu hoch. Für einen langen Anlagezeitraum sind reine Aktienfonds meist geeigneter. Bisher gibt es auch zu wenig Erfahrungswerte, um zu beurteilen, ob diese Fonds eine geeignete Alternative zu anderen Fonds (zum Beispiel Strategiefonds) darstellen.

Dachfonds (Fund of Funds)

Diese legen das Vermögen nicht direkt in Aktien oder Obligationen, sondern in anderen Fonds an. Der Fondsmanager konzentriert sich dabei um die aktive Auswahl der geeigneten Fonds und bestimmt deren Gewichtung im Dachfonds. Einer der Vorteile ist die Idee des Multimanager-Ansatzes sowie die sehr gute Risikostreuung. Auf der anderen Seite fallen in diesen Fonds zweimal Gebüh-

Produktkompass Mischfonds

Sie müssen auf jeden Fall zur Anlagestrategie passen. Das Risiko variiert je nach Fondsstrategie. Die Renditen sind meist durchschnittlich.

Renditechance	Risiko	Aufwand	Kosten
→	→	↓	↓

ren an: auf der Ebene des Dachfonds und dann noch einmal in den einzelnen Fonds. Die in Deutschland zugelassenen Dachfonds dürfen nur in Publikumsfonds investieren, die ihrerseits in Deutschland zum öffentlichen Vertrieb zugelassen sind. Eine Position darf dabei nicht mehr als 20 Prozent des Dachfonds-Vermögens ausmachen. Obwohl das Konzept einleuchtend ist, vor allem wenn der Fondsmanager unabhängig handeln kann (was leider nicht immer der Fall ist) und die besten Fonds für das Anlageziel auswählt, bleibt heute noch abzuwarten, ob die höheren Kosten durch ein besseres Ergebnis erwirtschaftet werden können. Die meisten Fonds sind kaum älter als zwei Jahre und konnten bisher noch nicht überzeugen. Ein Nachteil für den Anleger kann auch die mangelnde Transparenz bei den Anlageentscheidungen sein.

Optionsschein-Fonds, Future-Fonds und Commodity-Fonds

Diese Fonds investieren in Optionsscheine, Futures und Rohmaterialien. Sie sind in Deutschland nicht zugelassen. Aufgrund des hohen Risikos der Anlagen ist dringend davon abzuraten, sich in diesen Fonds zu engagieren.

Geschlossene Fonds oder Fondsaktien

Die in Deutschland zum Vertrieb zugelassenen Investmentfonds sind allesamt offene Fonds, das heißt: Die Anzahl der Anteile ist abhängig von der Nachfrage. Steigt beispielsweise die Nachfrage nach einem Fonds, wird die Fondsgesellschaft einfach neue Anteile herausgeben. Auf den Preis des einzelnen Fonds hat das keine Einwirkung, da er ausschließlich nach dem Nettoinventarwert berechnet wird. Im Gegensatz dazu existieren in Großbritannien, der Schweiz und den USA auch zahlreiche Aktienfonds, die bei der Gründung nur eine begrenzte Anzahl von Anteilen herausgeben und deren Anteile teilweise selbst an einer Börse notiert sind. Der Preis dieser geschlossenen Fonds kann je nach Nachfrage über (Prämie) oder unter (Discount) dem Nettoinventarwert des Fonds liegen. Geschlossene Fonds hatten bis auf wenige Ausnahmen nie einen großen längerfristigen Erfolg und sind in Deutschland nicht zum Vertrieb zugelassen.

Immobilienfonds (Real Estate Funds)

In Deutschland sind zurzeit weniger als 20 offene Immobilienfonds zugelassen. Die meisten investieren in Gewerbeimmobilien, die sie verwalten und bewirtschaften sowie aus den Einnahmen eine Ausschüttung zahlen. Bevorzugt Standorte für diese Immobilien – Bürohäuser, Einkaufszentren, aber auch Grundstücke – sind Innenstadtlagen oder Gewerbegebiete. Die Einnahmen setzen sich aus Mieten, Wertsteigerungen der Grundstü-

Produktkompass Immobilienfonds

Gemessen am Risiko, sind die Renditechancen bei guten Fonds vernünftig. Allerdings sind die Kosten zum Teil hoch.

Renditechance	Risiko	Aufwand	Kosten
→	→	↘	↘

cke sowie Zinseinnahmen aus Liquiditätsrücklagen zusammen und sind zum Teil steuerfrei.
Diese Fonds eigenen sich für renditeorientierte Anleger, die einen gewissen Schutz vor Inflation suchen und große Wertschwankungen vermeiden möchten. Die bisherige Entwicklung der deutschen Immobilienfonds war relativ gleichmäßig. Ein gewisses Risiko kann aber nicht ausgeschlossen werden: Unter Umständen stehen Gewerbeobjekte leer oder die Marktpreise für Immobilien verschlechtern sich. Da Immobilienfonds bisher so gut wie nie ins Minus rutschten, kommen sie als Altersvorsorge in Betracht.

Indexzertifikate und Indexfonds

Was ist ein Index?

Ein Index ist ein Barometer für die Entwicklung von Aktien- oder Rentenmärkten. Er umfasst eine bestimmte Anzahl von Aktien oder Rentenpapieren, die je eine bestimmte Gewichtung haben (meist nach der Marktkapitalisierung des Wertpapiers), und ändert sich proportional zu den Preisbewegungen der verschiedenen Indexkomponenten.
Bekannte Beispiele sind der Deutsche Aktienindex (DAX) oder der amerikanische Dow Jones. Indizes sind auch ein wichtiger Maßstab für den Erfolg von Fonds und deren Fondsmanagern: Nur wer über eine längere Periode besser abschneidet als der Vergleichsindex (auch Benchmark genannt), ist wirklich erfolgreich und schafft Mehrwert für den Anleger. Einen Überblick über die wichtigsten Indizes finden Sie auf Seite 111.
Untersuchungen zeigen, dass in den verschiedenen Fondssegmenten nur 20 bis 30 Prozent der Fonds besser abschneiden als ihr Vergleichsindex (Benchmark). Dies ist nicht weiter erstaunlich, da der Durchschnitt aller Marktteilnehmer nicht besser sein kann als der Markt. Wenn aber die Mehrzahl der Fondsmanager schlechter abschneidet als der Index, warum nicht das Geld für das Management sparen und gleich auf Produkte ausweichen, die direkt an den Marktindex gekoppelt sind?

Indexzertifikate

Sie können beispielsweise ein Indexzertifikat auf den Deutschen Aktienindex (DAX) erwerben und erhalten vom Emittenten die Zusage, nach Ablauf einer festgelegten Zeitdauer (meist zwischen 6 und 24 Monaten) einen Betrag zurückzuerhalten, der genau dem Indexstand entspricht. Der Hauptvorteil leuchtet sofort ein: Sie schließen das Risiko aus, einen Fonds auszuwählen, der sich schlechter entwickelt als der Markt. Allerdings haben Sie auch keine Möglichkeit, besser abzuschneiden als der Markt. Vielleicht ist die beschränkte Laufzeit der Indexzertifikate nicht in Ihrem Sinne, nach Ablauf müssen Sie ein neues Zertifikat kaufen oder das Geld anderweitig anlegen. Ein weiterer Nachteil: Sie besitzen die Aktien nicht selbst und haben auch keinen Anteil am Fondsvermögen. Mit anderen Worten: Sie tragen das Risiko, wenn der Emittent seine Verpflichtung zur Rückzahlung nicht einhalten kann (Bonitätsrisiko).

Indexfonds

Ein Indexfonds richtet sich exakt nach einem bestimmten Wertpapierindex aus (zum Beispiel DAX, Euro Stoxx 50 ...), das heißt, der Fonds enthält ziemlich genau die Wertpapiere mit den gleichen Gewichtungen, aus denen auch der Index besteht. Mittels einer auf Statistik beruhenden Risikokontrolle wird sichergestellt, dass diese Fonds den Index sehr genau abbilden, also einen sehr geringen »Tracking Error« aufweisen. Einzig durch die laufenden Kosten des Fonds, die zwischen 0,2 und 0,8 Prozent liegen, dürfte ein Indexfonds schlechter abschneiden als der Index selbst.

Aktiv oder passiv?

Der Gedanke, nur den Index zu kaufen, widerstrebt vielen Anlegern, auch wenn die Realität zeigt, dass aktiv verwaltete Fonds oft schlechter abschneiden. Die Wahl zwischen einem Indexfonds oder -zertifikat und einem aktiv verwalteten Fonds ist abhängig von verschiedenen Überlegungen.

In etablierten Märkten mit hoher Transparenz und schnellem Informationsfluss ist es für Analysten und Portfoliomanager schwierig, besser zu sein als der Markt. In bestimmten Branchen (zum Beispiel Technologieaktien) kann ein gutes Spezialwissen aber durchaus genutzt werden. Gleiches gilt für Schwellenländer oder Fonds, die in kleine und mittelgroße Unternehmen investieren. Oft werden jedoch für diese Märkte keine entsprechenden Fonds oder Zertifikate angeboten.
Eine kleinere deutsche Investmentgesellschaft beispielsweise hat kaum eine Chance, einen amerikanischen Fonds besser zu managen als der Index, da ihr oft die notwendigen Spezialisten fehlen. Doch selbst die großen, weltweit operierenden Fondsgesellschaften haben trotz einer bedeutenden Anzahl von Analysten Fonds, die nicht sonderlich gut abschneiden. Daher sind Indexfonds auf jeden Fall eine interessante Alternative.

Hedge-Fonds

Dieser Begriff wurde ins Leben gerufen, um Fonds zu beschreiben, die keine herkömmlichen Investmentfonds sind. Mit Hedging bezeichnet man Kursabsicherungsgeschäfte. Tatsächlich verfolgen diese Fonds aber oft sehr unterschiedliche Strategien. Generell lässt sich sagen, dass sie nicht auf eine langfristige Anla-

Produktkompass Indexfonds

Ähnlich den Aktienfonds, aber geringere Kosten. Die Renditen richten sich nach dem gewählten Index.

Renditechance	Risiko	Aufwand	Kosten

ge in festverzinsliche Wertpapiere oder Aktien abzielen. Sie sind nach absoluten Erträgen ausgerichtet und wollen nicht nur relativ zu einem Index gut abschneiden. Folgende alternative Strategien werden angeboten:

- → Kursabsicherungsgeschäfte
- → Einsatz von Arbitragen, das heißt der Versuch, unterschiedliche Kurse desselben Wertpapiers an verschiedenen Börsenplätzen auszunutzen
- → Handel mit derivativen Produkten (siehe Seite 128)
- → Die Aufnahme von Krediten, um zusätzliche Erträge zu generieren
- → Der Versuch, in ereignisreichen Situationen wie Fusionen oder feindlichen Übernahmen die Spanne zwischen dem aktuellen Marktpreis und dem endgültigen Kaufpreis auszunutzen

Die verschiedenen Fondstypen können sich auf einzelne Anlageregionen beschränken. Typischerweise findet man hier bestimmte Länder oder Branchen (Deutschland, Japan, Technologie ...), einen Kontinent (Europa, USA ...), bestimmte Indizes (DAX, Euro-Stoxx50 ...) oder es findet keine Spezialisierung statt, das heißt, der Fonds investiert je nach Opportunität in Wertpapiere auf der ganzen Welt. Berüchtigt wurden Hedge-Fonds durch den legendären Großinvestor George Soros. Der Spekulant lehrte ganze Länder das Fürchten, als er mit Milliardeneinsätzen gegen das britische Pfund und den russischen Rubel wettete. Traurige Berühmtheit erlangte der LTCM-Fonds, der trotz der Mitarbeit von Nobelpreisträgern fast Pleite ging.
Hedge-Fonds werden immer mehr auch für Privatanleger empfohlen, weil sie eine breitere Diversifizierung im Vergleich zu anderen Anlagen bieten. So kann es wie im Jahr 2001 passieren, dass schlechte Aktienjahre gute Hedge-Fonds-Jahre sind.
Im Unterschied zu den banküblichen Fonds haben die Hedge-Fonds nur wenige gesetzliche Restriktionen einzuhalten, weil sie meistens von ausländischen Steueroasen aus operieren. Es gibt daher auch keinen in Deutschland zugelassenen Hedge-Fonds. Aufgrund von Intransparenz, mangelnder Liquidität und hohen Mindesteinsätzen kommen für Anleger höchstens Fund of Funds (FoF)-Konzepte infrage. Diese sind zwar bisher auch nicht in Deutschland zugelassen, doch haben Banken einen Weg gefunden, um auch Privatanlegern eine entsprechende Investitionsmöglichkeit zu bieten. Heute gibt es mehrere dieser Zertifikate, die ähnlich den Index-Zertifikaten eine große Auswahl von Hedge-Fonds reflektieren. Die Erfahrung mit diesen neuen Instrumenten ist allerdings sehr kurz. Vorsicht ist angebracht.

Produktkompass Hedge-Fonds

Können bei uns über Zertifikate gehandelt werden. Renditen ebenso wie Risiko zum Teil sehr hoch!

Renditechance ↑	Risiko ↑	Aufwand ↘	Kosten ↗

1000 & 1 frage

Sind Fonds für eher risikoscheue, unerfahrene Anleger geeignet?

Da es Fonds aller Risikostufen (nur Anleihen, nur Aktien, gemischte und Spezialprodukte) gibt, kann man das nicht grundsätzlich beantworten. Sicher ist, dass Sie mittels Fonds breiter diversifiziert sind, das heißt, das Risiko ist gestreut. Fonds eignen sich insofern besonders für Laien, weil der Fondsmanager die schwierige Aufgabe der Titelauswahl übernimmt.

Wo bekomme ich Beratung zu einzelnen Fonds?

Als Erstes werden Sie wohl zu Ihrer Hausbank gehen. Allerdings bekommen Sie dort, wenn Sie keine spezifischen Wünsche äußern, fast automatisch ein bankeigenes Produkt. Informieren Sie sich daher in seriösen Magazinen und im Internet. Es gibt auch Allfinanzfirmen, Strukturvertriebe, Fonds-Shops und Discount-Broker, allerdings haben diese bei der Beratung oft mehr ihre eigene Provision als den Vorteil für den Kunden im Hinterkopf. – Sammeln Sie also Material und entscheiden Sie, wie Sie vorgehen möchten

Welche besonderen Risiken bieten Hedge-Fonds, ich habe bisher nur Schlechtes gehört?

Es gibt viele sehr gute Hedge-Fonds und natürlich auch schlechte. Generell kann man sagen, dass es für den Laien außerordentlich schwierig ist, eine Auswahl zu treffen – eine sehr qualifizierte Beratung ist daher von großer Bedeutung. Hinzu kommt, dass Hedge-Fonds in Deutschland nicht zum Vertrieb zugelassen und daher steuerlich sehr problematisch sind.

Ich möchte in Ethikfonds investieren. Gibt es da Gütesiegel?

Sie können sich am Naturaktien-Index (NAX) orientieren, dieser wird zum Beispiel in Natur+Kosmos veröffentlicht. Außerdem gibt es den von der Züricher Anlagegesellschaft Sustainable Asset Management ins Leben gerufenen DJSGI. Das ist eine Abkürzung für Dow Jones Sustainable Group Index, darin finden sich Unternehmen aus dem Dow Jones, deren Firmenethik »sustainable« ist, also auf umweltfreundliches und sozial angemessenes Verhalten zielt und die Interessen der nachfolgenden Generationen zu wahren sucht.

Das Problem dieser Fonds liegt in der Auswahl der Firmen. Wird diese seriös getroffen oder handelt es sich um eine Alibiübung der Fondsunternehmen? Ist es überhaupt möglich, Firmen nach Kriterien des Natur- und Umweltschutzes auszuwählen? Hinzu kommt auch die Frage der Performance. Schneiden diese Fonds genauso gut ab wie traditionelle Fonds? Da es sich um relativ junge Fonds handelt, ist eine abschließende Bewertung nicht möglich.

Wo spare ich am ehesten Steuern: bei der Anlage in Aktienfonds oder in Aktien?

Solange die Aktienfonds in Deutschland zum Vertrieb zugelassen sind, werden sie genau so behandelt wie Aktien, das heißt, beide unterliegen der zwölfmonatigen Spekulationsfrist für den Anleger. Fonds, die außer Aktien noch andere Anlageinstrumente beinhalten, werden besteuert wie die jeweiligen Anlagen. Ein Vorteil ist, dass der Fondsmanager selbst für den Fonds nicht der Spekulationsfrist unterliegt, also schnell auf Marktänderungen reagieren kann.

Der Weg zu Ihrer Strategie

Sie wissen aus dem ersten Kapitel, ob Sie je nach Lebensphase und persönlicher Situation mehr oder weniger Risiko auf sich nehmen können und welchem Risikotyp Sie entsprechen. Mithilfe der Informationen aus den Kapiteln zwei und drei können Sie einschätzen, welche Investitionsform zu Ihnen passt. Nun also die praktische Umsetzung: Anhand von Musterdepots machen Sie sich ein Bild von »Ihrer« Anlagewirklichkeit und sehen, mit welchen Gebühren Sie rechnen müssen.

AB IN DIE PRAXIS!

Schauen Sie sich einmal die Grafik in der hinteren Umschlagklappe dieses Buches an: Sie haben im Verlauf der Lektüre die fünf verschiedenen Anlageziele (Sicherheit, Sicherheit mit Wachstum, Ausgewogen, Ausgewogen mit Wachstum und Wachstum) kennen gelernt und können mithilfe der Übersicht die Einteilung der Investments nachvollziehen.

Anlageziele im Überblick

Modellrechnung 1987 bis 2001	1 Monat	12 Monate	18 Monate	24 Monate	
Sicherheit					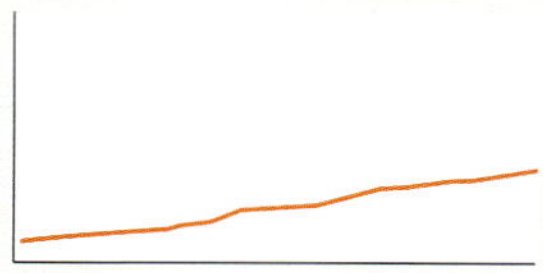
max. Gewinn in %	2,3	15,0	19,9	24,8	
max. Verlust in %	-1,0	0,3	3,4	5,4	
durchschnittl. Jahresrendite in %	6,5				
Sicherheit mit Wachstum					
max. Gewinn in %	3,7	21,7	27,1	34,6	
max. Verlust in %	-5,1	-2,0	1,7	7,6	
durchschnittl. Jahresrendite in %	8,4				
Ausgewogen					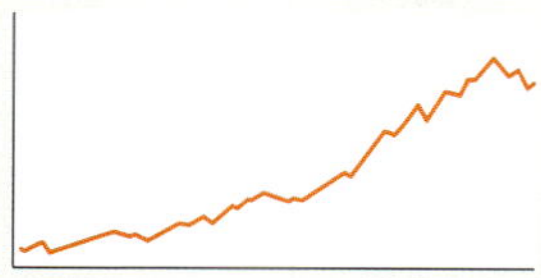
max. Gewinn in %	5,7	35,2	41,9	53,2	
max. Verlust in %	-9,9	-7,5	-5,6	3,2	
durchschnittl. Jahresrendite in %	10,1				
Ausgewogen mit Wachstum					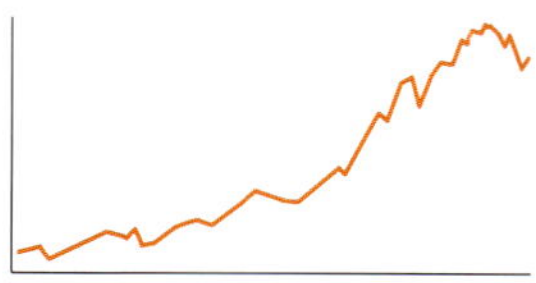
max. Gewinn in %	7,7	46,7	55,3	69,3	
max. Verlust in %	-14,7	-15,0	-14,0	-3,4	
durchschnittl. Jahresrendite in %	11,3				
Wachstum					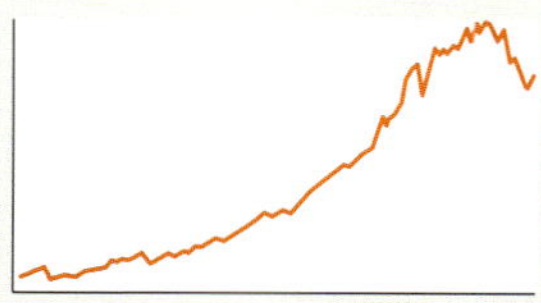
max. Gewinn in %	10,7	69,8	83,3	105,2	
max. Verlust in %	-22,1	-24,9	-24,8	-11,6	
durchschnittl. Jahresrendite in %	13,4				

Quelle: Bank Vontobel AG

Die einzelnen Anlageziele

Wie sich die Investments in den einzelnen Risikogruppen in den vergangenen Jahren entwickelt haben, entnehmen Sie der nebenstehenden Grafik. Anhand der Chartkurven im rechten Teil erkennen Sie auf einen Blick, dass die Kurve steiler verläuft, aber auch ein heftigeres Auf und Ab aufweist (= volatiler wird), je mehr die Asset Allocation auf Wachstum ausgerichtet und je größer der Aktienanteil ist.
Die Aufstellung stellt den höchsten Gewinn und den höchsten Verlust jeweils für einen Monat, ein Jahr, 18 und 24 Monate dar. Daraus ergibt sich, dass über die gesamte Laufzeit (1987 bis 2001) der beste Monat für das Anlageziel Sicherheit einen Gewinn von 2,3 Prozent gebracht hat.
Der schlechteste Monat in dieser Periode brachte einen Verlust von -1,0 Prozent. Im besten Zweijahreszeitraum betrug der Gewinn 24,8 Prozent. Und in den schlechtesten zwei Jahren konnte immer noch ein kleiner Gewinn von 5,4 Prozent erreicht werden. Für jedes Anlageziel finden Sie außerdem noch die durchschnittliche Rendite über die ganze Laufzeit gerechnet. Sie sehen also, dass Sicherheit »teuer« erkauft wird, da die Rendite am niedrigsten ist (6,5 im Vergleich zu 13,4 Prozent bei »Wachstum«).
Im Überblick der vergangenen zehn Jahre sieht die Entwicklung der unterschiedlichen Finanzmarktinstrumente dann wie in der unten stehenden Grafik »Entwicklung einzelner Anlageklassen in Europa« aus.
Die Aussage, dass mit Aktien viel Geld verdient werden kann, wird vor diesem Hintergrund nachvollziehbar. Doch auch die Warnung, sich nur auf Aktien einzulassen, wenn Sie einen langen Anlagehorizont haben, wird durch die Grafiken unterstrichen.

Entwicklung einzelner Anlageklassen in Europa

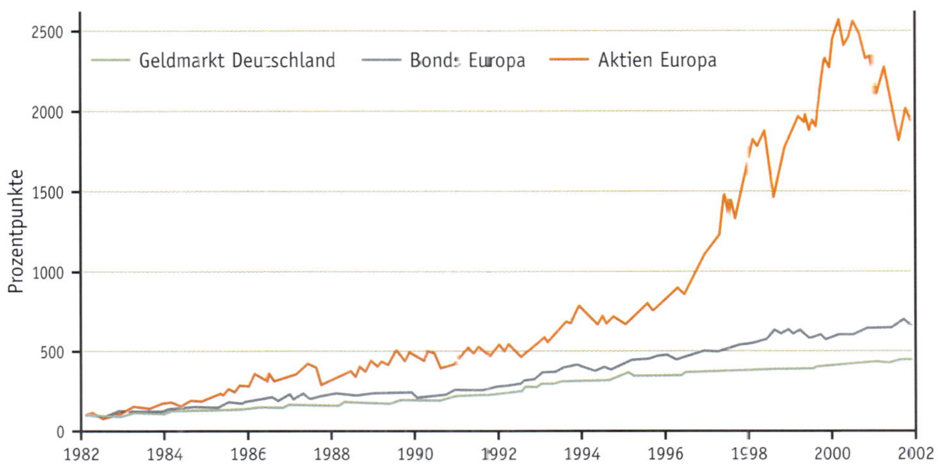

Quelle: Datastream

Wie investieren die Musteranleger?

Ein guter Anlageberater nimmt sich – wie bereits dargestellt – genügend Zeit und erkundigt sich eingehend nach der finanziellen Situation und Risikoneigung seines Kunden. Auch sollten individuelle Wünsche respektiert werden und in die Entscheidungsfindung einfließen. Die Frage nach dem Anlegertyp ist dabei einer der zentralen Punkte. Mit dem Test »Was für ein Anlegertyp bin ich?« auf Seite 24 konnten Sie bereits ermitteln, welches Ihre Ausgangsposition ist. Für unsere Musteranleger ergaben sich folgende Ergebnisse, die nun in in die Praxis umgesetzt werden sollen.

Musteranleger A

Für Karin Schlegel und ihren Lebenspartner Jürgen Lang ergab die Auswertung, dass ihre persönliche Einstellung wachstumsorientiert ist. Werden nun weitere Punkte wie Anlagehorizont, fixe Einnahmen und Ausgaben in Betracht gezogen, lautet das Anlageziel für die beiden »Ausgewogen mit Wachstum«.
Die beiden haben ein ordentliches Einkommen und sind daher – abgesehen von plötzlichen Liquiditätsengpässen, etwa aufgrund von Krankheit, unerwarteten Reparaturen am Auto oder Ähnlichem – auf das investierte Geld nicht angewiesen. Daraus ergibt sich ein langer Anlagehorizont mit dem Hauptziel, zusätzliche Vorsorge für das Alter zu betreiben. Die beiden möchten zumindest einen gewissen Anteil in sichere Anleihen investieren, da ihnen der Gedanke, alles in Aktien investiert zu wissen, ein wenig beunruhigend erscheint. Mit dem Anlageziel »Ausgewogen mit Wachstum« hat das Paar die ideale Investitionsform gefunden, da die Schwankungen des Depots, bedingt durch den Anleihenanteil von zirka 30 Prozent, weniger stark sind – auch in schlechten Börsenzeiten.

Musteranleger B

Sonia Henkel ist laut Test eine risikofreudige Anlegerin. Die persönliche finanzielle Situation mit dem sehr guten Einkommen sowie die in Aussicht stehende Erbschaft erlauben ihr, das Vermögen mit einem sehr langen Horizont zu investieren, das heißt mehrheitlich in Aktien. Hinzu kommt, dass Sonia Henkel in einer Bank arbeitet und entsprechend gut mit den Ängsten im Zusammenhang mit Risikopapieren umgehen kann. Ihr Anlageziel ist eindeutig »Wachstum«.
Sonia Henkel hat sich entschlossen, ihre Investments selbst zu tätigen. Ihr Ziel sind qualitativ gute Aktien, die sie dann für mindestens ein Jahr – im Normalfall etwas länger – halten möchte.
Die notwendigen Informationen (Wirtschaftslage, Zinsen, Währungen ...) findet sie einerseits in der Presse. Andererseits bekommt sie unterschiedlichstes Research-Material von ihrer Bank. Wenn sie gerade Lust und Zeit hat, sucht sie auch einmal nach interessanten Investments im Internet.
Das Depot von Sonia Henkel weist entsprechend ihrem Ziel vor allem Aktien auf. In ihrem Bestand sind Konten aller Hauptwährungen, da sie Aktien in der Schweiz, Euroland, Großbritannien, USA und auch Japan handelt. Beim Verkauf einer Position wird das Geld jeweils auf dem entsprechenden Konto »geparkt«, um zu verhindern, dass die Währungen ständig gewechselt werden – was nur Geld kostet.
Sonia Henkel hat den einen oder anderen Aktienfonds aus den großen Märkten (Schweiz, Euroland, Großbritannien, USA und Japan) und sich so eine breit abgestützte Grundlage geschaffen. Zusätzlich investiert sie in einzelne Aktien pro Markt, die ihr für die nahe Zukunft am erfolgreichsten erscheinen. Wichtig ist nun, dass sie den Vermögensanteil

pro Aktie in einem Bereich von plus/minus 4 Prozent hält. Hat eine Aktie in den letzten Monaten stark verloren oder gut zugelegt, so liegt der Anteil entsprechend darunter oder darüber. Diese Anteile sollten regelmäßig überprüft werden, um das Übergewicht eines Titels zu verhindern. Bei den Fonds kann dieser Prozentsatz wesentlich höher liegen, da der Fonds in sich selbst diversifiziert ist und ja einen ganzen Markt abbildet.

Musteranleger C

Eva und Horst Held sind laut Test konservative Anleger. Es liegt auf der Hand, dass sich die junge Familie keine zu großen Sprünge erlauben kann, vor allem wenn bald ein zweites Kind Platz, Zeit und letztlich auch Geld beansprucht. In einem kleinen Rahmen haben sie sich jedoch entschlossen zu investieren, nicht zuletzt um den Kindern später auch einmal eine gute Ausbildung finanzieren zu können. Die kleine Erbschaft von Eva Held soll den Grundstock für den Aufbau des zukünftigen Vermögens bilden. Da auch die junge Familie einen langen Anlagehorizont verfolgt, ist zumindest ein Teil der Anlagen in Aktien zu halten. Aus der gesamten finanziellen Situation betrachtet darf das Risiko jedoch nicht zu groß sein, entsprechend kommt das Anlageziel »Ausgewogen« mit zirka 50 Prozent in Anleihen infrage, der Aktienanteil wird über Fonds gestaltet.

Musteranleger D

Für Hans Weber ergab der Test, dass er ein extrem risikofreudiger Anleger ist – er hat die volle Punktzahl erreicht. Er liebt die Spannung an der Börse und weiß (auch durch schmerzliche Erfahrung), dass sich nur durch großes Risiko auch große Chancen auftun. Das ist genau das, was er will. Seine finanzielle Situation erlaubt ihm keine umfangreichen Investments, so legt er hauptsächlich in Derivaten an, bei denen auch mit wenig Einsatz viel gewonnen – oder alles verloren – werden kann (siehe Depotauszug Seite 173).

Der Depotauszug – was gibt es zu beachten?

Als Beispiel dienen hier Eva und Horst Held. Sie verfolgen das Anlageziel »Ausgewogen«. Da sie, zumindest anfänglich, nur kleine Summen anlegen können, sind Investmentfonds ideal. So haben sie die Möglichkeit, monatlich, quartalsweise oder jährlich einen gewissen Betrag beiseite zu legen. Da sie keine Finanzprofis sind und sich nicht selbst damit beschäftigen wollen, ist ein Verwaltungsmandat mittels Fonds die perfekte Lösung für sie. Wie das Depot nach ein paar Jahren aussehen könnte, zeigt die Übersicht auf den Seiten 168/169.

Die Untertitel

→ Kurzfristige Anlagen

In diesem Abschnitt finden Sie alle Investments, welche Ihnen in den nächsten zwölf Monaten (ab aktuellem Datum) zur Verfügung stehen. An erster Stelle sind hier die liquiden Mittel zu finden. In diese Kategorie fallen auch Money Market Funds, da auch diese jederzeit verkauft werden können. Wären Eva und Horst Held im Besitz einer Anleihe, welche innerhalb der nächsten zwölf Monate fällig würde, stünde diese Position ebenfalls hier.

→ Festverzinsliche Werte

Alle Fonds, die in festverzinsliche Anlagen investieren, fallen in diese Rubrik. Unsere Musteranleger besitzen also 132 Stück eines Fonds, der in US-Dollar-Anleihen investiert. Ebenso 587 Stück eines Fonds, der in Euro-Anleihen und als Ergänzung noch 434 Stück eines Anleihenfonds, der ausschließlich in Osteuropa investiert.

→ Aktien

Unter dieser Rubrik finden Sie alle Fonds, die in Aktien investieren. Eva und Horst Held

Vermögensverzeichnis Eva und Horst Held

Bestand	Bezeichnung	Nummer/ Termin	Handelswährung/ Kurs	Risiko-währung
	Kurzfristige Anlagen			
0,00	Kontokorrent	000		CHF
0,00	Kontokorrent	000		US$
4.474,88 EUR	Kontokorrent	000		EUR
316,4170	VF Euro Money »A2« thesaurierend	1128471	EUR 104,9700	EUR
	Festverzinsliche Werte			
132	VF US$ Bond »A2« thesaurierend	607576	US$ 178,4700	US$
587	VF Euro Bond »A2« thesaurierend	607584	EUR 213,4300	EUR
434	VF Eastern European Bond Capitalisation	634787	EUR 84,3600	EUR
	Aktien			
74	VT Swissequities Fondsanteile	279570	FR 353,0000	CHF
16	ANT Credit Suisse Equity Fund Global Pharma	277265	US$ 964,9300	US$
13	ANT Credit Suisse Equity Fund (Lux) USA Capitalisation	349533	US$ 644,2300	US$
189	VF US Equity »A2« thesaurierend	1003738	US$ 87,3200	US$
106	ANT DIT Technologie Fonds	329751	EUR 127,6700	EUR
6.533	ANT Fidelity Funds SICAV European Growth Fund -A-	591438	EUR 7,3430	EUR
141	VF GT Financial Services »A2« thesaurierend	1003759	EUR 100,6900	EUR
	Total (exkl. Marchzinsen)			
	Marchzinsen			
	Total (inkl. Marchzinsen)			

Change Kurse zur Umrechnung in EUR: FR 1,4751 US$ 0,8683

Kurswert in Handelswährung	Vermögens-anteil	Marktwert Euro/ Stückzins Euro	Rendite in %	Einstiegskurs/ Change	Veränderung in %
0	0,0%	0			
0	0,0%	0			
4.475	1,2%	4.475			
33.214	9,1%	33.214		EUR 101,87; 1,0000	3,0%
37.689	10,3%				
23.558	7,4%	27.131		US$ 158,39; 0,9485	22,7%
125.283	34,2%	125.283		EUR 199,55; 1,000	7,0%
36.612	10,0%	36.612		EUR 63,71; 1,0000	32,4%
189.026	51,6%				
26.122	4,8%	17.709	0,708	CHF 443,33; 1,6128	-12,9%
15.439	4,9%	17.780		US$ 986,41; 0,9106	4,5%
8.375	2,6%	9.645		US$ 819,60; 0,8955	-18,9%
16.503	5,2%	19.006		US$ 84,34; 0,9105	8,6%
13.533	3,7%	13.533		EUR 278,30; 1,0000	-54,1%
47.972	13,1%	47.972	0,039	EUR 7,54; 1,0000	-2,7%
14.197	3,9%	14.197		EUR 110,93; 1,0000	-9,2%
139.842	38,2%				
	100,0%	366.577			
		0			
		366.557			

besitzen also 74 Anteile eines Fonds in Schweizer Aktien (mehrheitlich Blue Chips) sowie 16 Stück eines Pharma-Fonds, der weltweit in die besten Pharma-Aktien investiert. In Amerika wurden 13 Stück eines Fonds gekauft, der hauptsächlich auf Firmen mit Chancen für großen Kapitalgewinn setzt. Als Ergänzung wurde in einen normalen amerikanischen Blue-Chips-Fonds investiert. Neben der Pharmabranche glaubt der Portfoliomanager auch an Technologie (106 Stück eines Fonds weltweiter Technologieaktien) und Finanztitel (141 Stück eines Fonds nur mit Banken, Versicherungen ...). Außerdem existiert noch eine größere Position eines Fonds mit Investitionen in europäische Aktien (Referenzwährung!).

Die einzelnen Spalten

→ Bestand

Bei den unterschiedlichen Konten sehen Sie unter »Bestand« den Kontostand in der jeweiligen Währung. Eva und Horst Held auf dem Euro-Konto zurzeit 4 474,88 Euro. Bei den Fondspositionen finden Sie in dieser Spalte die Anzahl der im Depot befindlichen Fondsanteile.

→ Bezeichnung

Damit Sie wissen, was Sie in Ihrem Depot haben, wird an dieser Stelle das Investment beschrieben. Die erste Position bei den Aktienfonds ist zum Beispiel ein Vontobel Swissequities Fonds.

→ Nummer/Termin

Wie bereits erwähnt, besitzen alle Finanzprodukte eine Wertpapierkennnummer, anhand welcher sie eindeutig identifizierbar sind. Aber aufgepasst, in der Schweiz gibt es Valorennummern und die sehen ganz anders aus! Also falls Sie mit Ihrem Anlageberater über eine Schweizer Aktie sprechen, müssen Sie ihm sagen, ob Sie von der Valoren- oder der Wertpapierkennnummer sprechen. Bei Anleihen steht hier unter Termin das Verfalldatum.

→ Handelswährung/Kurs

Vor jedem Kurs steht jeweils eine Währung (US$, EUR, CHF ...) und anschließend der letztbezahlte Kurs jeweils eines Stücks des Fonds. Der Stand der Kurse stammt vom Vortag, da die Depotauszüge in der Nacht (in der so genannten Tages-End-Verarbeitung) erstellt werden.

→ Risikowährung

Bei der Handelswährung wurde dargestellt, in welcher Währung die Aktie, Anleihe oder der Fonds gekauft wurde. Hier wird hingegen gezeigt, in welcher Währung das Risiko liegt. Im Depot von Eva und Horst Held entspricht die Handelswährung in allen Positionen der Risikowährung. Bei Sonia Henkel, die ja ausschließlich in Aktien investiert, befinden sich Schweizer Franken auf dem Kontokorrent und sie möchte diese investieren. Ihr gefällt die IBM-Aktie, und sie entscheidet sich sie zu kaufen. Damit sie ihre Franken nicht wechseln muss, kauft sie das CHF-Zertifikat von IBM. Die Handelswährung ist also CHF. Die Risikowährung bleibt aber nach wie vor der US-Dollar, da es sich um eine US-Aktie handelt.

→ Kurswert in Handelswährung

Die gesamte Position des Swiss Equities Fonds (alle 74 Stück zusammen) beispielsweise hatte am Vortag einen Wert von 26 344 CHF.

→ Vermögensanteil

Diese Position ist wichtig, Sie sollten sie immer im Auge behalten. Sie zeigt Ihnen auf einen Blick, wie groß Ihr Engagement in einer einzelnen Position in Bezug auf das ganze Depot ist. In unserem Beispiel ist eine große Position (34,2 Prozent) in Euro-Bond-Fonds sowie eine mittlere Position von 13,1 Prozent in einen European Growth Fund investiert. Dies macht Sinn, weil mit Fonds bereits eine starke Diversifizierung gegeben ist und in den einzelnen Positionen mehrere unterschiedliche Aktien enthalten sind.

→ **Marktwert in Euro**
Für Eva und Horst Held ist der Euro die Referenzwährung. Daher werden alle Kurswerte jeweils in Euro umgerechnet. So ist zu entnehmen, dass die 189 US Equity Funds (amerikanische Aktien) einen Wert von 16 503 US-Dollar haben und dies 19 006 Euro entspricht. Der angewendete Umrechnungskurs ist am Fuß der Tabelle unter »Change Kurse zur Umrechnung in Euro« angegeben.

→ **Stückzinsen**
Diese sind – falls sie denn anfallen – hier aufsummiert. Da eine Anleihe normalerweise einmal jährlich Zinsen zahlt, summieren sich die Zinsen täglich auf, um dann eben am Tag der Zinszahlung ausgeschüttet zu werden. Für jeden Tag kann jedoch klar errechnet werden, wie groß der Stückzins ist.

→ **Rendite**
Bei manchen Fonds ist eine Ausschüttung üblich, meistens ist diese eher klein – sicherlich auch aus steuerlichen Gründen.

→ **Einstandskurs/Change**
Hier steht der Kurs, der beim Kauf der entsprechenden Position in Handelswährung bezahlt wurde. Der Swissequity Fonds etwa wurde damals zu 443,33 CHF pro Fonds gekauft. In unserem Fall beinhaltet dieser Kurs auch die Kaufkomission, dies ist leider nicht immer der Fall.

→ **Veränderung in Prozenten**
Auch dies ist eine Zahl, die Sie nicht auf jedem Depotauszug finden. Sie sehen sofort, wie viele Prozentpunkte eine konkrete Position Ihres Depots seit dem Kauf gewonnen oder verloren hat. Ebenfalls eingerechnet ist hier der Wechselkurs. Beispiel: Der Global Pharma Fund wurde bei einem Wechselkurs US-Dollar/Euro von 0,9106 gekauft. Es wird davon ausgegangen, dass zum Zeitpunkt des Fondskaufs keine US-Dollar vorhanden waren, diese also gekauft werden mussten und der Verkauf schließlich wieder in Euro getätigt

Endlich einmal das Geld für sich arbeiten lassen ...

wird. Der Kurs ist heute eher schwächer, man sieht also, dass der Gewinn nicht so sehr dem positiven Verlauf des Fonds, sondern der Stärke des US-Dollars gegenüber dem Euro zu verdanken ist und so zusätzlich ein Währungsgewinn realisiert würde.

Musteranleger Hans Weber verwaltet sein Depot ebenfalls selbst. Sein Depotverzeichnis enthält weit weniger Aktien oder Anleihen, hier stehen Puts, Calls, Warrants, also derivative Produkte im Mittelpunkt. Sein Konto ist aktuell im Minus. Da die Märkte sich in den letzten Monaten immer mehr verschlechtert hatten, glaubte er immer wieder, die Chance für einen Neueinstieg nutzen zu müssen. Da die Märkte sich jedoch nicht besser entwickelten, konnte er nichts mit Gewinn verkaufen. Diese Rechnung ist auf lange Sicht gefährlich und teuer – die meisten Banken verlangen nämlich recht happige Soll-Zinsen.
Zwei der Warrants dienen hier als Beispiel (siehe Seite 173). Die erste Position, 5000 Scheine auf die Aktie MLP, läuft bis 20. Juni 2002. Es handelt sich hier wie bei den meisten Scheinen um einen Call-Warrant (MLPVT). Der Strike dieses Scheins liegt bei 90 Euro, der

Warrant hat also nur einen inneren Wert, falls die Aktie selber über diesem Strike-Preis gehandelt wird. Da diese jedoch zurzeit nur einen Kurs von 75 Euro aufweist, ist der Kurs der Option sehr stark gesunken. Die Position liegt bei minus 86,4 Prozent. Die Scheine wurden durch eine Schweizer Bank ausgegeben, werden an der Schweizer Börse gehandelt und lauten daher auf Schweizer Franken (CHF). Bei dem Kaufkurs der Option mit 0,81 CHF würde Hans Weber aktuell nur noch knapp 0,12 CHF dafür erhalten.
Bei der zweiten Position handelt es sich um 200 000 Stück einer Call-Option mit dem Kürzel SPXCC, die er bei einem Preis von 12 Rappen gekauft hat. Dieser Schein hat als Basis den Standard & Poor's 500 Index. Da Hans Weber glaubt, dass der amerikanische Aktienmarkt steigen wird, möchte er mit dieser Call-Option überdurchschnittlich an einem Anstieg profitieren. Wäre er negativ eingestellt, hätte er die Put-Option gekauft (siehe Seite 128). Leider sind die Erwartungen bis dato nicht eingetroffen – der Schein ist 42,3 Prozent im Minus, hat also noch genau 7 Rappen Wert.

tipp

Verlangen Sie beim nächsten Besuch bei Ihrem Anlageberater eine Aufstellung mit den prozentualen Veränderungen. Es ist für Sie so einfacher, sich einen schnellen Überblick über den Zustand Ihres Depots zu verschaffen.
Klären Sie ab, ob die Kaufkommission im Einstandskurs enthalten ist, bevor Sie einen Titel mit vermeintlich knappem Gewinn verkaufen und dann doch noch draufzahlen.
Investments in einzelne Aktien/Anleihen sollten etwa 3 bis 5 Prozent des Depots ausmachen. So haben Sie die Gewähr, dass in Ihrem Depot kein Konzentrationsrisiko besteht und Ihr Vermögen gut gestreut ist.

Strategiebezogene Asset Allocations

Wie sehen nun die aktuellen Empfehlungen für die einzelnen Anlagestrategien aus? Anleger aus dem Euro-Raum sollten ihr Depot wie folgt einteilen:

→ **Anlageziel Sicherheit:** Keine Fremdwährung, also alle Investments in Euro tätigen. Die kurzfristigen Anlagen sollten bei 20 Prozent, Obligationen bei 80 Prozent des Depotwerts liegen. Fremdwährungen können dem sicherheitsbewussten Anleger derzeit nicht empfohlen werden – die Währungsrisiken werden als zu hoch eingestuft. Zum anderen sind im Eurobereich die Zinsen am höchsten.

→ **Anlageziel Sicherheit mit Wachstum:** Kurzfristige Anlagen und Obligationen, beide in Euro, dürfen 13 und 67 Prozent ausmachen, der Aktienanteil wird mit 9 Prozent Euro-Aktien, je 2 Prozent Schweiz und Resteuropa sowie 7 Prozent US-Aktien empfohlen.

→ **Anlageziel Ausgewogen:** Hier wären momentan 10 Prozent Kurzfristige und 51 Prozent Obligationen, beide in Euro, angebracht sowie 38 Prozent Aktien: 17 Prozent Euro, je vier Prozent Schweiz und Resteuropa, 13 Prozent US-Aktien. Das verbleibende 1 Prozent kann bereits in weiteren Anlageformen (etwa derivativen Produkten) investiert werden.

→ **Anlageziel Ausgewogen mit Wachstum:** Wieder sinkt der Anteil der sicheren Anlagen – 11 beziehungsweise 31 Prozent für Kurzfristige und Obligationen, beide in Euro, und bereits ein Aktienanteil von 57 Prozent: 25

Vermögensverzeichnis Hans Weber (Ausschnitt)

Bestand	Bezeichnung	Nummer/ Termin	Handels-währung/ Kurs	Risiko-währung	Kurswert in Handels-währung	Marktwert Euro/ Stückzins Euro	Rendite in %	Einstiegs-kurs/ Change	Ver-ände-rung in %
	Options-scheine/ Warrants								
5.000	Warr. Bank Vontobel MLP AG	1330244; 20.06.02	CHF 0,11	CHF	550	550		CHF 0,81; 1,0000	-86,4%
SPXCC 200.000	Opt. Bank Vontobel S&P 500 Index	1261471; 20.06.02	CHF 0,07	CHF	14.000	14.000		CHF 0,12; 1,0000	-42,3%

Prozent Euro, 6 Prozent Schweiz, 5 Prozent Resteuropa, 21 Prozent USA. Der sonstige Bereich sollte 1 Prozent nicht übersteigen.

→ **Anlageziel Wachstum:** In Obligationen investiert der risikofreudige Anleger nicht. Nur die Kurzfristigen mit 12 Prozent Anteil decken den Sicherheitsbereich ab. Der Aktienanteil liegt dementsprechend bei insgesamt 86 Prozent: 37 Prozent Euro, 10 Prozent Schweiz, 6 Prozent Resteuropa, 31 Prozent USA und 2 Prozent Yen. Im sonstigen Bereich werden derzeit 2 Prozent empfohlen.

Wie sind diese Zahlen zu interpretieren? Natürlich werden Sie nicht genau nach diesen Empfehlungen vorgehen, denn dies ist zum Beispiel von den Informationen abhängig, die Ihnen zur Verfügung stehen. Angenommen, Sie sind ein wachstumsorientierter Anleger. Was immer Sie derzeit über japanische Aktien erfahren – es gefällt Ihnen nicht. Also werden Sie wohl kaum in solche Aktien investieren, auch wenn die Asset Allocation 2 Prozent Yen-Anteil empfiehlt. Sie brauchen sich also nicht sklavisch an diese Vorgaben zu halten! Denken Sie bitte in diesem Zusammenhang an die Tabelle von Seite 26, hier finden Sie die empfohlenen Bandbreiten für die Aufteilung der Depots.

Vielleicht hat der Test ergeben, dass Sie ein sicherheitsorientierter Anleger sind. Nun kennen Sie den Gründer eines erfolgreichen Unternehmens persönlich und der will an die Börse gehen. Sie glauben an ihn und seine Idee, Sie kennen ihn schon seit 20 Jahren als zuverlässigen Menschen, Sie wissen genug über den Markt, in dem er tätig ist, um abschätzen zu können, dass er erfolgreich bleiben wird – warum sollen Sie nicht in seine Aktien investieren, auch wenn Ihr Musterportfolio eigentlich keinen Aktienanteil vorsieht? Schließlich können Sie hier das Risiko höchstpersönlich besser abschätzen als Ihr Berater.

Oder das Beispiel Anlageziel Ausgewogen: Wenn Sie doch etwas mehr zur Sicherheit tendieren und von Ihrer Hausbank ein günstiges Angebot über eine Festgeldeinlage bekommen, die interessante Zinsen bietet, dann werden die kurzfristigen Anlagen in

Wertpapiere im eigenen Schließfach? Eher selten. Die Banken verlangen für die Depotverwaltung und viele andere Leistungen rund um das Wertpapiergeschäft reichlich Gebühren.

Ihrem Depot zum Beispiel 15 Prozent ausmachen statt der momentan empfohlenen 10 Prozent.
Sie sehen, dass die Asset Allocations keine festbetonierte Aussage darstellen, sondern genau das sind, was sie sein sollen: Empfehlungen. Wenn Sie Ihrer Bank ein Vermögensverwaltungsmandat erteilt haben, brauchen Sie sich nicht um diese Umschichtungen zu kümmern, das tut der Berater für Sie. Und wenn Sie gerade einen Trade gemacht haben, der 30 Prozent Ihres Vermögens fest bindet, dann können Sie dies nicht vier Wochen später – wenn eine neue Asset Allocation herausgegeben wurde – wieder rückgängig machen: Sie sind zum einen in dem festen Vertrag gebunden, aus dem Sie nicht ohne Verlust wieder herauskommen, und zum anderen macht es keinen Sinn, »alle fünf Minuten« Gelder umzuschichten.
In der Praxis sieht es im Allgemeinen so aus: Sie gehen zum Zeitpunkt x in die Bank, stellen Ihr Depot anhand der aktuellen Empfehlung zusammen und lassen dann erst mal etwas Zeit verstreichen, bevor Sie umzuschichten beginnen. Ausnahme: Aktien und Derivate, hier kann es Sinn machen, schnell zu verkaufen und auf einen anderen Zug aufzuspringen, allerdings sollten Sie dabei auf die zwölfmonatige Spekulationsfrist achten.
Das Umschichten ist natürlich bei allen festen Anlagen schwierig bis unmöglich: Aus vielen Verträgen kommen Sie einfach nicht vor Ablauf des Papiers heraus. Wenn Sie also flexibel bleiben wollen, werden Sie zum Beispiel als sicherheitsorientierter Anleger weniger in einzelne Obligationen, sondern etwa in entsprechende Fonds investieren – Fondsanteile können Sie im Allgemeinen täglich verkaufen.
Und noch ein Hinweis: Wenn Sie beim Test die volle Punktzahl hatten, sind Sie wahrscheinlich ein sehr risikofreudiger Anleger. Vielleicht legen Sie sich ein Portfolio zu, in dem der Anteil der Derivate extrem hoch ist und somit die empfohlenen 4 Prozent weit übersteigt. Damit sind Sie weit entfernt von der Asset Allocation – aber schließlich ist es Ihr Depot. Wie auch immer Sie es einteilen wollen, Sie haben alle Freiheiten. Die Empfehlungen Ihres Beraters sollen Ihnen eine Entscheidungshilfe sein, nicht mehr – aber auch nicht weniger.

DIE GEBÜHREN

Banken und Vermögensverwaltungen machen es dem Anleger nicht einfach, einen Überblick zu gewinnen und Preise zu vergleichen. Wenn Sie auf den Markt gehen, um frischen Spargel zu kaufen, gehen Sie an den verschiedenen Ständen und Auslagen vorbei, beobachten die Preise, werfen einen kritischen Blick auf das Produkt und entscheiden sich nach Qualität, Herkunft und Preis des angebotenen Spargels. Geht es aber um Ihre Geldanlage, ist der Angebotsmarkt zwar auch groß, doch noch größer ist das Wirrwarr der teilweise nicht miteinander zu vergleichenden und sehr unterschiedlichen Gebühren und Kommissionen. Vorsicht ist also geboten.

Es gibt Banken, die verlangen nur eine Depotgebühr und Wertschriftenkommissionen (Courtagen). Andere berechnen zusätzliche Verwaltungsgebühren. Und dann gibt es Finanzinstitute, die erheben für jede erdenkliche Aktivität und Leistung eine gesonderte Gebühr: Dividenden- und Couponinkasso – pro Konto, pro Titel im Depot, pro Zahlungsauftrag ...

Für Sie ist es daher außerordentlich schwierig, Angebote und Kosten der einzelnen Institute miteinander zu vergleichen. Versuchen Sie, sich trotzdem Klarheit zu verschaffen, und lassen Sie sich die einzelnen Gebühren genau erklären.

Einige Geldinstitute verschleiern die Zusatzkosten, indem statt des aktuellen Börsenwerts ein so genannter Nettokurs ausgewiesen wird. Und vielleicht haben Sie auch schon diese Erfahrung gemacht: Beim Nachfragen zum Thema Gebühren weiß der Berater selbst nicht genau, wie diese strukturiert sind. Er muss sich bei Kollegen informieren und diverse Papiere durchblättern, um Ihnen dann nur eine vage Auskunft geben zu können. Bestehen Sie dennoch unbedingt auf einer genauen Aufklärung, und wenn Sie den Eindruck haben, dass die Gebührenstruktur undurchsichtig ist, gehen Sie zu Konkurrenzinstituten und schauen sich dort alles genau an. Schließlich ist es Ihr Geld, aus dem etwas werden soll und das nicht in nebulösen Kostenkanälen verschwinden darf.

tipps

- ✔ Für Wertpapiere, die im Ausland aufbewahrt werden, entstehen Fremdgebühren. Klären Sie ab, ob diese in den genannten Kosten eingeschlossen sind.
- ✔ Denken Sie an die Courtagen: Sind diese in den Verwaltungsgebühren enthalten oder kommen sie noch hinzu?
- ✔ Informieren Sie sich gründlich bei unterschiedlichen Banken. Werden Sie konkret, damit Sie nicht Äpfel mit Birnen vergleichen.
- ✔ Verhandeln Sie. Auch im Bankgeschäft kann man Preise günstiger gestalten.
- ✔ Und: Kosten, auf die Sie trotz genauer Nachfrage nicht hingewiesen wurden, gelten juristisch als nicht vereinbart. Die Bank kann Ihnen also nicht einfach eine Leistung in Rechnung stellen, über die Sie nicht aufgeklärt wurden.
- ✔ Unter *www.finanztest.de* finden Sie verschiedene Berichte und gute Informationen der Stiftung Warentest zum Thema Bankgebühren.

Unterschiedliche Preismodelle

Ein Hauptproblem dabei: Jede Bank hat ihre eigene Einteilung bezüglich der unterschiedlichen Möglichkeiten. Da gibt es Vermö-

tipps

- ✔ Konkurrenzlos günstig sind hier die Bundeswertpapiere – schauen Sie ab Seite 69 nach!
- ✔ Aktuelle Preisvergleiche finden Sie in den Zeitschriften *FINANZtest* und *test*
- ✔ Behalten Sie auch den steuerlichen Aspekt im Auge. Was nützt eine Rendite von 6 Prozent, die stark besteuert wird, wenn für eine andere Investition mit 5 Prozent Rendite weit weniger Steuern verlangt werden? Falls Ihr Berater hierzu keine zufrieden stellenden Informationen vorlegen kann, sollten Sie Ihren Steuerberater konsultieren.
- ✔ Sie wollen sich weite Wege ersparen? Fragen Sie nach einer integralen Vermögensverwaltung. Viele Banken bieten ihren Kunden an, Kontakte mit Fachleuten zu den Themen Steuern, Erbrecht usw. herzustellen. Oft sind diese im Hause und können direkt angesprochen werden. So lassen sich die steuer- oder erbrechtlichen Auswirkungen der Investitionen besser abschätzen. Die Kosten basieren im Allgemeinen auf Stundensätzen. Erfragen Sie Näheres vorab.

gensverwaltungs-, Beratungs- und Servicemandate sowie Zwischenformen. Und auch die Benennung kann völlig unterschiedlich sein und somit das Vergleichen weiter erschweren. Eines werden Sie sicher finden: Die Vermögensverwaltung wird umso teurer, je mehr Aufwand vonnöten ist. Beim Anlageziel »Sicherheit« braucht der Berater nicht viel tun, bei »Ausgewogen« wird's schon mehr, und gar bei »Wachstum« ist Ihr Berater schon ganz schön beschäftigt – entsprechend mehr bezahlen Sie. Hinzu kommt, dass zwischen Pauschalen und Einzelabrechnungen unterschieden wird. Erstere lohnen sich bei entsprechend hohem Volumen, sind aber im Gegenzug bei kleineren Umsätzen eher schädlich, da dann die Kosten die Rendite aufzehren.
Außerdem handhabt jede Bank den Umgang mit den Gesamtkosten anders. Manche schlagen sämtliche Kosten in die Pauschale, andere rechnen jeden Einzelposten getrennt ab. Welche Einzelkosten gibt es? Zum einen die Wertschriftenkommission, etwa 0,8 Prozent bei Anleihen und 1,1 Prozent bei Aktien sind da üblich. Auslagen und Gebühren (Telefon, Fax ...) werden oft als Fixum berechnet. Bei Aufträgen vom oder ins Ausland kommt die Auslandskommission hinzu. Und last but not least kostet auch das Depot selbst eine Gebühr, meist abhängig von dem darauf liegenden Wert, aber immer mit einer Mindestgebühr. Und: Der Wechsel von einem Anbieter zu einem anderen kann teuer werden. Informieren Sie sich also vorher gründlich, was wie viel bei wem kostet.

Internet-Banking

Das schnelle Handeln via Internet ist verlockend, aber einem Einsteiger ohne jede Erfahrung sei geraten, sich zunächst auf traditionellem Wege schlau zu machen, bevor er im Internet einsteigt. Beginnen Sie mit dem Online-Banking Ihres Girokontos, erarbeiten Sie sich über die Sites der Banken und der verschiedenen Interessengruppen Grundlagenwissen und machen Sie Ihre ersten Geschäfte mit Summen, die Sie im Verlustfall verschmerzen können. Allzu leicht ist per Mausklick ein überstürztes Geschäft getätigt. Das folgende Interview sei Ihnen ans Herz gelegt.

interview

Peter Molde hat vor knapp zehn Jahren mit dem Handel per PC angefangen und lebt inzwischen davon. Er hat Frau und Kind, die beide davon profitieren, dass er zu Hause Geld verdient.

Herr Molde, was genau machen Sie per PC?

Ich trade am liebsten mit Optionsscheinen, und zwar von verschiedenen Positionen: Aktien, Rohstoffe, Devisen. Meine Anlageentscheidungen treffe ich ausschließlich nach der technischen Analyse, meines Erachtens sind Geschäftsberichte für den Privatanleger meist nicht nachvollziehbar, da es zu lange dauert, sie zu interpretieren. Wenn nun die technische Analyse einen Kurseinbruch oder steigende Kurse erwarten lässt, reagiere ich entsprechend mit Put- oder Call-Optionsscheinen. Dabei konzentriere ich mich am liebsten auf fallende Kurse, also Put-Optionen.

Worin sehen Sie den Vorteil gegenüber einem Mandat bei einer Bank?

Ich bekomme heute umfangreiche Informationen per Internet, und zwar in der gleichen Qualität wie ein Bankberater. Und wenn ich meinen Ansprechpartner bei der Bank anrufe und ihm einen Auftrag durchgebe, dann bin ich per PC schneller. Außerdem empfinde ich die Gebühren der Banken als zu hoch.

Wie fanden Sie den Einstieg?

Ich habe mir alles selber beigebracht. Dabei richte ich mich auch heute noch nach Hinweisen auf Software, in Chats oder von Direktbanken, wo ich auch mein Internetdepot führe. Das ist dank meines Passworts sicher.

Wem würden Sie vom PC-Trading abraten?

Das ist nur etwas für Leute, die bereit sind, einen großen Teil ihrer Zeit dafür aufzuwenden. Nebenbei berufstätig sein geht nicht! Suchtgefährdete Naturen mit mangelnder Selbstkontrolle, Spieler oder Personen, die nicht mit Verlusten umgehen können, sind hier fehl am Platze. Ganz wichtig: Man muss aus seinen Fehlern lernen wollen.

Wie sind Ihre Erfahrungen? Kann man davon leben?

Ich habe eine Lehrzeit von etwa fünf Jahren gebraucht, zum Teil mit herben Verlusten. Heute kann ich davon leben, aber ich bin wie bei einem Acht-Stunden-Job den ganzen Tag damit beschäftigt. Und das Einstiegskapital sollte bei 100 000 Euro liegen, um Spielraum für Fehler zu haben. Eine Summe, die auch nicht jeder hat.

Zu welchen Zeiten schalten Sie Ihren Rechner ein?

Um 8 Uhr morgens, um zu sehen, wie USA und Japan geschlossen haben und um die Firmeninfos abzufragen. Um 9 Uhr ist dann Börsenöffnung. Bis 21 Uhr schaue ich regelmäßig nach, wie sich meine Papiere entwickeln, um rechtzeitig reagieren zu können. Wirtschaftsdaten laufen etwa um 14.30 Uhr und 16 Uhr ins Netz, ab 20.15 Uhr erfährt man neueste Zinsentscheidungen.

Bitte einen abschließenden Tipp:

»The Trend is your friend« lässt sich im Internet einfach handhaben: Sie geben eine Stop-Loss-Order ein, um Verluste zu begrenzen, das heißt dass ab einem bestimmten Wert automatisch verkauft wird. Sehe ich im Laufe des Tages, dass die Kurse steigen, ziehe ich das Limit nach, um Gewinne mitzunehmen.

service

Auflösung des Tests von Seite 82

Zu 1) Es handelt sich um den aufgelaufenen Zins eines festverzinslichen Papiers. Der Zins wird täglich aufaddiert, aber erst beim Zinstermin bezahlt. Wird eine Anleihe ver- oder gekauft, muss der tagesaktuelle Stückzins vom Käufer mitbezahlt werden.

Zu 2) Alle Musteranleger und wahrscheinlich auch Sie haben die Referenzwährung Euro. Sie und unsere Musteranleger leben und arbeiten in Deutschland und geben ihr Geld im Allgemeinen im Euro-Raum aus.

Zu 3) Wenn Sie mehr als 100 Prozent bezahlen. Sie werden aber nur pari, das heißt den Nennwert oder 100 Prozent, zurückbekommen.

Zu 4) Nein, im Normalfall nicht. Die Rendite ist immer eine Kombination der Verzinsung, des Preises und der Laufzeit der Anleihe (Rendite auf Verfall).

Zu 5) Je tiefer ein Emittent geratet ist, desto höhere Zinsen muss er zahlen, um den Anlegern das Risiko schmackhaft zu machen, in seine Anleihen zu investieren. Bei einem Rating von BBB wird also ein besserer Zins gezahlt.

Zu 6) keine Verzinsung, lange Laufzeiten, tiefer Preis

Zu 7) Wandelanleihe

Auflösung des Tests von Seite 99

Zu 1) Zu viele Anbieter mit gleichen oder ähnlichen Produkten lassen die Preise sinken. Dadurch schrumpfen die Gewinne. Die Aktien sinken.

Zu 2) Vor der Bekanntgabe der Jahres- beziehungsweise Halbjahreszahlen eines Unternehmens erstellen und veröffentlichen die Analysten Prognosen anhand von bereits bekannten Daten der Konkurrenz, Daten aus der Vergangenheit sowie natürlich den wirtschaftlichen Aussichten dieser Branche und der konkreten Firma. Liegen nun die effektiven Ergebnisse nur leicht unter beziehungsweise über den Erwartungen, so kann diese Prognose bereits starke Auswirkungen auf den Aktienkurs haben. In unserem Fall werden die Aktien steigen.

Zu 3) Wenn wir in den Nachrichten hören, dass ein Unternehmen im Verlauf des nächsten Jahres Tausende von Stellen abbauen will, reagieren wir betroffen, ablehnend. An der Börse haben solche Neuigkeiten genau die gegenteilige Wirkung – die Aktien werden steigen! Denn der Stellenabbau bedeutet, dass die Firma kostenbewusster arbeiten und damit mehr Gewinne machen will.

Zu 4) Hier werden wir uns wohl wieder auf die Spezialisten verlassen müssen. Passt die akquirierte Firma zum Mutterhaus, werden sich die Unternehmenskulturen vertragen, kommen kostensenkende Synergien in Kürze zum Tragen, war der Kauf günstig oder musste ein überhöhter Preis bezahlt werden? – Alles Fragen, deren Beantwortung positive wie negative Auswirkungen auf den Aktienkurs haben können.

Zu 5) Sofern das Medikament berechtigte Hoffnungen auf einen therapeutischen Durchbruch weckt, wird der Kurs der Aktie explodieren, denn Umsatz und Gewinn werden voraussichtlich steigen.

Zu 6) Ein kleines Unternehmen, das zwar gute Produkte und Ideen hat, jedoch wenig Eigenkapital und noch kaum Gewinne vorweisen kann, wird es in schwierigen Börsenzeiten schwer haben zu überleben. Wird ein solches Unternehmen durch ein größeres übernommen, das ihm Sicherheit und Rückhalt bietet, so wird das sicherlich positive Auswirkungen auf den Aktienkurs haben. Die Frage bleibt, was mit dem Aktienkurs der übernehmenden Firma passiert.

Zu 7) Es gibt Konzerne, die unter der Führung eines Topmanagers zu Spitzenunternehmen wurden. Tritt er zurück, bringt das meist Unsicherheit über die Nachfolge, das heißt eher einen Aktienkurseinbruch. Es gibt natürlich auch andere Beispiele, bei denen die Aktionäre nur darauf warten, dass ein scheinbar unfähiger Manager geht. Dann kann der Kurs steigen.

Zu 8) Als Kleinanleger können Sie sich kaum »schwere« Aktien leisten. Da die Aktie nach dem Split weniger kostet, wird sie publikumsfreundlicher und für mehr Anleger attraktiv. Ein Aktiensplit fördert also meist die Kursentwicklung!

Selbsttest 3 (Auflösung)

Auflösung von Seite 133

	Aktien	Anleihen	Derivate
Rating		X	
Rendite	X	X	
Preis	X	X	X
Emittent		X	(X)
Laufzeit		X	X
Risiko	X	X	X
Performance	X		X
KGV	X		
pari		X	
Kurs	X	X	X
Moody's		X	
Stimmrecht	X		
Small Cap	X		
At the money			X
short	X		X

Glossar

Stichwörter, die Sie hier nicht finden, schlagen Sie bitte im Rgister nach.

→ **Aktiensplit**
macht aus »schweren« Aktien, also solchen mit sehr hohen Werten, »leichte«, die gerade für den Kleinanleger attraktiver sind. Besitzt man zum Beispiel 100 Aktien eines Unternehmens à 2500 Euro und findet ein Split 10 : 1 statt, hat der Aktionär danach 1000 Aktien à 250 Euro, am Wert seines Aktienpakets ändert sich also nichts. Einem Anleger mit weniger Kapital wird so der Kauf der Aktie erleichtert, da er nicht mehr 2500, sonder nur 250 Euro für eine Aktie bezahlen muss.

→ **Anlagekonto**
ist ein spezielles Depot bei einer Investmentgesellschaft. Anders als bei den meisten Banken werden dort auch Fraktionen von Anteilen gutgeschrieben. Diese Art von Konten eignet sich daher vor allem für Anleger, die einen Spar- oder Auszahlungsplan wünschen. Ein weiterer Vorteil kann die gebührenfreie Anlage von Ausschüttungen des Fonds sein.

→ **Anteilswert**
ist der Wert eines Fondsanteils, der sich aus der Teilung des gesamten Fondsvermögens durch die Anzahl der ausgegebenen Anteile ergibt. Er wird börsentäglich ermittelt und häufig in den Tageszeitungen oder in der Wirtschaftpresse veröffentlicht.

→ **Ausgabeaufschlag**
auch Agio (Aufgeld) genannt. Differenz zwischen Ausgabepreis und Anteilswert, die Sie beim Erwerb von Investmentanteilen zahlen. Die Gebühr dient in erster Linie zur Deckung der Vertriebskosten der Fondsgesellschaft. Gebühren um 5 Prozent sind in Deutschland immer noch üblich, 2 Prozent wären realistischer, wenn jemand mehr als 5 Prozent verlangt, handelt es sich mit Sicherheit um ein unseriöses Angebot. Vorsicht: Der Ausgabeaufschlag wird auf den Bankabrechnungen oft nicht separat ausgewiesen. Nachfragen!

→ **Ausschüttende Fonds**
verteilen ihre Erträge teilweise oder ganz an die Anteilseigner. In Deutschland geschieht dies meist einmal jährlich. Diese Fonds sind für Anleger geeignet, die eine jährliche Auszahlung wünschen (Gegensatz: thesaurierende Fonds).

→ **Baisse**
Das Sinken der Wertpapierkurse einzelner Marktbereiche oder des Gesamtmarktes über einen mittleren bis längeren Zeitraum.

→ **Bilanz**
Gegenüberstellung von Aktiva und Passiva, also Soll und Haben zum Ende des Geschäftsjahres, woraus der Vermögensstand hervorgeht.

→ **Bundesaufsichtsamt für das Kreditwesen (BAK)**
in Berlin, zuständig für die Zulassung von Fonds. Damit soll verhindert werden, dass Anleger durch unseriöse Anbieter einen Schaden erleiden. Die Wertentwicklung von Fonds wird aber nicht kontrolliert.

→ **Cashflow**
Eine gebräuchliche Kennzahl zur Aktien- bzw. Unternehmensanalyse. Er bedeutet den Zugang an flüssigen Mitteln innerhalb einer bestimmten Abrechnungsperiode. Aus dessen Höhe und seiner im Laufe der Jahre erkennbaren Entwicklung lassen sich Rückschlüsse auf das Finanzierungspotenzial eines Unternehmens ziehen.

→ **Chartanalyse**
Untersuchung von Kurvenverläufen und Verlaufsformationen

→ **Clearingsystem**
Verrechnungssystem zwischen Banken

→ **Cost-Average-Effekt**
kann mit Durchschnittskosten-Effekt übersetzt werden und besagt, dass ein Anleger, der an bestimmten Stichtagen eine feste Summe investiert, langfristig höhere Erträge erzielt als jemand, der an denselben Tagen eine bestimmte Anzahl von Anteilen kauft.

→ **Courtage**
Vermittlerprovision des Maklers bei Abschluss eines Börsengeschäfts (Wertschriftenkomission)

→ **Depotbank**
hat die Aufgabe, die Aktiva des Fonds (Aktien, festverzinsliche Wertpapiere ...) sicher zu verwahren. Sie übt eine Art Treuhandfunktion über das Fondsvermögen aus und ist rechtlich getrennt von der Kapitalanlagegesellschaft.

→ **Dividende**
Teil des Gewinns einer AG, der in der Regel einmal im Jahr an die Aktionäre ausgeschüttet wird

→ **Emission**
Ausgabe neuer Wertpapiere

→ **EUREX**
Börse für Optionen und Futures der Schweiz und Deutschlands

→ **Europäische Option**
Eine Option, die erst am Verfalltag ausgeübt werden kann (gegenüber der amerikanischen, welche immer ausgeübt werden kann)

→ **Fonds/Fondsvermögen, auch Sondervermögen**
Ein Fonds ist eine Ansammlung von Vermögen, das verschiedenen Anlegern gehört. Sondervermögen deshalb, da es vom Firmenvermögen der Kapitalanlagegesellschaft getrennt ist.

→ **Fondsmanager/-management**
ist jene Person oder ein Team von Personen, die/das für den Fonds die Anlageentscheide trifft. Die Qualität des Fondsmanagers und damit der Anlageentscheidungen bestimmt die Wertentwicklung des Fonds. Der Fondsmanager muss sich an die gesetzlichen und zusätzlich an die im Verkaufsprospekt genannten, speziell für den Fonds geltenden Anlagerichtlinien halten.

→ **Futures**
Allgemeine Bezeichnung für Terminkontrakte, zum Beispiel auf Aktienindizes, eine Bundesanleihe (Bund Future) oder Devisen.

→ **Grundkapital**
besteht aus der Summe der Nennwerte der ausgegebenen Stamm- und Vorzugsaktien. Der Mindestnennbetrag des Grundkapitals einer AG muss 50 000 Euro betragen. Es ist in der Bilanz auf der Passivaseite zu finden und dem Eigenkapital zugeordnet.

→ **Hausse**
Nachhaltiger Anstieg der Wertpapierkurse einzelner Marktbereiche oder des Gesamtmarktes über einen mittleren bis längeren Zeitraum

→ **Hebel**
Zeigt auf, um wie viel mehr sich die Option im Vergleich zur Aktie bewegt

→ **Kapitalanlagegesellschaft (KAG)**
ist ein Unternehmen, das Investmentfonds auflegen und verwalten darf. Die Begriffe Fondsgesellschaft und Investmentgesellschaft werden synonym verwendet. Die Definition und Rahmenbedingungen für KAGs sind im Gesetz über Kapitalanlagegesellschaften (KAAG) festgelegt.

→ **Kursabschlag**
Bei Börsenkursen der rein rechnerische Kursrückgang aufgrund einer vorgenommenen Ausschüttung (Dividendenabschlag) am Tage der Auszahlung oder nach Fortfall des Bezugsrechts (Bezugsrechtsabschlag). Die Kurse werden an diesem Tage »ex Div(idende)« bzw. »ex B(ezugsrecht)/ex BR« notiert.

→ **Limit**
steht für die feste Kursangabe in einem Börsenauftrag, bis zu deren Höhe ein Auftrag ausgeführt werden soll. Steigt der Kurs über oder sinkt er unter das Limit, so werden die limitierten Aufträge nicht ausgeführt.

→ **Marketperformer**
Eine Aktie, die sich wie der Index (zum Beispiel DAX) entwickelt

→ **Net Asset Value (NAV)**
oder Nettoinventarwert bezeichnet den Gesamtwert des Fondsvermögens abzüglich eventueller Verbindlichkeiten zu aktuellen Marktkursen.

→ **No-Load-Fonds**
haben keinen Ausgabeaufschlag, aber häufig höhere jährliche Gebühren.

→ **Obligationen**
sind festverzinsliche Wertpapiere (Anleihen oder Schuldverschreibungen), bei denen sich der Aussteller (Emittent/Schuldner) gegenüber dem Inhaber der Urkunde zur Zahlung eines bestimmten Betrags zuzüglich einer entsprechenden Vergütung (Zinsen) für das zur Verfügung gestellte Kapital verpflichtet. Es wird zwischen Kommunal-, Bank- und Industrieobligationen unterschieden.

→ **Optionsscheine**
sind ein Handelsinstrument, auch Warrants genannt. Der Handel mit Optionsscheinen gehört zu den risikoreicheren Varianten des Börsengeschäfts, die an Bedeutung gewonnen haben. Optionsscheine werden ursprünglich zusammen mit einer entsprechenden Anleihe, der Optionsanleihe, herausgegeben, wobei beide Teile getrennt an der Börse gehandelt werden können. Je nach Ausstattung berechtigen solche Optionsscheine innerhalb einer bestimmten Zeitspanne zum Bezug von Aktien, Devisen, Edelmetallen ... in einem bestimmten Bezugsverhältnis zu einem vorher festgelegten Preis.

→ **Penny Stocks**
Im Allgemeinen nicht an den Börsen gehandelte Aktien, die oft von Explorationsgesellschaften begeben werden. Der Preis beträgt meist weniger als 1 US$, sie werden oft nur über ein einzelnes Brokerhaus vertrieben. Beim Ausfall dieses einzigen Market Makers ist die Handelbarkeit des Papiers höchst gefährdet.

→ **Performance**
ist gleichbedeutend mit Wertentwicklung und gibt Aufschluss über den Erfolg einer Kapital-

anlage in einem bestimmten Zeitraum. Für den Ankauf legt man den Ankaufswert zugrunde, für den Verkauf den Rücknahmepreis.

→ **Portfolio**
(auch Portefeuille genannt) ist der Begriff für den Gesamtbestand von Wertpapieren, die ein Kunde oder Investmentfonds besitzt.

→ **Publikumsfonds**
sind für die breite Öffentlichkeit aufgelegte Investmentfonds. Das Gegenteil dazu sind Spezialfonds, die lediglich für bestimmte, meist institutionelle Großanleger wie etwa Pensionskassen aufgelegt werden.

→ **Puts/Put-Optionen**
nennt man eine Verkaufsoption, durch die der Käufer der Option das Recht erwirbt, eine Aktie innerhalb eines festgelegten Zeitraums zum vereinbarten Preis (Basispreis) zu verkaufen. Der Käufer eines Put rechnet mit fallenden Kursen und profitiert daran durch die Option überproportional.

→ **Ratio**
Bezugsverhältnis. Anzahl Optionen, die für den Bezug einer Aktie benötigt werden.

→ **Rendite**
bezeichnet den Gesamterfolg einer Anlage, das heißt Zinsen, Dividenden und Netto-Kapitalgewinne umgerechnet auf ein Jahr.

→ **Recovery**
Erholung (der Wirtschaft)

→ **Restrukturierung**
steht für den Umbau eines Unternehmen, für Veränderungen in Organisation, Aufbau und Abläufen.

→ **Rezession**
ist der allgemeine wirtschaftliche Abschwung, zumeist mit andauernden Kursverlusten an der Börse.

→ **Rücknahmegebühren**
werden von einigen Kapitalanlagegesellschaften erhoben, wenn der Anleger seinen Anteil zurückgibt. Oft richtet sich die Gebühr danach, wie lange der Fonds gehalten wurde: je kürzer, desto höher. Damit soll verhindert werden, dass Anleger zu oft den Fonds wechseln. Rücknahmegebühren sind unzeitgemäß und Sie sollten sich dagegen wehren.

→ **Rücknahmepreis**
ist der Preis eines Fondsanteils, der beim Verkauf abgerechnet wird. An jedem Börsentag wird der Rücknahmepreis von der Depotbank ermittelt.

→ **Short Position**
Leerverkäufe in Wertpapieren oder Optionen

→ **Sondervermögen**
ist die juristische Bezeichnung für Vermögen, das von Investmentgesellschaften verwaltet wird, aber von deren eigenem Vermögen getrennt ist. Geht eine Investmentgesellschaft Bankrott, dann ist anders als bei Banken das Vermögen der Fonds nicht betroffen.

→ **Spread**
Gibt Auskunft über die Differenz zwischen Geld- und Briefkurs

→ **Strike-Preis**
Ausübungspreis

→ **Thesaurierende Fonds**
schütten keine Zinsen oder Dividenden aus, sondern legen diese Erträge im Fonds wieder an. Dadurch steigt der Wert der Fondsanteile, was aber von der Steuer nicht als Kapitalge-

winn gewertet wird. Daher unterliegen diese Einnahmen der Einkommensteuer. Die Frage, ob ein Fonds ausschüttet oder nicht, sollte keine wesentliche Rolle bei der Auswahl eines Fonds spielen.

→ **Termingelder**
sind alle Einlagen bei Kreditinstituten mit vereinbarter fester Laufzeit oder Kündigungsfrist. Oberbegriff für Festgeld und Kündigungsgeld.

→ **Umbrella-Fonds**
ist eine spezielle Fondskonstruktion, die in Luxemburg weit verbreitet ist, bei der mehrere Einzelfonds rechtlich gesehen eine Fondsfamilie bilden. Für den Anleger hat dies häufig den Vorteil, dass ein kostenloser Tausch zwischen den einzelnen Teilfonds möglich ist. Steuerrechtlich hat dies aber keine Auswirkungen, da jeder Teilfond als selbstständig angesehen wird.

→ **Verkaufsprospekte**
müssen nach den Vorschriften des Bundesaufsichtsamtes für das Kreditwesen (BAK) an jeden Käufer von Fondsanteilen abgegeben werden. Darin sind alle für die Anlageentscheidung relevanten Informationen enthalten (Anlagepolitik, Risikopotenzial, Ausgabeaufschlag, Managementgebühr, Depot- und Zahlstelle ...)

→ **Volatilität**
Das Maß für die vergangene (historische) oder erwartete (implizite) Schwankungsbreite des Preises/Kurses eines bestimmten Basiswerts. Geht eine Aktie stark auf und ab, hat sie eine hohe Volatilität. Für den Anleger bedeutet das die Chance auf schnelle und hohe Kursgewinne – aber auch die Gefahr für ebenso schnelle Verluste.

→ **Zahlstelle**
einer Investmentgesellschaft in Deutschland ist meist eine Bank, auf deren Konto die Anleger sämtliche Zeichnungen von Anteilen einzahlen beziehungsweise alle Rückerstattungen von Zahlungen erfolgen.

→ **Zeitwert der Option**
Entspricht dem Optionspreis abzüglich innerem Wert

→ **Zertifikate**
Bezeichnung für Anteilsscheine, die eine Beteiligung am Vermögen eines Investmentfonds verbriefen. Zu diesem Vermögen gehören (in kleinerem Umfang) Barguthaben und zum überwiegenden Teil – je nach Art des Fonds – festverzinsliche Wertpaiere und breit gestreute Aktien zahlreicher in- oder ausländischer Gesellschaften.

→ **Zwischendividenden**
sind in der Bundesrepublik unzulässige, im Ausland gängige Vorauszahlungen auf die auf den Jahresabschluss gewährte Dividende, zum Beispiel als Quartalsdividende.

→ **Zyklischer Wert**
Die Kurse einer solchen Aktie bewegen sich ähnlich wie die Konjunkturzyklen. Geht es der Wirtschaft gut, steigen sie. In Rezessionszeiten fallen sie.

Bücher, die weiterhelfen

- Ferstl, Carola: *Mein Börsenbuch*, Econ Verlag, München
- Ferstl, Carola; Schäfer, Bodo: *Geld tut Frauen richtig gut*, Heyne Verlag, München
- Graham, Benjamin: *Intelligent Investieren*, Finanzbuch Verlag, München
- Grün, Willi H.: *Das andere Börsenlexikon*, Ullstein Verlag, München
- Grün, Willi H.: *Mehr Geld verdienen mit Aktien*, Börsenverlag, Rosenheim
- Heeg, Thiemo/Matejka, Anja: *Aktien perfekt auswählen*, Gräfe und Unzer Verlag, München
- Klöckner, Bernd W.: *Gewinnen mit Aktien*, Falken-Verlag, Niedernhausen
- Koch, Markus: *Erfolgsrezepte vom BörsenKoch*, Finanzbuch Verlag, München
- Kollatz, Heide: *Private Altersvorsorge*, Gräfe und Unzer Verlag, München
- Koppel, Robert: *Durch TAO-Strategien zum Börsenerfolg*, Börsenverlag, Rosenheim
- Lang, Uwe: *Börsenwissen kurz und bündig*, Campus, Frankfurt/New York
- Lang, Uwe: *Die gefährlichsten Börsenfallen – und wie man sie umgeht*, Campus, Frankfurt/New York
- Lehmann, Frank: *Wie stehen die Aktien?*, Verlag Financial Times Prentice Hall, München
- Matejka, Anja/Moritz, Peter: *GU Kompass Aktien analysieren*, Gräfe und Unzer Verlag, München
- Nemec, Peter: *Survival-Guide für Kapitalanleger*, Finanzbuch Verlag, München
- Opoczynski, Michael: *Erfolg an der Börse*, Falken-Verlag, Niedernhausen
- Peters, Christine: *GU Kompass Aktien online*, Gräfe und Unzer Verlag, München
- Priermeier, Thomas: *Geld verdienen mit Fundamentalanalyse. Kennzahlen, Anlagestrategien, Praxisbeispiele*, Focus Money bei Redline Wirtschaft, München
- Schwanfelder, Werner: *Aktien für Einsteiger*, Campus, Frankfurt/New York
- Thielking, Bernd-Friedrich/Seeger, Matthias: *Investmentfonds ganz einfach*, Gräfe und Unzer Verlag, München
- Verbraucherzentrale Nordrhein-Westfalen e.V.: *Ethisches Investment. Rendite mit gutem Gewissen*, Düsseldorf
- Verbraucherzentrale Nordrhein-Westfalen e.V.: *Sparen und Geldanlage*, Düsseldorf

Zeitschriften, Zeitungen, Magazine

- → Folgende Magazine konzentrieren sich auf die Interessen der privaten Anleger und verfügen auch über Internet-Auftritte: *Die Telebörse, FocusMoney, Capital, Börse-aktuell* (ein Börsenbrief im Abonnement), *Aktien & Co., Geld idee* oder *DMEURO*.
- → Wöchentlich erscheinen *Wirtschaftswoche, Finanzen, Euro am Sonntag*.
- → Täglich erscheinen *FAZ, Süddeutsche Zeitung, DIE WELT, Financial Times Deutschland, Handelsblatt, Börsenzeitung* sowie in der Schweiz *Finanz & Wirtschaft*.

Websites, die weiterhelfen

Die meisten Seiten verfügen über sehr umfangreiche Glossare.

Allgemein: *verbraucherzentrale.de, spiegel.de, dieteleboerse.de, focusmoney.de, DMEuro.com, capital.de, boerse-online.de, finanzen.net, faz.net, handelsblatt.com, ftd.de, n-tv.de, wiwo.de, boersenzeitung.de, geldidee.de, onvista.de, cbs.marketwatch.com, finance.yahoo.com*

- → *cashcrew.de:* Infos über alle möglichen Fonds bis hin zur Altersvorsorge
- → *aktiencheck.de, finanztreff.de:* viele aktuelle und und archivierte Kurz-Analysen, Trends und Unternehmensaussichten, sowie schnelle Kursabfragen auch für Fonds und Optionsscheine
- → *technical-investor.de:* Informationen und die Möglichkeit, ein persönliches Depot oder eine Watchliste einzurichten
- → *sharper.de:* die Börsenseite von Reuters und Handelsblatt, bietet seriöse Informationen
- → *borsalino.ch:* Besonders für Anleger in der Schweiz interessant
- → *frauenfinanzseite.de:* Nicht nur für Frauen!
- → *fondsweb.de*, oder *onvista.de, gfa-fonds.de:* Infos speziell über Fonds
- → *goingpublic.de, more-ipo.de*: ausführliche Informationen über Neu-Emissionen und junge Unternehmen an der Börse
- → *oeko-research-kochanski.de:* Infos über Unternehmen, die Arbeitsplätze sichern bzw. schaffen oder von Unternehmen, die auf eine ökologische Produktion setzen
- → *nasdaq.com, zacks.com, bloomberg.com, us-market.de, quote.yahoo.com, finance.lycos.com, money.cnn.com, fool.com, economist.com, ml.com:* Infos über den amerikanischen Aktienmarkt
- → *wsj.com:* Nur für Abonnenten, ein Trend, der sich wohl in Zukunft immer mehr durchsetzen wird
- → *hypverband.de:* Infos über Pfandbriefe

Direktbanken: *consors.de, diba.de, comdirekt.de, 1822direkt.com, advance-bank.de, netbank.de*

- → *dooyoo.de:* Bewertungen von Direktbanken-Kunden über Online-Banken, sehr interessant, man muss allerdings etwas darin blättern
- → *tinto.de:* private Seite mit guten Infos über Geldanlagen und pfiffigen Links

Register

A

B

C

D

impressum

Redaktionsleitung:
Steffen Haselbach
Lektorat: Cynthia Erhardt
Bildredaktion: Lotta Goetzeler
Umschlagfotos: Andreas Hosch
Umschlag und Gestaltung:
indepedent Medien-Design,
Petra Schmidt
Herstellung: Ute Hausleiter
Satz: EDV-Fotosatz Huber/
Verlagsservice G. Pfeifer, Germering
Repro: Repro Ludwig, Zell am See
Druck und Bindung: Kaufmann, Lahr

ISBN: 3-7742-4999-7

Auflage	4.	3.	2.	1.
Jahr	2005	2004	2003	2002

GRÄFE UND UNZER
Ein Unternehmen der
GANSKE VERLAGSGRUPPE

Fotos
bw photoagentur: S. 5, 21, 55. Marc Darchinger: S. 120. IFA: S. 8, 28, 37, 44/45, 67. Mauritius: S. 2a, 4b, 6/7, 95, 109, 125, 129. Pictor: S. 2b, 13, 171. Conny Stein: S. 150. Stock4B: S. 84/85. Andreas Varnhorn: S. 116. zefa: S. 3, 4a, 12, 16, 30, 32, 47, 48, 114, 145, 147, 156, 162/163, 174.

Wichtiger Hinweis
Die Beiträge in diesem Buch sind sorgfältig recherchiert und entsprechen dem aktuellen Stand. Abweichungen, beispielsweise durch seit Drucklegung geänderte Preise, Gebühren, Anlageentwicklungen, WWW-Adressen etc., sind nicht auszuschließen.
Weder Autor noch Verlag können für eventuelle Nachteile oder Schäden, die aus den im Buch gegebenen praktischen Hinweisen resultieren, eine Haftung übernehmen.

Danksagung
Der besondere Dank der Autorin gilt Hans-Hinrich Dölle und Dr. Jochen Gutbrod für ihre Mitarbeit an diesem Buch. Jochen Gutbrod von der gutbrod, partin & partner AG, Zürich ist Finanzexperte und Spezialist in Sachen fondsgestützte Vermögensverwaltung.
Hans-Hinrich Dölle ist freier Wirtschaftsjournalist und berät Banken bei der Kundenkommunikation und dem Marketing neuer Private-Banking-Produkte.

DAS ORIGINAL · GU · MIT GARANTIE ·

Das Original mit Garantie

IHRE MEINUNG IST UNS WICHTIG. Deshalb möchten wir Ihre Kritik, gerne aber auch Ihr Lob erfahren, um als führender Ratgeberverlag für Sie noch besser zu werden.
Darum: Schreiben Sie uns!
Wir freuen uns auf Ihre Post und wünschen Ihnen viel Spaß mit Ihrem GU-Ratgeber.

UNSERE GARANTIE: Sollte ein GU-Ratgeber einmal einen Fehler enthalten, schicken Sie uns bitte das Buch mit einem kleinen Hinweis und der Quittung innerhalb von sechs Monaten nach dem Kauf zurück. Wir tauschen Ihnen den GU-Ratgeber gegen einen anderen zum gleichen oder ähnlichen Thema um.

Ihr Gräfe und Unzer Verlag
Redaktion Business
Postfach 86 03 25
81630 München
Fax: 089/41981-113
e-mail: leserservice@graefe-und-unzer.de